本书由2018年度教育部人文社会科学研究青年基金项目"习近平总书记关于文化自信的重要论述与新时代青年文化自信建设研究"（课题批准号：18YJC710083）资助

青年学者文库

青春图谱与时代镜像：

社会变迁中的青年亚文化

闫翠娟　著

天津出版传媒集团

天津人民出版社

图书在版编目（CIP）数据

青春图谱与时代镜像：社会变迁中的青年亚文化／
闫翠娟著. -- 天津：天津人民出版社，2020.6
（青年学者文库）
ISBN 978 - 7 - 201 - 16095 - 5

Ⅰ.①青… Ⅱ.①闫… Ⅲ.①青年 - 亚文化 - 研究 -
中国 Ⅳ.①D669.5

中国版本图书馆 CIP 数据核字（2020）第 106785 号

青春图谱与时代镜像：社会变迁中的青年亚文化
QINGCHUN TUPU YU SHIDAI JINGXIANG

出　　版	天津人民出版社
出 版 人	刘　庆
地　　址	天津市和平区西康路 35 号康岳大厦
邮政编码	300051
邮购电话	（022）23332469
网　　址	http://www.tjrmcbs.com
电子信箱	reader@tjrmcbs.com
策划编辑	王　康
责任编辑	王佳欢
特约编辑	郭雨莹
封面设计	明轩文化·王烨
印　　刷	北京虎彩文化传播有限公司
经　　销	新华书店
开　　本	710 毫米 × 1000 毫米　1/16
印　　张	21
插　　页	2
字　　数	270 千字
版次印次	2020 年 6 月第 1 版　2020 年 6 月第 1 次印刷
定　　价	89.00 元

目录
CONTENTS

引 言

在任何时期,年轻人的世界最容易引起大众的喧闹,他们的世界是引人关注的焦点。

——埃里克·H.埃里克森(1998)

改革开放四十多年来,中国社会急剧变革,经济快速发展,结构深刻调整,多元文化高度交融。这在青年群体身上刻下了最鲜明的烙印,他们就如同放大镜一般,为我们透视社会变迁与发展提供了最佳视野。那么不同历史阶段的社会变革与发展在青年群体身上刻下了怎样的烙印?不同历史阶段的青年群体拥有哪些有别于主流文化的独特价值观与行为方式?这些独特的价值观与行为方式在各自的历史阶段呈现怎样的文化景观?这些文化景观对当时的青年群体及其所处的社会环境产生了怎样的影响?不同历史阶段的青年文化景观之间是否存在关联以及存在怎样的关联?对于青年亚文化我们应该采取怎样的态度?对这些问题的回答构成了本书的研究旨趣。

为此,本书主要围绕三个议题展开:第一,截取改革开放以来各个历史阶段四种最典型的青年亚文化形态——20 世纪 80 年代的愤青文化、20 世纪 90 年代的顽主文化、21 世纪初的嘲谑文化、21 世纪 10 年代的参与文化,以点带面,透视不同历史阶段青年亚文化领域的发展总貌,把握我国青年亚文化的历史发展脉络和代际演进规律,并基于比较和分层的视域探讨我国青年亚文化的时代内涵。第二,从青年自身和主流文化两个维度,分析改革开放以来我国四种典型青年亚文化形态的价值诉求及其与所处历史阶段的内在关联。第三,以尊重青年亚文化的差异性和实现主流文化对青年亚文化的科学引领为根本,以促进青年亚文化与主流文化的良性互动与融合共生为核心,从思维、范式、目标三个层面探讨新时代背景下青年亚文化发展优化的原则策略。

本书立足于马克思主义文化观,批判吸收并综合运用芝加哥学派、伯明翰学派、后伯明翰学派时期的青年亚文化研究资源,把青年亚文化定位为一种集娱乐性、批判性和建构性于一身,由多种青年亚文化形态交叉并存所构成的复合型意识形态体系,既强调青年亚文化作为一种实践力量改变现实世界的能力,也强调主流文化对青年亚文化的科学引领。本书始终将青年亚文化置于社会发展的宏观背景中及其与主流文化的关联互动中,主张祛除横亘在青年亚文化与主流文化之间预设的紧张关系,充分尊重青年群体的主体性和创造性,从合作-共生的视域出发,力求阐明青年亚文化不只是主流文化的逃离者和质疑者,也是主流文化的同行者和借鉴者;青年亚文化不仅是主流文化的附属品,也是影响主流文化走向的重要力量,努力将青年亚文化研究从"有关青年的研究"(Studies on Youth)转向"以青年为主体的研究"(Youth Studies)。

习近平强调,青年最富有朝气、最富有理想。青年兴则国家兴,青年强则国家强。青年一代有理想、有担当,国家就有前途,民族就有希望。青年的价值取向决定着未来整个社会的价值取向,青年的文化偏好决定着未来整个民族的文化偏好。随着全球化的纵深发展和网络信息化的广泛蔓延,青年群体的文化创制意愿空前勃兴,青年亚文化领域各种青年亚文化形态交叉并存,争奇斗艳,呈现一片繁荣景象。但与此同时,青年亚文化领域也呈现纷繁芜杂和无序化发展的不良态势,此起彼伏、瞬息万变的青年亚文化形态牵动着青年群体的兴趣中心不断变换。青年亚文化中既包含着青年对自由、娱乐、身份认同的追求,也包含着青年对社会结构矛盾的回应;既有引领青年奋发向上的因子,也有导致青年堕落沉沦的病菌。本书基于结构化思维,力求拨开青年亚文化领域纷繁芜杂的表象,厘清青年亚文化的结构脉络,科学把握青年亚文化的时代内涵,客观评判青年亚文化在中国特色社会主义文化版图中的地位与价值,充分释放青年亚文化在引领青年成为时代的奋进者、开拓者和奉献者中的正面价值,使青年在实现中华民族伟大复兴中国梦的宏伟进程中更加奋发有为,使青年文化在中国特色社会主义文化版图中焕发出更加绚丽的光彩,这是本书的美好愿景,也是所有青年文化研究者的共同使命!

第一章 研究缘起与概念界定

第一节 问题的提出

青年亚文化研究肇始于20世纪20年代的美国,已经历了近百年的发展历程。在我国,青年亚文化作为一种文化现象引发人们的集体思考始于20世纪70年代末80年代初,表征了当时的青年人在社会和文化秩序大变革的背景下,对个体命运和集体命运的思考,是青年人解放思想的强烈诉求和对未来焦虑彷徨冲突碰撞的产物。自成为显学以来的四十年间,我国的青年亚文化研究始终在意识形态化传统和学术规范化传统的张力运动中踯躅前行。

一、我国青年亚文化研究的发展历程

(一)1978—1988年:青年亚文化研究开始起步

党的十一届三中全会以后,中国社会发生了前所未有的深刻变革。社

会变革作用于青年群体引发的巨大化学反应、青年群体的反思与困惑,以及青年群体与其父辈在各个层面表现出的明显差异,急需得到一种有说服力的解释和回应。正是在这种情形下,我国的青年亚文化研究开始起步。

在20世纪70年代末80年代初,真正意义上的青年亚文化研究还并未开始,因为这一阶段有关青年亚文化研究的文章多是解决具体问题的工作研究类文章,缺乏相应的系统性和学理性。而真正意义上的青年亚文化研究始于1985年,其标志是王曙光在《青年亚文化社会功能浅析》一文中首次使用"青年亚文化"概念,并将其界定为青年接受外来文化的影响而形成的亚文化,同时将其独特功能归结为"对外来文化的敏感、吸收和对内的灵活、多变"①两个方面。然而"青年亚文化"概念的出现就像是昙花一现的偶然事件,在其后很长的一段时间内,大多数学者都没有沿用这一概念,而是使用"青年文化"这一概念。可见,在这一阶段,"青年亚文化"还并未从"青年文化"中挣脱出来,大多数学者也未意识到二者的区别。即使是少数意识到二者区别的学者,在术语的使用上也并不统一,把"青年亚文化""青年次文化""青年副文化""青年反文化"等概念混杂在一起使用。

从研究内容而言,起步阶段的青年亚文化研究,其研究焦点集中于对青年文化的界说和对青年研究学科化发展的探索两方面。

对青年文化的界说包含对三个问题的回答,即中国青年文化形成于何时?其内涵和本质是什么?其时代特征和社会功能有哪些?对于第一个问题,学界比较统一的认识是把20世纪80年代初作为我国青年文化形成的开端,而把五四运动作为青年文化发生的起点,代表人物有田科武、赵子祥等。田科武把中国青年文化的发展划分为中国青年文化的发生期(五四时期)、中国青年文化的曲折发展期(20世纪20年代至20世纪70年代)、中国青年

① 王曙光:《青年亚文化社会功能浅析》,《社会》,1985年第1期。

文化的形成期(20 世纪 80 年代)。① 赵子祥认为,中国 20 世纪 60 年代前的青年文化与成人文化所拥有的价值与情操有非常自然的整合。而到了 20 世纪 80 年代,中国青年与社会关系有了本质上的改变,一个吸引各阶层、各地区青年的共享性青年文化从成人文化中分离出来,并在中国首度出现。②

对于青年亚文化的内涵和本质,学界从一开始就从青年文化与主流文化的关系中去把握。在这一阶段,大多数学者把青年亚文化概念中的"亚"字主要解读为"分支",将青年文化视为社会整体文化系统的一个分支、一个亚系统,而把青年文化与社会主文化之间的关系理解为一种横向关系而非纵向等级秩序。如吴端、陈小亚指出,青年文化是青年群体特定的行为方式,是在其社会关系、信念习俗乃至言谈举止中所体现的意义、态度、价值和观念。青年文化是一定时代的民族和阶级的主导文化网络中的亚文化。③秦国柱也持相同观点,认为"青年文化是从属于整个社会文化的一种亚文化"④。但也有学者持不同意见,如潘一不认同将青年文化视为整个社会文化的一种亚文化。在他看来,青年文化在一定的社会范围内,起到了相当的主导作用或价值定向作用,而并不完全屈居于"亚文化"的地位。⑤ 在把青年文化视为社会整体文化一个分支的同时,学界也注意到了青年文化与社会整体文化的异同,指出青年文化是从属于整个社会文化的一种亚文化,但不是完全异质于社会主文化的亚文化,青年文化既不能脱离主流文化,又存在着一些和主流文化明显不同的形式和特征。⑥ 曾敏志对青年文化与主体文化之间的关系做了非常形象的描述。他说:"青年文化从本质上讲是主体文

---

① 参见田科武:《"中国青年文化的形成"研究述评》,《青年研究》,1992 年第 4 期。
② 参见赵子祥:《青年文化与社会变迁》,《社会科学战线》,1988 年第 4 期。
③ 参见吴端、陈小亚:《青年文化——青年研究札记之二》,《上海青少年研究》,1986 年第 10 期。
④ 秦国柱:《青年文化及其在德育观念更新中的意义》,《厦门大学学报》(哲学社会科学版),1988 年第 1 期。
⑤ 参见潘一:《青年研究的新角度:青年文化研究》,《上海青少年研究》,1986 年第 10 期。
⑥ 参见傅铿:《试论青年文化的结构和功能》,《上海青少年研究》,1986 年第 10 期。

化的有个性的附属,是与传统主体文化'根部'相连而'枝蔓'分叉的变体","传统的主体文化是个巨大的引力场,青年文化只在其引力圈内运行,某些方面贴近引力本体,某些方面又偏离,既不重合归依,又不脱轨而去。"①

对青年文化特征和功能的界定,学界多持褒扬和赞赏态度。如郭彦彬基于比较的视域,将青年文化的时代特征归结为三个方面,即青年的个性文化由单调、封闭、保守转变为活泼、多样、开放;青年的群体文化由暂时的迷茫、消极、彷徨转变为拥护改革,积极进取;青年的社会文化由满足现状、轻视知识、忽视效益转变为开拓进取、崇尚知识,注重效益。② 吴端、陈小亚将青年文化的本质特征归结为不成熟性和创造性两方面。③ 李海荣将青年文化的特征归结为虚幻性、不成熟性、对抗性、芜杂性、浓厚的时代感五个方面。④ 刘鲁会、权福军则从青年文化与文化大系统之间的关系上去界定其特征,指出青年文化对于所处的文化大系统具有非脱离性、创新性、自身的系统性、鲜明的动态开放性、立体性、潜在的反抗性、文化超前性。⑤ 在青年文化的功能界定上,潘一认为青年文化的核心层次具有社会化的功能,外围层次具有平衡青年身心的功能,边缘层次具有实用性功能。⑥ 曾敏志认为,青年亚文化的功能体现在两个方面,即作为个体与社会的中介具有调适功能和导向功能(包括学业和职业导向、信仰和道德导向、生活方式导向、人格导向)。⑦ 周晓虹则从传统与现代的对立中探讨了青年文化的反哺意义,指出主流文化与当代中国青年文化的关系,在很大程度上是传统与现代化的关系,青年文化所体现的"对立"是现代化与传统的对立,这种对立对于历史的

① 曾敏志:《论青年文化的本质及功能》,《青年研究》,1988 年第 8 期。
② 参见郭彦彬:《新时期青年文化的发展》,《中国青年政治学院学报》,1986 年第 4 期。
③ 参见吴端、陈小亚:《青年文化——青年研究札记之二》,《上海青少年研究》,1986 年第 10 期。
④ 参见李海荣:《应该重视"青年文化"的研究》,《青年研究》,1988 年第 4 期。
⑤ 参见刘鲁会、权福军:《试论青年文化的特性和功能》,《当代青年研究》,1988 年第 9 期。
⑥ 参见潘一:《略论青年审美文化的层次及功能》,《青年研究》,1986 年第 11 期。
⑦ 参见曾敏志:《论青年文化的本质及功能》,《青年研究》,1988 年第 8 期。

发展无疑是有益的。① 赵子祥认为，青年次文化不仅有正向功能，同时也有负向影响。正向的功能表现在诸如对形式主义的反抗方面，敢想敢干的冲劲，讲究效率；负面的影响表现为是非不分、急功近利等。② 可见，当时的学界对青年文化给予了高度的认可。这种认可既体现在青年文化之于青年群体的正向功用，也体现在青年文化之于主流文化的补偿功能，体现于青年文化的超前性和创新性对社会发展的正向促进作用。

除了从整体层面对青年文化进行探讨，也有一些学者开始关注更微观的层面，如杨雄对青年文化符号层面的关注③，吕俊涛、王竹玲从娱乐、游戏的视角对青年文化的探讨④。此外，还出现了一些对青年文化分支群体的研究，如荣牧民对城市青年文化的研究⑤，吴本雪对成都市青年文化生活、思想状况的调查⑥，董英对大连市青年文化素质现状及其培养的调查⑦，吴友云、杨铭华对湘西青年文化心理、文化取向的研究⑧，邹文光、钟新明对珠海特区青年文化的初探⑨，王力学对湖北农村女青年文化生活的调查⑩，谭刚强对民族地区青年僧侣文化问题初探⑪，等等。

综观 20 世纪 80 年代学界对青年文化的理解，我们可以看到当时的青年文化泛指青年生活的各个方面，学界多从宏观整体层面对青年文化进行讨

---

① 参见周晓虹：《试论当代中国青年文化的反哺意义》，《青年研究》，1988 年第 11 期。

② 参见赵子祥：《青年文化与社会变迁》，《社会科学战线》，1988 年第 4 期。

③ 参见杨雄：《符号：文化的承诺与挣脱——当代青年研究札记之一》，《当代青年研究》，1988年第 3 期。

④ 参见吕俊涛、王竹玲：《娱乐及游戏与青年文化》，《青年研究》，1988 年第 8 期。

⑤ 参见荣牧民：《城市青年文化的特点》，《青年研究》，1986 年第 9 期。

⑥ 参见吴本雪：《青年文化生活与价值取向》，《青年研究》，1985 年第 7 期。

⑦ 参见董英：《大连市青年文化素质的现状及其培养》，《青年研究》，1987 年第 11 期。

⑧ 参见吴友云：《湘西土家族苗族青年文化心理探微——兼论民族地区的青年文化工作》，《吉首大学学报》(社会科学版)，1987 年第 4 期；杨铭华：《当代湘西青年文化取向》，《青年研究》，1988年第 10 期。

⑨ 参见邹文光、钟新明：《珠海特区青年文化的初探》，《青年研究》，1988 年第 2 期。

⑩ 参见王力学：《农村女青年的文化生活》，《青年研究》，1986 年第 2 期。

⑪ 参见谭刚强：《民族地区青年僧侣文化问题初探》，《当代青年研究》，1988 年第 4 期。

论,而对青年文化的内部结构鲜有关注。大多数学者从肯定意义上使用"青年文化"的概念,把青年文化视为改革开放的先锋。从学科属性上看,当时的青年文化研究主要被社会学、心理学、文化人类学所统摄,多学科的综合研究视野还未形成。为进一步推进青年文化研究的深入发展,国内学界建立青年学的呼声渐高。以 1986 年 11 月首次全国青年学研讨会的举办为标志,青年研究学科化的探索进程正式启动。一时间,西方的青年研究成果被大量引进,关注国外青年文化发展的文章层出不穷。如谈谷铮介绍了 20 世纪 50 年代的"垮掉的一代"、20 世纪 60 年代的嬉皮士运动和 1968 年"五月风暴"引发的全球性青年抗议示威运动及其对西方 20 世纪七八十年代青年文化价值观的影响。[①] 刘杭生、李相哲介绍了日本青年文化的类型、变迁,并把青年期的延长视为青年文化产生的重要原因。[②] 张桂华对美国 20 世纪 60 年代学生运动进行了系统研究,探讨了发型、音乐、毒品与青年文化的关系。[③] 叶先念介绍了弗洛伊德的精神分析学说、社会经济变化影响论、功能理论、圈内文化论、相互作用论在青年研究领域的适用性。[④] 李庆善对玛格丽特·米德的青年文化学思想和影响较大的青年社会学微型理论——G. 门德尔的父权衰落说、T. H. 齐黑的新社会化理论、L. 罗森马耶尔的边缘化理论、艾里克逊的社会心理延期补偿理论、T. 帕森斯等人的社会角色冲突理论进行了系统介绍。[⑤] 乐嘉勇对美国社会学家 R. 潘德伊的著作——《青年社

---

① 参见谈谷铮:《当代西方青年文化价值趋向》,《青年研究》,1986 年第 4 期。
② 参见刘杭生:《日本"青年文化"如是观》,《上海青少年研究》,1986 年第 10 期;[日]山根常男:《日本的青年文化》,李相哲译,《青年研究》,1987 年第 10 期。
③ 参见张桂华:《服饰发型音乐毒品与青年文化——美国六十年代学生运动研究之三》,《当代青年研究》,1987 年第 12 期。
④ 参见叶先念:《西方的青年文化社会学》,《青年研究》,1987 年第 6 期。
⑤ 参见李庆善:《西方青年文化学及青年社会学理论简介》,《当代青年研究》,1987 年第 7 期。

会学》中的内容进行了介绍。① 李稳山对英国迈克·布雷克的青年社会学著作——《青年文化和青年亚文化群社会学》进行了介绍。② 在对西方青年文化研究成果梳理介绍的基础上,我国青年文化研究的理论自觉性基本确立起来,在青年文化研究领域驻扎了一大批研究力量,他们赋予 20 世纪 80 年代的青年文化研究以激情和浪漫的时代特征,并引领青年文化研究向学科化方向继续砥砺前行。

(二)1989—1999 年:青年亚文化研究趋于规范

如果说 20 世纪 80 年代学界对青年文化的认识充满了冲动和浪漫的情怀,那么自 20 世纪 80 年代末开始,学界对青年文化的认识逐渐归于沉稳和冷静,在反思中转型构成了这一阶段青年亚文化研究的底色。

改革走过第十个年头,人们在感受到社会巨大进步的同时,也感受到了转型的阵痛。而此时,与改革一同成长的青年文化也悄然发生变化。为了更好地把握青年文化的变化,学界开始将青年文化置于现代化进程中和传统与现代的张力中去思考,从更理性的角度对青年文化的本质进行界定。如吴鲁平、赖辉亮在翻译印度社会学家拉金德拉·潘迪的青年社会学著述时完成的《青年文化的性质探讨》一文中,将青年文化区分为三种类型,即作为一种反文化的青年文化、作为成人文化模仿的青年文化和作为自我封闭实体的青年文化,暗含了对青年文化功能的反思。③ 詹永杰分析了青年文化的心态,指出青年文化具有"意识中对传统文化的逆向反叛,对现代文明的

---

① 参见[美]R.潘德伊:《青年文化的性质和内容——关于这方面的某些探讨》,乐嘉勇译,《青年研究》,1987 年第 8 期。

② 参见李稳山:《英国迈克·布雷克的青年社会学著作——〈青年文化和青年亚文化群社会学〉》,《当代青年研究》,1987 年第 8 期。

③ 参见[印]拉金德拉·潘迪:《青年文化的性质探讨》,吴鲁平、赖辉亮译,《中国青年论坛》,1989 年第 1 期。

开阔接纳;无意识中对传统的积淀认同,对新潮的防御抵制"的二元化特征,具体表现为"二维本位的价值尺度、二律背反的思维模式、二重性的人生态度、二元交融的情感方式和双向选择的审美情趣"。① 张谦评析了迈克尔·布雷克在其著作——《比较青年文化》中对青年文化的认识:青年文化不是指在结构上含糊不清的"铁板一块",而是由各种青年亚文化和众多年龄不同的小群体构成的"万花筒"。其中,有些亚文化是无价值的,有些是商业性的;有些是令人喜悦的,有些是令人厌恶的;有些是放纵的,有些是守法的。"边缘性""反叛性""自发性"和"激进性"是青年文化的主要特征。② 可见,自进入 1989 年开始,学界对青年文化不再是一片赞歌,"迷茫""叛逆"成为描绘青年文化的关键词。他们开始关注青年文化的内在结构,强调青年文化的负面性,并提出了青年文化控制的议题。施元冲指出,我国的青年文化是一个复杂的综合体,应从地域、经济、职业等多种维度对青年文化进行分类。③ 文献良提出应区分青年文化中的主体文化和副文化,以及青年副文化群体与青年亚文化群体,从而正确评价中国青年文化的特征及其作用。④ 刘杰以"叛逆"为核心词汇,梳理了 20 世纪西方青年文化的成长历程。⑤ 张世良也持类似观点,指出对主流文化的反叛是西方青年文化一个突出的特点。⑥ 张汉明认为,青年文化总是程度不同地具有反主流文化的特征,应按照青年文化发展的自身规律对青年文化实行科学、合理、有效的控制。⑦ 王

---

① 詹永杰:《当代青年文化心态的二元化特征》,《青年研究》,1989 年第 7 期。
② 参见张谦:《青年研究的新视角——读迈克尔·布雷克〈比较青年文化〉》,《中国青年研究》,1989 年第 3 期。
③ 参见施元冲:《中国青年文化的形成与特点》,《青年研究》,1989 年第 9 期。
④ 参见文献良:《正确评价中国青年文化的特征及其作用》,《中国青年研究》,1989 年第 4 期。
⑤ 参见刘杰:《叛逆的轨迹——20 世纪西方青年文化的成长历程》,《青年研究》,1991 年第 12 期。
⑥ 参见张世良:《危机与取向:20 世纪西方青年文化透视》,《中国青年研究》,1995 年第 3 期。
⑦ 参见张汉明:《青年文化的社会控制》,《青年研究》,1989 年第 12 期。

勃侠、胡平分更是直接批评在现代化的进程中，青年文化在价值观念、思维方法、行为模式、审美情趣中表现出明显缺陷。① 冯云翔指出，青年文化就是一种越轨文化，以往研究过分强调青年文化的建设性功能和反哺作用，而轻视了青年文化的越轨特性，主张应对青年文化进行积极的控制。② 黎光和从学校教育的角度探讨了对青年文化控制的必要性和方式。③

学界对青年文化偏离性和负面性的强调并没有使青年文化完全滑向被批判和控制的反面，而是将这种对偏离性和负面性的强调限定在合理的区间内，在尝试将青年亚文化从青年文化分离出来的同时，又极力避免将青年文化等同于青年反文化。如董敏志指出，青年文化本质上是从属于社会主体文化的有偏离的文化形态，对主体文化的偏离又构成了青年文化的超越性，但偏离必须是局部的、有限的。④ 陈弘指出，青年文化是社会主体文化的偏离和选择，在价值、规范、信仰和表意特征方面与社会主体文化基本上是同一的，青年文化对社会主体文化的偏离主要发生在审美领域。⑤ 杨雄基于俄国经济学家康德拉提耶夫的"长波循环理论"，指出青年文化与主导文化的关系包括同向、反向、上向、下向四个阶段。⑥ 因此，学界在强调对青年文化进行控制的同时，还提出了青年文化建设的重要议题。

如果说青年文化控制是对青年文化负面性的限制，那么青年文化建设就可以说是对青年文化正面功用的放大，二者一同构成了 20 世纪 90 年代青年文化研究的根本指向。周殿富分析了流行歌曲所昭示的种种青年文化心

---

① 参见王勃侠、胡平分：《青年文化与现代化》，《青年探索》，1989 年第 6 期。
② 参见冯云翔：《文化失范与青年越轨——青年文化的法社会学思考》，《青年研究》，1990 年第 6 期。
③ 参见黎光和：《论青年文化与学校教育》，《青年研究》，1991 年第 10 期。
④ 参见董敏志：《论青年文化的超越及超越条件》，《青年探索》，1989 年第 6 期。
⑤ 参见陈弘：《"青年文化"的审美偏离》，《青年研究》，1989 年第 9 期。
⑥ 参见杨雄：《论当代中国青年文化的"长波"现象》，《当代青年研究》，1990 年第 1 期。

态,对青年文化建设提出了思考。[①] 杨德东、许科红提出,应从全社会关心、提高青年整体智能文化水平、净化社会文化环境、法制建设等多个角度加强青年文化建设。[②] 刘书林提出,应发挥家庭在青年文化重塑中的作用。[③] 赵永富提出,应妥善处理东西方文化、传统与现代、理论与实践、显性素质和隐性素质四种关系。[④] 王希汉则从明确指导思想、抵制西方腐朽文化侵蚀等四个方面,提出了青年文化建设的具体措施。[⑤]

在青年文化建设方面,非常明显的一个特点是,有大量的学者将目光投向中国传统文化,从中国传统文化中寻找青年文化建设的养分。如薛金、金志坤、杨雄提出应发掘优秀传统文化遗产,提振民族精神,实现对青年文化建设的引导;[⑥]向亚良指出,中国传统文化有助于避免当代青年进入个人主义、拜金主义、愚昧消费等种种误区;[⑦]王章煌提出,弘扬优秀传统文化有助于提高青年的人格素质;[⑧]王寒松指出,20世纪90年代青年价值的天平由"西方"向"传统"倾斜,表现出对传统文化的较高认同。[⑨]

在对青年文化控制和青年文化建设两大议题探讨的基础上,不少学者对世纪之交的青年文化走向进行了积极预测。如昌切指出在双轨制和相对主义价值观的环境下,青年文化正在从边缘走向中心,走向一个与主流文化

---

① 参见周殿富:《从流行歌曲看青年文化建设》,《青年研究》,1990年第1期。
② 参见杨德东、许科红:《新形势下青年文化建设问题》,《中州学刊》,1993年第1期。
③ 参见刘书林:《家庭与青年文化的重塑》,《青年研究》,1995年第9期。
④ 参见赵永富:《论当代青年文化素质的培养》,《广西民族学院学报》(哲学社会科学版),1997年第S1期。
⑤ 参见王希汉:《关于青年文化建设的几点思考》,《首都师范大学学报》(社会科学版),1998年第3期。
⑥ 参见薛金、杨雄:《传统在现代化进程中重构——当代青年文化建设之思考》,《当代青年研究》,1993年第2期;金志坤、杨雄:《传统文化与当代青年——关于现代化进程中青年文化建设的思考》,《青年探索》,1993年第4期。
⑦ 参见向亚良:《中国传统文化与当代青年思想教育》,《求索》,1994年第4期。
⑧ 参见王章煌:《弘扬优秀传统文化提高青年人格素质》,《中国青年政治学院学报》,1998年第2期。
⑨ 参见王寒松:《当前青年文化价值观的变化》,《中国青年政治学院学报》,1997年第3期。

对话的时代;①张士军指出,文化信仰的紊乱、青年群体的分化、青年流行媒介文化兴盛等将成为未来青年文化的趋势;②赵林提出,反思传统文化、在重塑信念和理想的文化潮流中重返精神家园将成为世纪之交青年文化的重要主题。③

与此同时,学界开始关注青年文化越来越明显的商业化趋势和与大众媒介越来越紧密的联系。张士军比较早地注意到青年文化的商业化趋势,指出商业和大众媒介的介入推动了20世纪90年代青年文化的转型,④青年文化的内涵已由青年群体的共享性转为超青年群体社会共享性,青年文化的操作由青年群体独家垄断转换为众多社会成员共同介入,青年文化由非经济功利性转入经济功利性。⑤杨东平也指出,20世纪90年代的青年文化前所未有地融入了通俗文化的潮流,为商业化制造的新潮和大众趣味所导向。⑥而谭建光更是以商业文化与青年文化的互动分析为题,指出在商业文化的冲击下,青年文化从反叛性向适应性过渡、从超越性向世俗性过渡、从非理性向理性过渡、从独特性向多元化过程过渡。⑦李永波也指出,商业发展对青年文化的影响越来越大,以致改变了青年文化的内涵,弱化了它的反叛性。⑧而焦润明则分析了青年消费文化的形式及内在动力。⑨成伯清、李林艳认为,以往的研究低估了消费在青年文化的建构中所起的作用,指出在当今的

---

① 参见昌切:《从绝对走向相对——中国青年文化前瞻之二》,《青年探索》,1993年第3期。
② 参见张士军:《对中国青年文化流向的几点预测》,《青年研究》,1994年第3期。
③ 参见赵林:《重返精神家园——世纪之交青年文化的走向与主题》,《青年探索》,1996年第2期。
④ 参见张士军:《经济市场——今日青年文化的跑道》,《中国青年研究》,1993年第4期。
⑤ 参见张士军:《新人类的诞生与青年文化的转型》,《青年探索》,1993年第2期。
⑥ 参见杨东平:《青年文化的交接和转型》,《青年研究》,1993年第3期。
⑦ 参见谭建光:《商业文化与青年文化的互动分析》,《青年研究》,1994年第3期。
⑧ 参见李永波:《商业发展与青年文化》,《青年研究》,1997年第2期。
⑨ 参见焦润明:《论当代青年消费文化》,《辽宁大学学报》(哲学社会科学版),1995年第5期。

网络时代,青年不仅是消费社会的同谋者,而且还是信息消费的急先锋。①

在20世纪90年代,青年文化经过消费性大众文化的涤荡之后,尤其是受到电视文化的影响,已与20世纪80年代承担社会批判使命的启蒙文化渐行渐远,逐渐演变成一种只关注日常生活的消费型和娱乐型文化。此外,越来越多的学者对青年文化具体形式的研究也是这一阶段青年亚文化研究的一大特点。比较有代表性的研究有:杨雄、刘鑫、姚文放对摇滚乐与青年文化之间关系的探讨;②焦润明对"文化衫"现象的分析;③陈茜、谢海光对流行歌曲与青年文化关系的分析;④兰刚对"顺口溜文化"和青年牢骚族心态的探究;⑤范钦林等对偶像崇拜文化的探讨,⑥等等。

随着我国青年亚文化研究的不断深入,对建构本土化青年亚文化理论的诉求变得越来越强烈。在这一阶段,学界加大了对国外青年文化及其研究成果的引入。对美国和日本青年文化及其成果的介绍虽然仍是主流,但却增加了对苏联、东欧、中国港台地区青年文化的关注。我国的青年文化研究开始从以玛格丽特·米德为代表的美国青年文化研究理论框架扩散开去,从英国的青年亚文化研究理论中寻找新的灵感,并开始了对本土化青年文化学的建构。楚岛生把青年文化学界定为研究青年文化发生发展及其规律的一门新兴学科;⑦文献良探讨了20世纪90年代中国青年文化研究所肩

---

① 参见成伯清、李林艳:《现代消费与青年文化的建构》,《青年研究》,1998年第7期。

② 参见杨雄:《摇滚乐与青年文化》,《青年研究》,1991年第12期;杨雄:《关于摇滚乐与青年流行文化的对话》,《青年研究》,1993年第8期;刘鑫:《摇滚乐与青年文化》,《中国青年研究》,1995年第1期;姚文放:《从摇滚乐的文化特质看青年文化》,《社会科学》,1999年第2期。

③ 参见焦润明:《从"文化衫"现象探究青年流行文化的发展》,《青年研究》,1992年第4期。

④ 参见陈茜、谢海光:《流行歌曲百年流变与青年文化世纪轨迹》(上),《当代青年研究》,1996年第2期;陈茜、谢海光:《流行歌曲百年流变与青年文化世纪轨迹》(下),《当代青年研究》,1996年第3期。

⑤ 参见兰刚:《从"顺口溜文化"看青年牢骚族的心态》,《青年探索》,1996年第5期。

⑥ 参见范钦林、葛红兵、姚新勇、王晓华:《青年偶像崇拜与个体本位文化》,《青年探索》,1997年第4期。

⑦ 参见楚岛生:《青年文化学简论》,《青年探索》,1990年第2期。

负的任务;①张士军归纳了青年文化研究的三个理论模式;②曹兴提出青年文化学的研究对象包括青年文化的现象、性质与特征、发展的趋势和规律性、本质四个层次。③ 1991 年 4 月 26 日《中国青年研究》与北京青少年研究所联合举办我国青年文化研究的现状与走向座谈会,学者们从不同角度探讨了青年文化研究的视野、方法、规范、任务等问题。④ 同年,冯克正主编的全国团校统编教材——《青年文化学》于 1991 年完成统稿并交由高等教育出版社出版,标志着我国的青年文化研究迈入一个新阶段。

综上所述,20 世纪 90 年代的青年亚文化研究处在一个总结反思并向内涵研究转型的时期。虽然对青年文化的一般性讨论仍占绝对比重,但有越来越多的研究转向对具体青年文化现象的深入剖析。青年文化研究的现代化视野日益凸显,本土化的理论话语开始形成,青年亚文化研究的理论自信开始建立。

(三)2000—2010 年:青年亚文化研究走向成熟

进入 21 世纪,青年亚文化领域高度活跃、各种青年亚文化形式层出不穷,使青年亚文化研究由主要对青年亚文化的一般关注转向了对青年亚文化现象的深入剖析。从偶像崇拜的解读⑤到酷文化的探讨⑥,从后儿童文化的分析⑦到嘻哈(Hip - Hop)运动的研究⑧,从对涂鸦文化⑨、快闪(Flash)文

---

① 参见文献良:《我国青年文化研究的现状与走向》,《青年研究》,1991 年第 5 期。
② 参见张士军:《青年文化研究的三个理论模式》,《青年探索》,1994 年第 2 期。
③ 参见曹兴:《对创立"青年文化学"的几点思考》,《中国青年政治学院学报》,1992 年第 5 期。
④ 参见文献良:《浅论青年文化的研究任务》,《青年探索》,1991 年第 5 期。
⑤ 参见余开亮:《从偶像崇拜透视青年文化消费》,《青年研究》,2001 年第 11 期。
⑥ 参见龚长宇:《酷文化·青年价值观·社会转型》,《青年研究》,2002 年第 2 期。
⑦ 参见陈映芳:《从青年文化的孩童化倾向说起》,《读书》,2002 年第 3 期。
⑧ 参见赵芳:《从 Hip - Hop 运动看青年文化》,《当代青年研究》,2002 年第 6 期。
⑨ 参见陈云飞:《商业社会与作为青年亚文化的涂鸦艺术》,《美术观察》,2004 年第 4 期。

化①的探讨到对网络微视频②、网络青年亚文化美剧的关注③,从对"80 后"写作的分析④到对"超级女声"现象所折射出的青年文化时代特征与走向的思考⑤。可以说,有多少个青年亚文化热点现象,青年亚文化研究就被区隔成多少个兴趣中心。其中,最引人注目并引发众多研究者思考的青年亚文化现象当属"无厘头文化",抑或"大话文化"。针对这一现象,研究者纷纷撰文分析,比较有代表性的成果有:周宗伟以"大话西游"为例,认为"无厘头"电影所体现的"小人物"心理、对真实人性的解放及其对"苦难"霸权的解构是其流行的主要原因。⑥ 文秋林指出,"无厘头"文化是 21 世纪初期最具代表性的青年亚文化,其搞笑、颠覆的特质迎合了青年在社会竞争重压下需要轻松解脱的心理是其流行的主要原因。⑦ 姚爱斌基于皮埃尔·布迪厄的"文化资本"理论,分析了"大话"文化作为青年亚文化资本对青年群体亚文化"习性"和亚文化"感觉结构"的有效建构。⑧ 赖雄麟、李海峰对青年亚文化"大话"的倾向及其对思想政治教育功效的消解进行了分析,⑨等等。

而在对青年文化的整体分析上,对青年亚文化阶层性的发现也是这一时期一个很重要的方面。陆玉林、周国文是比较早地注意到青年亚文化阶

---

① 参见董秀娜:《FLASH 文化:青年的闪文化》,《山东青年管理干部学院学报》,2005 年第 2 期。

② 参见陈霖、邢强:《微视频的青年亚文化论析》,《国际新闻界》,2010 年第 3 期。

③ 参见刘大先:《小众的流行:作为网络青年亚文化的美剧》,《艺术广角》,2007 年第 4 期。

④ 参见苏文清、罗之慧:《"80 后"写作与青年文化反叛》,《湖北社会科学》,2007 年第 2 期。

⑤ 参见黄象品:《从"超女"现象看我国青年文化发展的新趋向》,《中国青年研究》,2006 年第 3 期。

⑥ 参见周宗伟:《浅析当代青年中"无厘头"文化的流行——以"大话西游"现象为例》,《当代青年研究》,2003 年第 1 期。

⑦ 参见文秋林:《"无厘头"文化与青年时尚行为研究》,《山东省青年管理干部学院学报》,2005 年第 3 期。

⑧ 参见姚爱斌:《"大话"文化与青年亚文化资本——对〈大话西游〉现象的一项社会学考察》,《文艺理论与批评》,2005 年第 3 期。

⑨ 参见赖雄麟、李海峰:《青年亚文化"大话"倾向对思政教育功效的消解分析》,《中国成人教育》,2007 年第 19 期。

层性的学者。陆玉林指出,青年文化不仅是代际性文化,也是阶层性文化。[①]
周国文则指出,进入 21 世纪,一个庞大的青年社会俨然形成,阶层化和小众
化成为青年流行文化的新态势。[②] 除了对青年亚文化阶层性的强调,价值观
的多元化、生活方式的个性化和休闲化、跨地域的融合、对高科技的依托、与
商业和消费越来越紧密的联系也是新世纪青年文化的显著特点。

在这一阶段,我国青年亚文化研究一个非常显著的特点是将青年亚文
化置于后现代语境和全球化背景下进行研究的自觉意识开始形成。对后现
代思潮学界普遍采取抵制的态度,纷纷指责后现代思潮对青年文化的负面
影响。如叶雷指出,时尚文化的低俗化、文化运作商业化、价值标准多元化、
文化理性的缺失、行为方式的异化等我国文化建设中呈现的诸多后现代特
征,对青年文化产生了深刻的负面影响。[③] 黄华君认为,后现代思潮容易在
青年中造成极端个人主义、利己主义、世俗化和信仰危机等负面影响。[④] 张
高云认为,青年亚文化是后现代文化在中国的变异,后现代文化使青年在价
值观念上表现为对物质利益的狂热和对政治的淡漠;在生活方式上推崇物
质至上的生存哲学,追求快乐至上的生活理念、个人至上的生活逻辑、游戏
前卫的生活心态、平淡泛化的生活交往和幽默随意的人生格调。[⑤] 而对全球
化浪潮,学界则表现得相对冷静,其关注的焦点主要不是声讨全球化对青年
文化的负面影响,而是聚焦于全球化背景下青年文化自觉的建立。如赵永
富提出,应形成青年文化意识自觉,从优秀传统文化与现代化相结合的角度

---

① 参见陆玉林:《当代中国青年文化的回顾与反思》,《中国青年政治学院学报》,2002 年第 4 期。
② 参见周国文:《阶层化和小众化:青年流行文化的新态势》,《中国青年研究》,2005 年第 4 期。
③ 参见叶雷:《试论我国文化建设中的后现代因素对青年文化的影响》,《理论与改革》,2004 年第 1 期。
④ 参见黄华君:《后现代文化思潮对青年思想行为的影响》,《中国青年研究》,2005 年第 9 期。
⑤ 参见张高云:《后现代主义思潮对青年亚文化的影响》,《当代青年研究》,2007 年第 1 期。

推进全球化进程中的青年文化建设。① 白玉探讨了全球化背景下民族精神弘扬的议题。② 付启敏从五个方面提出了全球化背景下进行先进青年文化建设的对策。③ 刘宏森通过梳理改革开放 30 年我国青年流行文化的发展历程,指出中国流行文化的发展要由单向接轨向双向接轨迈进,彰显了全球化背景下的文化自信。④ 肖祥指出,面对全球化背景下以美国为首的西方国家的文化霸权,应建立文化自觉意识、文化传承意识,正确对待"西化"的意识、国际文化战略意识和先进文化意识。⑤

在这一阶段,我国青年亚文化研究另一个非常显著的特点是主战场开始向网络转移。学界对网络背景下青年亚文化的探究可大致分为两种取向,一是把网络视为外在于青年文化的影响因素,探讨网络对青年文化、青年价值观的影响;二是把网络看作青年文化的内在结构性要素,探讨网络空间中的各种青年亚文化现象。青年研究界对网络的关注始于 1997 年王晓华的《世界图景时代的青年文化》一文,该文分析了电子文化的广阔性和虚在性对青年文化的正负影响。⑥ 但该文并没有在 20 世纪 90 年代末引发网络青年文化研究的热潮,网络青年文化研究直到 21 世纪初期才展现出蓬勃之势。学者们从不同侧面对网络青年文化展开研究,如孙梅分析了网络对青年思想的负面影响,并从占领网络宣传阵地、加强网络法律法规建设、加强网络伦理道德教育等五个方面提出了化解网络负面影响的对策。⑦ 宋佐东

---

① 参见赵永富:《觉醒与培养:全球化与中国青年文化意识》,《广西民族学院学报》(哲学社会科学版),2002 年第 4 期。

② 参见白玉:《在全球化的背景下怎样弘扬民族精神——对青年文化观念变革的哲学思考》,《广西民族学院学报》(哲学社会科学版),2005 年第 S1 期。

③ 参见付启敏:《关于全球化趋势下先进青年文化建设的思考》,《前沿》,2006 年第 3 期。

④ 参见刘宏森:《单向接轨:改革开放 30 年与当代青年流行文化发展浅析》,《山东青年管理干部学院学报》,2008 年第 4 期。

⑤ 参见肖祥:《文化霸权与青年文化意识的现代化》,《理论月刊》,2004 年第 7 期。

⑥ 参见王晓华:《世界图景时代的青年文化》,《中国青年研究》,1997 年第 3 期。

⑦ 参见孙梅:《重视网络文化对青年的影响》,《理论学习》,2001 年第 1 期。

分析了网络文化对青年社会化的影响。① 李志宏探讨了网络社区中的青年文化表征,指出网络社区中的青年文化具有多变性、趋同性、即时性。②

2005 年,是网络青年亚文化及其研究的一个重要年份,网络爆炸性的发展不仅催生了一系列对青少年影响广泛的网络亚文化事件,同时也使青年亚文化成为网络世界最活跃、最具生命力的文化景观。③ 项国雄、黄璜以网络流行歌曲为视角分析了网络对青年文化价值传递的影响;④伍安春、李荣华探讨了网络博客文化兴起的根源、特点及其对青年的影响;⑤闫珺、肖伟胜、王书林对网络语言的创制方式及其背后的亚文化特性进行了解读;⑥曾一果从青年亚文化视角下对新媒体数字短片的抵抗性和反叛性进行了审视;⑦杨聪分析了网络时代青年亚文化力量的转变;⑧浦颖娟、孙艳、征鹏通过对江苏省 21 所高校的田野调查,归纳了网络青年亚文化传播的五种主要路径;⑨赵庆寺探究了青年网络亚文化的文化逻辑,⑩等等。

随着网络青年亚文化的兴起,学界对青年亚文化功能定位的解读也发生了一些细微的变化,对青年亚文化反哺功能的探讨成为一个重要主题。

---

① 参见宋佐东:《网络文化对青年社会化的影响探析》,《山东青年干部管理学院学报》,2004年第 1 期。

② 参见李志宏:《网络社区中的青年文化表征》,《社会》,2004 年第 7 期。

③ 参见马中红:《国内网络青年亚文化研究现状及反思》,《青年探索》,2011 年第 4 期。

④ 参见项国雄、黄璜:《从网络流行歌曲看网络对青年文化价值的传递》,《新闻与传播研究》,2005 年第 2 期。

⑤ 参见伍安春:《博客文化对青年一代的影响》,《中国青年研究》,2006 年第 6 期;李荣华:《青年"博客文化"的解构与建构》,《当代青年研究》,2007 年第 1 期。

⑥ 参见闫珺:《网络时代的青年亚文化——网络流行语言的文化浅谈》,《东南大学学报》(哲学社会科学版),2007 年第 9 卷增刊;肖伟胜、王书林:《论网络语言的青年亚文化特性》,《青年研究》,2008 年第 6 期。

⑦ 参见曾一果:《抵抗与臣服——青年亚文化视角下的新媒体数字短片》,《国际新闻界》,2009年第 2 期。

⑧ 参见杨聪:《浅析网络时代的青年亚文化》,《中国青年政治学院学报》,2008 年第 5 期。

⑨ 参见浦颖娟、孙艳、征鹏:《大学生与网络青年亚文化关系研究》,《当代青年研究》,2009 年第 4 期。

⑩ 参见赵庆寺:《青年网络亚文化的文化逻辑》,《当代青年研究》,2010 年第 1 期。

如陈洛、李克指出,大众传媒和计算机网络技术的发展,使得以后喻为模式的青年文化已见端倪。① 张志刚分析了青年的"文化反哺"现象在政治、经济领域中的表现、产生原因及意义。② 王凡指出,青年文化具有"社会预警功能"和"文化反哺功能",应对青年文化进行吸纳和整合。③ 弓丽娜指出,在经济全球化、文化多元化、信息网络化的现代社会,青年"文化反哺"呈现一种全球趋同之势、极度扩张之势,并以非对抗的方式进行。④ 石国亮探讨了网络语言这一青年文化反哺的新形式,指出网络语言的青年文化反哺功能已经在虚拟和现实世界凸现出来。⑤ 陈亮指出,青年文化以其解构性、创造性、前卫性的肌理特点,在传播中发挥着助推社会发展的功能,以边缘姿态向中心渗透。⑥ 林晓珊指出,青年文化的超越与反哺将是后喻时代的主要趋势。⑦

此外,理论话语逐渐转向英国伯明翰学派也是这一阶段青年亚文化研究的重要特点。2003 年,黄晓武和陆道夫分别撰文介绍了伯明翰学派青年亚文化理论抵抗观念形成、演变的过程和伯明翰学派亚文化研究的特质,开启了国内青年亚文化研究由社会学研究向文化研究转向的进程。⑧ 之后,胡疆锋、周丹、李政亮等学者对伯明翰学派亚文化理论的生成语境、解释模式、研究起点、研究谱系进行了系统研究,⑨使得伯明翰学派的理论术语和关键词,诸如"阶级结构""仪式抵抗""风格""符号化""政治收编""商业收编"

---

① 参见陈洛、李克:《论知识经济时代的青年文化》,《社会科学家》,2002 年第 5 期。
② 参见张志刚:《浅议青年"文化反哺"现象》,《中国青年政治学院学报》,2002 年第 2 期。
③ 参见王凡:《论青年文化的"偏离"与整合》,《学术交流》,2003 年第 1 期。
④ 参见弓丽娜:《现代社会青年文化反哺的新趋势》,《当代青年研究》,2004 年第 2 期。
⑤ 参见石国亮:《从网络语言看青年文化的反哺功能》,《中国青年研究》,2009 年第 7 期。
⑥ 参见陈亮:《论青年文化在传播中的社会导进功能》,《中国青年研究》,2005 年第 3 期。
⑦ 参见林晓珊:《论后喻时代青年文化的发展》,《内蒙古社会科学》(汉文版),2005 年第 3 期。
⑧ 参见黄晓武:《文化与抵抗——伯明翰学派的青年亚文化研究》,《外国文学》,2003 年第 2期;陆道夫:《英国伯明翰学派文化研究特质论》,《学术论坛》,2003 年第 6 期。
⑨ 参见胡疆锋:《伯明翰学派青年亚文化的生成语境》,《青年研究》,2007 年第 12 期;周丹:《伯明翰学派青年亚文化研究的起点:理查德·霍加特与"电唱机男孩"》,《国际新闻界》,2009 年第12 期;李政亮:《英国文化研究中的亚文化研究谱系》,《文艺研究》,2010 年第 7 期。

等大行其道,甚至成为国内研究青年亚文化的单一理论话语。① 基于伯明翰学派的理论框架,陈龙探讨了青年亚文化背景下的媒介素养教育议题。② 戴立云分析了战后英国青年文化与大众传媒之间的关系。③ 胡疆锋探讨了恶搞的表现形式、性质和功能。④ 李蕾从嘻哈文化的视角,分析了中国青年亚文化中存在的"二律背反"式的冲突张力。⑤ 蔡朝辉分析了网络文学对抗成人社会秩序的青年亚文化意义。⑥ 任翔探讨了青年亚文化与价值冲突的议题,指出青年亚文化受世代冲突、媒介统治、景观表演等多种现代社会因素的驱动,其反抗性越来越强烈,它意味着价值冲突已经上升到了政治文化层面。⑦

总体而言,这一阶段的青年亚文化研究遵循内涵化的发展路线,领域不断扩充,分析不断深入,后现代、全球化、网络、媒介、消费、风格、抵抗、狂欢、颠覆成为描述青年亚文化的关键词和主要注脚。

(四)2011 年至今:青年亚文化研究深化发展

进入 21 世纪第二个十年,青年亚文化领域又出现了一系列新的增长点,从文化创造族(CC 族)⑧到嫩模现象⑨,从"网络造句"⑩到网络求虐⑪,从"弹

---

① 参见马中红:《国内网络青年亚文化研究现状及反思》,《青年探索》,2011 年第 4 期。

② 参见陈龙:《青年亚文化与当代媒介素养教育》,《国际新闻界》,2005 年第 2 期。

③ 参见戴立云:《战后英国青年文化与大众传媒》,《中国青年研究》,2007 年第 4 期。

④ 参见胡疆锋:《恶搞与青年亚文化》,《中国青年研究》,2008 年第 6 期。

⑤ 参见李蕾:《从 Hip‐Hop 文化看中国青年亚文化的矛盾发展》,《贵州社会科学》,2009 年第 12 期。

⑥ 参见蔡朝辉:《网络文学的青年亚文化意义研究》,《求索》,2007 年第 11 期。

⑦ 参见任翔:《青年亚文化与价值冲突》,《中国青年政治学院学报》,2006 年第 6 期。

⑧ 参见许敏燕、于希勇:《当代青年"CC 族"文化价值体系探析》,《当代青年研究》,2011 年第 10 期。

⑨ 参见邵家臻:《嫩模现象:一种新兴青年文化》,《当代青年研究》,2012 年第 10 期。

⑩ 季欣:《"反讽"的狂欢——中国青年网民"网络造句"现象的文化心理研究》,《中国青年研究》,2013 年第 9 期。

⑪ 参见姜微微:《网络青年求虐亚文化的兴起及影响研究》,《中国青年研究》,2013 年第 7 期。

幕文化"①到"微博文化"②,从身体化网络流行语③到"屌丝文化"④,从角色扮演(Cosplay)⑤到小清新⑥,青年以不断翻新的亚文化形态刷新着人们对青年亚文化的认知与理解。而这些亚文化新形态几乎无一例外都是在网络空间中展开,具有鲜明的新媒介特征和后现代意味,青年亚文化几乎演变成了网络青年亚文化的同义语。2011 年 11 月 5 日,国内首次以"媒介与青年亚文化"为主题举行大型学术研讨会,进一步凸显了青年亚文化研究的媒介思维,确立了新媒介在亚文化发展和多元文化空间拓展中的重要地位。此后,学界围绕媒介与青年亚文化展开了丰富的研究。如易前良、王凌菲考察了新媒介环境下青年御宅族的媒介使用和亚文化取向。⑦ 杨晓茹、范玉明等对新媒体数字短片进行了审视,分析了寓于新媒体数字短片、微视频中的青年亚文化存在状态。⑧ 张翼、董小玉以耽美文化为视角,展现了新媒介环境下青年亚文化的新形态。⑨ 司忠业、陈荣武探讨了自媒体时代青年文化的"快消"现象。⑩ 邵蕾以"粉丝团""恶搞《新贵妃醉酒》音乐短片(MV)""火星

---

① 陈一、曹圣琪、王彤:《透视弹幕网站与弹幕族:一个青年亚文化的视角》,《青年探索》,2013 年第 6 期。

② 蒲清平、赵楠、朱丽萍:《青年"微博文化"现象的心理学透视》,《中国青年研究》,2012 年第 7 期。

③ 参见王斌:《身体化的网络流行语:何为与为何——一个青年亚文化的社会学解读》,《中国青年研究》,2014 年第 3 期。

④ 令小熊:《从"屌丝文化"透视当代青年的社会心理》,《青年探索》,2014 年第 1 期。

⑤ 参见马中红、邱天娇:《身份认同:Cosplay 亚文化的实践意义》,《青年研究》,2011 年第 5 期。

⑥ 参见蔡祺:《网络虚拟社区中的小清新亚文化》,《湖南师范大学社会科学学报》,2013 年第 6 期。

⑦ 参见易前良、王凌菲:《青年御宅族的媒介使用与亚文化取向研究》,《青年探索》,2011 年第 4 期。

⑧ 参见杨晓茹、范玉明:《青年亚文化视域下网络微电影发展研究》,《当代电影》,2013 年第 5 期。

⑨ 参见张翼、董小玉:《论互联网环境对青年亚文化的影响——以耽美文化为例》,《新闻界》,2013 年第 20 期。

⑩ 参见司忠业、陈荣武:《自媒体时代与青年文化"快消"现象》,《当代青年研究》,2012 年第 5 期。

文"等实例探讨了新媒体与青年亚文化变迁的关系。① 袁潇分析了手机亚文化的表意实践及其影响。② 张倩考察了新媒体环境下青年亚文化的审美范式。③ 陈霖分析了新媒介时代青年亚文化对主流文化在伦理价值取向上形成的冲击，以及在自治、协商和社区文化等方面对整个伦理建设带来的启发。④ 刘婷探讨了微传播环境对青年亚文化的影响。⑤ 马中红主编的"新媒介与青年亚文化"丛书和《青年亚文化研究年度报告》的出版，更是为新媒介时代的青年亚文化研究提供了一幅多维立体的全息图景，代表了学界在该领域的研究达到了一个新高度。

在媒介化转向的青年亚文化研究中，"身份认同"逐渐代替"社会化"，成为理论话语的主流。如王彦林分析了新媒体环境下亚文化群体文化身份认同的议题，指出新媒体环境下亚文化群体的文化身份认同必然表现为一个"生成、流转、断裂、死亡"的过程。⑥ 蒋建国对网络族群文化进行了研究，指出网络族群文化作为新型亚文化样态，对网民的自我认同和身份区隔起到标识性的作用。⑦ 征鹏指出，后现代的网络社会为青年文化提供了自我符号化、呈现自我、形塑自我和进行亚文化传播与实践的"自我空间"。⑧ 与此同时，部分学者开始从文化产业的角度审视青年亚文化的发展。如涂燕娜探讨了网络青年亚文化的特点及其转化为文化创意产品的前景，指出网络青

---

① 参见邵蕾：《新媒体与青年亚文化的变迁》，《当代青年研究》，2012 年第 5 期。

② 参见袁潇：《当代青年手机亚文化的表意实践及其影响》，《传媒观察》，2013 年第 3 期。

③ 参见张倩：《当前青年亚文化的审美范式》，《中华文化论坛》，2013 年第 3 期。

④ 参见陈霖：《新媒介时代青年亚文化的伦理冲突及其建设性资源》，《青年探索》，2013 年第 6 期。

⑤ 参见刘婷：《微传播环境对青年亚文化的影响》，《学术探索》，2014 年第 10 期。

⑥ 参见王彦林：《新媒体环境下亚文化群体文化身份认同浅析》，《新闻传播》，2012 年第 3 期。

⑦ 参见蒋建国：《网络族群：自我认同、身份区隔与亚文化传播》，《南京社会科学》，2013 年第 2 期。

⑧ 参见征鹏：《网络青年文化的"自我空间"论》，《当代青年研究》，2014 年第 2 期。

年亚文化与文化创意产业正处于一个积极互动的过程当中。① 陈彤旭探究了作为青年亚文化空间的青年时尚街区,从产业发展的角度探讨了时尚街区的发展困境与前景。② 林晓珊分析了网络消费将青年文化与消费文化结合在一起的过程。③ 扈海鹏探讨"新消费空间"下青年个体社会化的议题等。④

此外,该阶段有不少学者开始将青年亚文化作为一种分析视角探讨它对其他领域的影响。如植静探究了青年网络亚文化对网络视频广告传播效果的影响。⑤ 杨晓茹、范玉明等从青年亚文化视域审视了网络微电影的发展。⑥ 其中,从青年亚文化的视域审视思想政治教育的发展成为非常突出的内容。陈殿林所著的《青年亚文化对大学生思想政治教育的影响机制研究》一书,从社会系统、文化系统和人格系统剖析了青年亚文化影响大学生思想政治教育的三种机制,全面深入地探讨了青年亚文化对大学生思想政治教育的影响。⑦ 以此为借鉴,陈殿林、张青青指出,青年亚文化影响下的大学生思想政治教育话语建设应该注重以"为我而存在的关系"为基点,将理论话语与生活话语对接,建构大学生思想政治教育的话语体系。⑧ 徐蕾提出,应以青年亚文化为参照系,重新审视大学生思想政治教育的话语风格、内容和

---

① 参见涂燕娜:《网络青年亚文化与文化创意产业》,《青年探索》,2012 年第 5 期。

② 参见陈彤旭:《文化地理视阈下的青年时尚街区》,《中国青年研究》,2013 年第 1 期。

③ 参见林晓珊:《网络消费与当代青年消费文化的变迁》,《青年探索》,2011 年第 2 期。

④ 参见扈海鹏:《"新消费空间"下青年个体社会化——一种消费文化视角的分析》,《社会科学》,2012 年第 12 期。

⑤ 参见植静:《青年网络亚文化对网络视频广告传播效果的影响探究——以胡戈七喜系列网络视频广告为例》,《新闻界》,2013 年第 3 期。

⑥ 参见杨晓茹、范玉明:《青年亚文化视域下网络微电影发展研究》,《当代电影》,2013 年第 5 期。

⑦ 参见陈殿林:《青年亚文化对大学生思想政治教育的影响机制研究》,光明日报出版社,2010 年。

⑧ 参见陈殿林、张青青:《论青年亚文化影响下的大学生思想政治教育话语建设》,《思想教育研究》,2013 年第 9 期。

方法。① 郝园园也指出，大学生思想政治教育应正视青年亚文化，对青年亚文化中反映出的问题及时做出回应，调整和改进教育姿态及方法，真正关照青年人性，走进青年内心，回归教育的育人本真。②

在青年亚文化理论建设方面，对伯明翰学派亚文化理论的反思和对后亚文化理论的引入构成了该阶段最显著的特征。马中红在对网络青年亚文化研究现状进行总结和反思时指出，学界在网络青年亚文化研究中，采用的理论话语局限于伯明翰学派的青年亚文化理论，明显滞后于网络青年亚文化个体和群体实践的发展。③ 刘悦笛、刘陶认为，当代青年文化的复杂性已经难以用亚文化与反文化话语来加以全面解读。④ 刘婷也指出，网络微时代的到来使青年亚文化发生了重要转向与变异，伯明翰学派的亚文化研究理论已无法完全解释当代青年亚文化的全部内涵和意义，寻找新的理论话语成为青年亚文化研究的迫切之需。⑤ 在这种情形下，学界开始将目光投向后亚文化理论。从世界范围来看，后亚文化研究得到学界和官方的认可是在2003年，而引起中国学界的关注则是在2010年。马中红率先介绍了后亚文化理论的基本立场。⑥ 2012年3月，中国青年政治学院青年文化译介小组译、孟登迎校的后亚文化代表性著作——《亚文化之后：对于当代青年文化的批判研究》出版，进一步推动了我国亚文化研究的后亚文化转向。之后，诸多学者纷纷对后亚文化理论展开论述。如陆扬认为，一个更为典型的后

---

① 参见徐蕾：《青年亚文化视域下的大学生思想政治教育研究》，《学校党建与思想教育》，2013年第22期。

② 参见郝园园：《正视青年亚文化：探索改进大学生思想政治教育的一个视角》，《江苏高教》，2014年第5期。

③ 参见马中红：《国内网络青年亚文化研究现状及反思》，《青年探索》，2011年第4期。

④ 参见刘悦笛、刘陶：《当代新青年"新文化"的结构与走势——兼论亚文化与反文化研究的本土适用性》，《江苏行政学院学报》，2013年第6期。

⑤ 参见刘婷：《微传播环境对青年亚文化的影响》，《学术探索》，2014年第10期。

⑥ 参见马中红：《西方后亚文化研究的理论走向》，《国外社会科学》，2010年第1期。

现代形态的青年亚文化已经登场,激进的政治意识和鲜明的媒体意识是后亚文化研究最重要的两个特征。① 黄瑞玲探讨了后亚文化时代亚文化内涵的变化。② 卢鹏以"权力"为主线,分析了伯明翰学派青年亚文化研究由早期单一的阶级分析视角向阶级、性别、种族多视角分析的演进过程,以及由此产生的亚文化研究向后现代、后亚文化研究转向的过程。③ 在理论引介的基础上,梁维科对青年数字游戏消费进行了后亚文化批判,探讨了青年数字游戏消费中娱乐要求与游戏成瘾间的矛盾。④ 李晔以"江南 style"网络风靡为视角,探讨了由网络亚文化到网络后亚文化转型的契机与挑战。⑤ 黄瑞玲对当代西方亚文化典型现象进行了梳理分析,指出西方社会已经开始出现从亚文化到后亚文化的转向,为学界审视我国的青年亚文化现象,开展亚文化研究提供了有益的参照。⑥

二、我国青年亚文化研究的反思展望

综观我国青年亚文化研究四个阶段的发展,它紧跟青年亚文化实践的迅猛发展,研究水平不断提升,研究领域不断拓展,积累了非常丰富的理论成果。这些成果既有对青年亚文化整体的宏观考察,也有对青年亚文化现象的微观分析,为未来的青年亚文化研究提供了很好的借鉴和参考。但不可否认的是,我国目前的青年亚文化研究在理论框架、研究方法等方面仍存

① 参见陆扬:《从亚文化到后亚文化》,《辽宁大学学报》(哲学社会科学版),2012 年第 1 期。

② 参见黄瑞玲:《亚文化:概念及其变迁》,《国外理论动态》,2013 年第 3 期。

③ 参见卢鹏:《亚文化与权力的交锋:伯明翰学派青年亚文化研究的逻辑与立场》,《青年研究》,2014 年第 3 期。

④ 参见梁维科:《青年数字游戏消费的后亚文化批判》,《当代青年研究》,2013 年第 1 期。

⑤ 参见李晔:《网络亚文化的后现代主义趋向——从校园多版本"江南 Style"网络风靡谈起》,《青年记者》,2013 年第 8 期。

⑥ 参见黄瑞玲:《当代西方亚文化的基本特征和发展趋势》,《国外理论动态》,2014 年第 8 期。

在一些不足。

第一，对青年亚文化概念的使用不够科学规范。在现有研究成果中，对青年亚文化的理解和使用存在着两种倾向，即要么无视青年亚文化的内部差异概而述之，要么无视青年亚文化的整体性对青年亚文化进行碎片化处理。在两种研究倾向中，青年亚文化的结构议题都被不同程度地搁置。

第二，历史比较的思维非常欠缺。青年亚文化作为社会现实的隐喻和表征，其价值诉求和表现形态都与所处的历史时期紧密关联。但现有研究成果对不同历史时期青年亚文化的特殊性和不同历史时期青年亚文化之间的联系性鲜有探讨。

第三，不同程度地低估了青年亚文化在互联网、新媒体的助力下所发生的巨大变化，对青年亚文化功能的评价过于保守，不能客观反映青年亚文化社会影响的实际状态。同时，对青年亚文化功能的探讨越来越指向青年群体本身，而对青年亚文化与主流文化的关系议题不同程度地搁置。

第四，没有将伯明翰学派的亚文化研究理论与后亚文化理论进行有效结合，多基于伯明翰学派抵抗-收编的分析模式，过于强调青年亚文化与主流文化之间的紧张冲突关系，而这种关系是否真的存在，青年亚文化是否以主流文化作为假想敌建构自身都是值得商榷的问题。

本书希望对我国青年亚文化研究中的以上四点不足做出一些回应，进行一点改善。

第一，本书基于分层的视角，从青年亚文化的创制主体出发，通过比较不同青年子群体的文化偏好、文化归属、文化追求，梳理我国青年亚文化的内部结构，以期校正当前使用"青年亚文化"概念时存在的两种不良倾向。

第二，本书将历史思维引入到青年亚文化研究之中，截取改革开放以来四种典型的青年亚文化类型：20世纪80年代的愤青文化、20世纪90年代的顽主文化、21世纪初的嘲谑文化、21世纪10年代活跃在虚拟世界的参与文化,分析其产生的社会原因、风格表征、现实影响、彼此之间的差异与关联,阐释改革开放以来我国青年亚文化的价值诉求及代际演进,以期弥补当前青年亚文化研究中历史比较思维的相对缺乏。

第三,本书从主体视域出发,全面分析青年亚文化产生的社会背景及其与所处时代的内在关联,以期弥补对青年亚文化与主流文化关系议题关注不足的问题。

第四,本书以促进青年亚文化与社会主流文化的良性互动与融合共生为核心,倡导对青年亚文化采取柔性的治理策略而非硬性的管理策略,从思维、范式、目标三个层面探讨新时代背景下青年亚文化发展优化的原则策略,以期用合作-共生的分析模式补充抵抗-收编的分析模式。

第二节　概念的界定

一、亚文化

据资料考证,对"亚文化"一词的使用最早可以追溯到 1886 年,但直到 20 世纪二三十年代,"亚文化"才开始成为社会学、政治学和文化学所关注的研究对象。最早对亚文化进行学科化研究的芝加哥学派将"亚文化"理解为"越轨文化",对移民、犯罪青少年等亚文化群体进行了系统的研究。但是罗伯特·帕克等早期芝加哥学派学者却并没有直接使用和界定"亚文化"这一概念,直到 1947 年,才由弥尔顿·戈登(Milton M. Gordon)在《亚文化概念及其应用》(The Concept of the Sub-culture and Its Application)一文中对"亚文化"一词进行了界定。弥尔顿·戈登指出:"亚文化是指民族文化的一种分支,包括一系列的社会要素的综合,例如阶级地位、种族背景、地域差异和宗教归属,但是它们整合成一个功能性的整体,并且对其成员产生综合性的影响。"①与大多数芝加哥学派学者从负面意义上将亚文化等同于越轨文化不同,弥尔顿·戈登将"亚文化"作为一个中性概念来使用,把亚文化视为一种介于民族文化与群体文化之间的文化类型。它有着非常丰富的内涵,不仅指称亚社会内部所有的文化传统和文化模式,还指称在亚社会中生活的人们所共享的生活方式。弥尔顿·戈登对"亚文化"概念的界定标志着"亚文化"概念统摄下的亚文化研究进入一个新的阶段。之后,诸多学者对"亚文化"概念进行了不断的修正和完善。如阿尔伯特·K.科恩在《越轨男孩:团伙文化》(*Delinquent Boys:The Culture of the Gang*,1956)这一著作中提出了亚文化的"一般理论",并将亚文化界定为"一种问题解决方案";霍华德·贝克尔在其著作《局外人:越轨社会学研究》(*Outsiders:Studies in the Sociology of Deviance*,1963)中,创造性地提出了"标签理论",并将亚文化界定为被贴上"越轨"标签的一群人所持有的价值观念和行为方式。

20世纪六七十年代,随着亚文化研究的重心由美国转移到英国,以斯图亚特·霍尔为代表的伯明翰学者继承芝加哥学派的研究传统,进一步修正和完善了对"亚文化"概念的理解。他们不再将亚文化等同于越轨文化,从犯罪学的视域将其视为制约和改造的对象,而是综合运用文化主义、结构主义、后结构主义、后现代主义等理论资源,将亚文化置于社会文化的大系统之中,在与主文化的联系、对抗中定义亚文化,把亚文化理解为一个主体积极建构的过程和一种对社会危机进行批判、抵抗的手段。作为最能体现伯明翰学派与芝加哥学派在亚文化研究方面承继关系的学者,菲尔·科恩在伯明翰学派亚文化研究奠基性作品——《亚文化冲突与工人阶级社群》

---

① Milton M. Gordon,The Concept of the Sub‑culture and Its Application,K. Gelder and S. Thornton (eds.),*The Subculture Reader*,Routledge,1997,p.41.

(1972)一文中指出,亚文化总是根植于工人阶级,亚文化是对传统工人阶级社区衰落衍生出来的一系列矛盾和问题的"想象性解决"方式。菲尔·科恩对"亚文化"概念的理解影响了伯明翰学派"风格-抵抗"理论框架的形成和其他伯明翰学者对亚文化的解读。斯图亚特·霍尔认为,亚文化即是一种亚系统——更大的文化网络系统中这个或那个部分内的更小的、更为地方性的、更为有差异性的结构。[1] 霍尔进一步指出,亚文化是一种阶级文化,对亚文化的分析应采取阶级分析的视角。约翰·克拉克认为,亚文化兴起于统治阶级的"权威危机"或"领导权危机",[2]是对统治阶级"权威危机"或"领导权危机"的一种回应。保罗·威利斯通过对"反学校文化"的考察,将亚文化解读为抵抗权威却维持和再生产既有社会秩序的一种机制。迪克·赫伯迪格认为,亚文化是一个"相对自主的领域",是亚文化青年试图在工人阶级母体文化和统治阶级的意识形态之间,通过协商形成一个意义的过渡型空间。而约翰·费斯克则更为明确地从亚文化与支配文化协商、对抗的关系中去定义亚文化,指出:"正如前缀 sub 所示,亚文化是更为广泛的文化内种种富于意味而别具一格的协商。它们同身处社会与历史大结构中的某些社会群体所遭际的特殊地位、暧昧状态与具体矛盾相应。"[3]

自 20 世纪 80 年代以来,随着亚文化领域呈现一些新的文化症候,伯明翰学派确立的"亚文化"概念和理论体系受到以戴维·马格尔顿、安迪·班尼特、萨拉·桑顿为代表的后亚文化学者的质疑、批判、消解和修正。他们认为,伯明翰时期的"亚文化"概念已经无法阐释新媒体和全球化背景下青年文化现象的诸多变化,因而纷纷创立或引入"场景""新部族""生活方式"

---

① See Stuart Hall,Tony Jefferson(eds.),*Resistance Through Rituals:Youth Subcultures in Post - war Britain*,Routledge,1976,pp. 10 – 13.

② Ibid.,p. 140.

③ [美]约翰·费斯克:《关键概念:传播与文化研究辞典》,李彬译注,新华出版社,2004 年,第281 页。

"亚文化资本"等一系列新范畴来替代原有的"亚文化"概念。他们还指出，在后现代社会，随着主流文化被肢解，社会群体打破了诸如"主导的"和"从属的"这样的二元差异，"亚"文化与"主流"文化之间的区别也已经不再适用，因此"亚文化"这一个概念形成的社会基础不复存在，"亚文化"概念已变成一个多余的概念。然而对于是否保留"亚文化"概念以及用何种概念来替代亚文化概念，后亚文化研究者们并未达成清晰一致的意见。

基于对"亚文化"概念发展脉络的梳理，本书并不赞同部分后亚文化学者对"亚文化"概念弃之不用的态度，而是认为它仍是其他概念所无法取代的、统摄亚文化研究的核心概念。对"亚文化"概念及树立其上的亚文化理论，我们也不是推倒重来，而是应审时度势地对其进行修正和完善。对于"亚文化"概念的理解，本书认为应该把握以下五点：

第一，亚文化是社会文化系统的组成要素，社会文化系统是由诸多亚文化结构而成的集合体。从这个意义上说，亚文化就是一个群体所共享的有别于其他群体的思想、观念及其承载方式。

第二，亚文化是相对于主文化而言的，因此必须将其置于与主文化的关系中去理解。首先，正如它的英文前缀"sub"所暗含的，亚文化在社会文化系统中一定是处于附属的、边缘的、次要地位的文化。其次，亚文化表征的是对主文化的一种偏离状态，但不同的亚文化对主文化的偏离度并不相同，当亚文化与主文化的偏离度达到百分之百，亚文化处在与主文化完全对立的位置时，亚文化就变成了其极端形式——反文化。最后，亚文化是从主文化中衍生而来，它虽然是对主文化的偏离，但也是对主文化的补充，它对主文化采取一种既疏离又靠拢，既抵抗又合作的矛盾心态。

第三，亚文化的地位是相对的，要在动态的过程中去理解它的内涵、地位及其与主文化的关系，即亚文化与主文化、社会文化系统之间存在着持续不断的输入—输出—交融—转化的过程，亚文化一方面从外界汲取各种资源不断诠释自身,另一方面又把它所包含的思想、价值、观念输出至主文化及社会文化大系统当中,从而改变其"亚"地位及整体文化态势。

第四,亚文化既不是伯明翰学派所认为的一个完全封闭的系统,也不是后亚文化研究者所标榜的是一个完全自由、流动、开放的系统,而是一个半开半合的系统。一方面,不仅不同亚文化之间有交叉重叠,而且亚文化与主文化之间的界限也并非泾渭分明;另一方面,虽然亚文化成员可以在不同亚文化之间进行流动,但要获得某种亚文化成员的资格,却需要经历一个认同和接纳的复杂过程,而且一旦认同和接纳建立起来,就会表现出相对稳定的态势。

第五,亚文化有着丰富的内涵,包含四个层次的内容,即它不仅指一个群体所持有的有别于其他群体的思想观念、行为习惯,也指一个群体所共享的生活方式、交往空间。我们可以根据不同的标准把亚文化划分为不同的类型,而常用的标准有阶级、阶层、种族、宗教、年龄、性别、地域、职业等。

二、青年亚文化

"青年亚文化"从"青年文化"这一概念衍生而来,最早是由美国著名社会学家 T. 帕森斯(Talcott Parsons)纳入社会学研究之中。帕森斯在其著作《美国社会中的年龄与性别角色》(1942)中,把青年文化界定为青年人共享的独特价值观和行为方式,具有放纵主义和抗拒成年社会的反文化特征。帕森斯对青年亚文化的界定与罗伯特·帕克(Robert Park)带领芝加哥学派所开展的越轨亚文化研究是相一致的。在 20 世纪 60 年代以前,青年亚文化通常被解读为"最底层的整体文化的病症",是浅薄的、贬值的大众文化控制和欺骗的玩偶。直到 20 世纪 60 年代,以霍尔为首的伯明翰学派才为青年亚文化正名,强调青年的主动性和创造性,把青年亚文化看作"一个真实与虚构的矛盾混合体"①。之后，他带领伯明翰学派研究了英国自 20 世纪 50 年代以来所有的工人阶级青年亚文化，并从社会结构和阶级分析的视域出发，将青年亚文化界定为青年共享的一个边界清晰、封闭稳定、标新立异的独特空间，是青年挪用和篡改已有的物品体系和意义系统对统治阶级的权力结构进行的象征性的抵抗策略，是青年为解决他们面临的存在于社会结构中的矛盾而采取的文化方案。而进入 20 世纪 80 年代尤其是 21 世纪以来，青年亚文化在西方更多地被解读为一种全球化背景下，青年人自由、自主选择的，不关涉阶级、权力、抵抗的集体表达方式和媒介消费活动。

我国学界对青年亚文化的研究，是在对西方青年亚文化理论进行批判吸收的基础上展开的。在我国青年亚文化研究刚刚起步的 20 世纪 70 年代末 80 年代初，青年亚文化还没有从"青年文化"概念中完全脱离出来，大多数学者都把青年亚文化等同于青年文化。王曙光是第一个明确使用"青年亚文化"概念的国内学者，他指出，青年亚文化是"青年接受外来文化的影响而形成的亚文化"②。可见，他是从青年文化与外来文化的关系中去界定青年亚文化的。经过四十年的发展，学界对青年亚文化的认识形成了三种比较有代表性的观点：一是将青年亚文化理解为一种"有限度的越轨文化"③，即把青年亚文化看作"市场化开放社会"的产物和主流文化改造的对象，其研究的重心就是探讨实现青年亚文化与社会主流文化相统一的对策。二是把青年亚文化界定为一种"对抗文化"，即"青年亚文化是对主流文化秩序的反抗和颠覆，具有边缘性、反叛性、颠覆性、松散性和可塑性等特点"④。持这种观点的学者大多都是在伯明翰学派青年亚文化理论的框架内开展研究，

---

① Stuart Hall, Paddy Whannel, *The Popular Arts*, Beacon Press, 1967, p. 276.
② 王曙光：《青年亚文化社会功能浅析》，《社会》，1985 年第 1 期。
③ 符文品：《引导青年亚文化与社会主流文化相统一》，《社会科学》，2000 年第 10 期。
④ 杨晓茹、范玉明：《青年亚文化视域下网络微电影发展研究》，《当代电影》，2013 年第 5 期。

认为青年亚文化与主流文化之间存在着先在的对抗关系。三是把青年亚文化界定为一种"差异文化",即认为青年亚文化是"在青年群体中存在的不同于主流文化的价值观念和行为模式,以显著区别于主流文化的风格和样式表现出来,为社会上处于从属地位的青年所接受"①。持这种观点的学者一般会将研究的重点放在青年亚文化所展现出的差异性本身,并对其进行不带有价值涉入的描述性分析。

本书综合国内外学者对"青年亚文化"概念的认识,将青年亚文化界定为:是由青年创制,对青年产生重要影响,有别于主流文化的文化观念、行为模式、文化产品和文化空间。对于这个定义应从四个层面去把握:

第一,青年亚文化一定是以青年为建构主体,首先且主要在青年群体中传播,并对青年群体产生重要影响的文化。需要澄清的是,这里的"青年"只是一个纯粹的年龄范畴,而非一些学者所言及的精神范畴,即把所有具有创新精神和叛逆精神的人都视为青年,因为这样做有把青年亚文化泛化的危险。同时,青年亚文化也不等于青年文化,它是青年文化的一个子集,是剔除青年主流文化与青年反文化的那部分青年文化。换言之,是游走在"红色主流"青年文化和"黑色反主流"青年文化之间的"灰色弹性文化"。

第二,青年亚文化是观念、行为、产品、空间的综合体。文化观念包括理想目标、价值观念、精神修养、思维方式、审美情趣等,它是青年亚文化的精神内核;行为模式是文化观念在行为层面的外显,它是指青年在学习、工作、娱乐、生活中的行为表现倾向;文化产品指涉文化的物质层面,它包括服饰、美容、音乐、绘画、影视及其他兴趣爱好的承载物或衍生品;而文化空间既包括青年亚文化活动的有形空间,也包括青年亚文化活动的虚拟空间,它不仅是青年亚文化传播的物质空间,也是青年亚文化的内在组成部分。

---

① 苏文清:《青年亚文化探微》,《江汉大学学报》(人文科学版),2006年第4期。

第三，从差异的角度而非从对抗和越轨的角度去理解青年亚文化。即青年亚文化与主流文化之间并不存在先在的对抗关系，青年亚文化并非在任何时候都以对抗主流文化为出发点，在大多数情况下，青年亚文化对主流文化的抵抗是一种客观结果，而非一种主观意图。同时，青年亚文化的产生有着复杂的动因，其中既有对社会结构矛盾的回应，也有对自由娱乐和身份认同的追求，因此它的现实影响也是多方面的，我们不应该夸大青年亚文化对主流文化的侵略性和威胁性。

第四，青年亚文化的出现和传播并非遵循伯明翰学派所描述的"你方唱罢我登场"的线性发展模式，而是呈现一种此起彼伏、相互交叉、共生共存的众声喧哗之态。同时，青年亚文化本身也并非是铁板一块的同质文化体，而是一个结构复杂的松散文化体。根据不同的标准，它可以被分解为众多更小的"亚"亚文化类型。因此，对青年亚文化的描述分析不能概而述之，而应分门别类地讨论。

第二章 阐释框架:青年亚文化理论资源及其当代审视

自 20 世纪 20 年代青年亚文化研究成为显学以来,青年亚文化研究已经走过近一个世纪的发展历程,学界统一的认识是青年亚文化研究大致经历了三个发展阶段,积淀了三种理论资源——美国芝加哥学派的青年亚文化理论资源(20 世纪 20 年代—20 世纪 60 年代)、英国伯明翰学派的青年亚文化理论资源(20 世纪 60 年代—21 世纪初)、后伯明翰时期的青年亚文化理论资源(2002 年至今)。本章将循着青年亚文化研究一路而来的脚步,拂去青年亚文化研究身上的历史尘埃,将最有价值含量的青年亚文化理论资源梳理出来,并在此基础上,确立本书的研究立场。

第一节 芝加哥学派青年亚文化研究的理论积淀

在亚文化研究方面,芝加哥学派被公认为是"首次对亚文化进行学科化研究的学派"①。芝加哥学派将亚文化看作理解社会境况当中越轨行为的一种手段。② 自20世纪初期至20世纪60年代,芝加哥学派采取民族志和参与观察的研究方法,以彼此独立的城市为单元,通过对非法团伙、流浪汉、职业舞女、吸毒者、青少年犯罪、移民的研究,形成了"越轨亚文化"的研究路径和诸多对后世影响深远的亚文化研究经典之作。

一、芝加哥学派初创时期的青年亚文化研究(1892—1915年)

在芝加哥学派初创时期,系统的亚文化研究还没有开始。但是查尔斯·霍顿·库利(Charles Horton Cooley)、乔治·赫伯特·米德(George Herbert Mead)的符号互动理论,以及威廉·I.托马斯(William I. Thomas)的经验研究方法为之后的亚文化研究提供了理论支撑和方法基础。

作为早期芝加哥学派的先驱人物,库利对亚文化研究的贡献主要体现在他提出了"镜中自我"的概念。在《人类本性与社会秩序》(1902)中,库利这样去界定"镜中自我"概念:"在许多情况下,与他人的联系依赖较为确定的想象形式,即想象他的自我——他专有的所有意识——是如何出现在他人意识中的。这种自我感觉决定于对想象的他人的意识的态度,这种社会自我则可以被称作反射自我或镜中自我。人们彼此都是一面镜子,映照着对方。"③库利的"镜中自我"概念不仅可用于解释"个体自我"概念的形成,也可用来解释群体文化、群体认同的形成。按照库利的"镜中自我"理论,主文化无疑是亚文化观察自我的一面镜子,亚文化通过观察主文化来建立自己

---

① 陶东风、胡疆锋主编:《亚文化读本》,北京大学出版社,2011年,前言第4页。
② 参见[英]安迪·班尼特、基思·哈恩-哈里斯编:《亚文化之后:对于当代青年文化的批判研究》,中国青年政治学院青年文化译介小组译,中国青年出版社,2012年,序言第5页。
③ [美]查尔斯·霍顿·库利:《人类本性与社会秩序》,包凡一、王湜译,华夏出版社,2015年,第129页。

的独特风格,并在与主文化的互动中通过感受和想象主文化对自己的评价而不断调整自身的风格。因此,库利的"镜中自我"概念为芝加哥学派的越轨亚文化研究、伯明翰学派的"风格-抵抗"亚文化研究都提供了理论滋养。

而托马斯则将经验主义的理念和方法应用于社会学研究,开启了芝加哥学派实用主义和经验主义的研究方向。托马斯在其作品中创造性地提出了社会失序、情境定义和生活秩序等理论范畴,并在《欧洲和美国的波兰农民》(与兹纳涅茨基合著,1818—1920)、《野性女孩》(1923)和《原始行为》(1937)等著作中都涉及了亚文化研究,尤其是在《欧洲和美国的波兰农民》中,托马斯以1880年至1910年间大约二百万移居美国的波兰人为研究对象,通过对农民信件的文本分析,研究了波兰农民融入欧洲和美国文化的问题,以及移民文化对欧洲及美国文化的贡献,框定了芝加哥学派关注城市、关注移民、关注各种违法犯罪现象的研究旨趣,为芝加哥学派的未来发展奠定了基调。

米德的贡献主要体现在他对符号互动理论(Theory of Symbolic Interaction)进行了系统阐述,从而为亚文化研究提供了理论基础。在《心灵、自我与社会》一书中,米德通过提出主我(I)与客我(me)、自我与社会、有机体与环境等一系列范畴,来建构他的符号互动理论。在他看来,"心灵是交流的产物",个体借助语言、文字、手势、表情等包含着交往双方共同理解的"意义"的符号,在与他人、周围环境的交流互动中,实现了从生物个体到具有心灵的有机体的转变。米德还提出自我是"主我"与"客我"的统一,"主我是有机体对其他人的态度的反应;客我则是一个人自己采取的一组有组织的其他人的态度"①。"主我"代表着个体的自由性和创造性;而"客我"包含了

---

① [美]乔治·米德:《心灵、自我与社会》,赵月琴译,上海译文出版社,1992年,第189、302、291页。

社会的期望,隐含着社会对个体的约束与控制。在个体与社会的关系上,米德既强调社会对个体的控制,也强调个体的独立性和对社会的重要作用。他对"自我"的界定和对个体与社会关系的分析,为后期亚文化研究探讨亚文化产生的机理提供了理论基础,促成了一种亚文化研究取向的形成。此外,他对语言机制的探讨也为后期亚文化研究注重从亚文化群体的语言风格来分析亚文化现象提供了借鉴。

二、芝加哥学派全盛时期的青年亚文化研究(1915—1935 年)

在这一时期,罗伯特·帕克(Robert Park)与恩斯特·伯吉斯(Ernest W. Burgess)一道带领芝加哥学派形成了都市生态研究的传统,围绕"城市移民""文化同化""社会失序""青少年犯罪"等议题进行了大量开创性的研究,形成了一大批亚文化研究的经典之作。[①] 帕克对亚文化群体的关注始于1915年《城市》一文的写作,他对亚文化研究的贡献主要体现在他主导开展的城市移民研究当中,提出了"边缘人"理论、"社会距离"理论、种族关系周期理论和人类生态学理论,其研究成果包括《移民报刊及其控制》(1922)、《城市:都市环境中的人类行为调查》(1925)等。

在帕克看来,移民脱离了原来的生活轨道,但又无法在短时间内融入新环境,他们沦为身处两种文化、两种社会夹缝当中的"边缘人"。"边缘人是

---

① 1921 年到 1931 年间,帕克指导自己的博士研究生针对非法团伙、流浪汉、职业舞女、妓女、吸毒者、犹太移民进行研究,形成了《芝加哥黑人》(The Negro in Chicago,1922,Charless Johnson)、《流浪汉》(The Hobo,1923,Nels Anderson)、《团伙》(The Gang,1927,Frederic Thrasher)、《贫民窟》(The Ghetto,1928,Louis Wirth)、《黄金海岸与贫民窟》(The Gold Coast and the Slum,1929,Harvey Zorbaugh)、《芝加哥的黑人家庭》(The Negro Family in Chicago,1931,E. Franklin)、《出租司机舞厅》(The Taxi–Dance Hall,1932,Paul G. Gresty)、《芝加哥犯罪》(Vice in Chicago,1932,WalterReckless)、《边缘人》(The Marginal Man,1937,Everett V. Stonequist)、《巴西的黑人》(The Negro in Brazil,1938,Donald Pierson)等研究成果。

一种新的人格类型,是文化混血儿,边缘人生活在两种不同的人群中,并亲密地分享他们的文化生活和传统。他们不愿和过去以及传统决裂,但由于种族的偏见,又不被他所融入的新的社会完全接受,他站在两种文化、两种社会的边缘,这两种文化从未完全互相渗入或紧密交融。"①进入大城市的外来移民,生活在与本土居民完全隔离的移民集居区,与本土居民之间缺乏互动的物质基础与文化基础,在一段时间内难以与大都市的原住人群建立起亲近感,这种亲近感的缺失,帕克称之为"社会距离"。帕克认为:"地域上的距离和感情上的距离是互为加强的,人口分布差异的影响与阶级和种族的影响互相交织,共同左右着社会组织的形成。"②尽管如此,外来移民最终还是会被同化并融入新环境当中。帕克通过建立种族关系周期理论来解释移民同化的过程。他认为,族群之间互动的过程要经过相遇(contact)、竞争(competition)、适应(accommodation)和同化(assimilation)四个阶段。在移民的同化过程中,族群社区和外文报刊发挥了重要的促进作用。

帕克对亚文化研究的贡献还体现在他以"社会解组"(social disorganization)理论来解释都市亚文化社群产生的根源,为研究亚文化提供了新的理论基础。③ 他认为,劳动分工、交通和通信手段的发达,使基于亲密情感联系的、稳定的邻里关系逐渐解体,社区中人与人的联系由原来的直接关系、面对面的首属关系(primary relation)演变为间接关系,人们生活在相互依存的状态中,而不是生活在感情亲密的状态中,首属团体中原有的抑制作用和道德训诫被削弱,社会控制的条件发生了很大变化。"城市分裂成许多小世

---

① 贺晓星、仲鑫:《异乡人的写作——对赛珍珠作品的一种社会学解释》,《南京大学学报》,2003 年第 1 期。

② [美]R. E. 帕克、E. N. 伯吉斯、R. D. 麦肯齐:《城市社会学——芝加哥学派城市研究》,宋俊玲、郑也夫译,商务印书馆,2012 年,第 10 页。

③ 参见[英]安迪·班尼特、基思·哈恩-哈里斯编:《亚文化之后:对于当代青年文化的批判研究》,中国青年政治学院青年文化译介小组译,中国青年出版社,2012 年,序言第 8 页。

界,这些小世界相互毗连,但却不互相渗透","贫民、堕落者、罪犯,以及其他变态人物,都是自己成帮结伙地结聚在一起,这样就造成了一种清一色的小世界,已经进入这个世界,各种类型的人相互习染就会更加鼓励了他们的坏脾气,进而使之愈发无法与一般人相结合。这种人与自己的同类长期互相联系的结果,不仅仅形成一种刺激,而且形成了他们所共同依赖的道德准则……"①从这些论述中,我们不难看出,帕克认为城市社会控制条件的变化、人与人之间的陌生感和社区与社区的隔离,是大城市中不良习惯和犯罪现象出现的重要原因。

伯吉斯的主要贡献在于建立了城市发展和空间组织的"同心圆模型",并基于该模型探讨了犯罪现象与空间地理因素之间的关系。伯吉斯认为,每个城市都有它的生态布局,在竞争和共生的作用下,城市呈现从中心向外扩散的圈层结构,自内而外由五个不同半径的同心圆组成。第一环是城市地理位置最优越的地方,这里人口密集,商业繁华。第二环是过渡地带,聚集了黑人、移民、流浪汉和其他下层居民,是大都市中贫困、堕落、疾病集中和犯罪率最高的地区。第三环为蓝领工人住宅区,他们是从贫民窟逃离、分化出来的,多为移民的第二代居民。第四环是中产阶级住宅区,住宅形式以高级公寓和独门独院为主。第五环是郊区或卫星城镇,居民大多是在城市中心工作的社会上层和中上层。"这些自然分化形成的经济团块与文化团块最后就构成了城市的形式与特征。人口的分隔现象使各团体,以及组成团体的个人,都具有一定的位置,并在城市生活的总体组织中发挥一定的作用……这些地区往往会强化自身的某些特征,以吸引并发展其同一类人,结果使自身的分化更加显著。"②基于同心圆模型,伯吉斯指出:"凡是在流动现

---

① [美]R.E.帕克、E.N.伯吉斯、R.D.麦肯齐:《城市社会学——芝加哥学派城市研究》,宋俊玲、郑也夫译,商务印书馆,2012年,第45页。
② 同上,第57页。

象到达最大程度的地方,凡在首属控制实际上已经全部崩溃瓦解的地方,例如在大城市的退化地区,那里都会泛滥堕落、混乱无序和恶习现象。"①

三、芝加哥学派衰退时期的青年亚文化研究(1935—1963 年)

随着帕克、伯吉斯等第二代核心人物的先后离场,芝加哥学派从 20 世纪 30 年代中期以后开始走向衰落。但是在这一阶段,弥尔顿·戈登(Milton M. Gordon)、阿尔伯特·K. 科恩(Albert K. Cohen)、霍华德·贝克尔(Howard Becker)却推动了芝加哥学派亚文化研究向理论层面的转向,并为其后的伯明翰学派的青年亚文化研究提供了资源。

弥尔顿·戈登的贡献在于率先考察了"sub - culture"一词的构成及其意义变化。他认为"亚文化"概念可以追溯至 1944 年在纽约出版的《社会学词典》所收录的"culture - sub - area"一词。与当时许多社会学家用"亚文化"这一个概念表示在一个民族社会内部任何类型的亚群体所具有的文化模式不同,戈登用"亚文化"这个概念来指称各亚社会的文化模式。在戈登看来,社会单元包括民族社会(或社会)、亚社会、群组三个层次,与之对应,文化则被区分为民族文化、亚文化、群体文化三个层次。亚文化是指亚社会内部所遵从的文化传统、文化模式,是生活在亚社会中的人们所共享的生活方式。其外延范围介于民族文化和群体文化之间。与亚文化相对应的亚社会,是比民族社会规模要小、比群组规模要大的社会单元。族群、社会阶级、城乡归属、国内区域居住地是参与创造亚社会的四个因素。这四个因素结合在一起或相互交织作用构成美国社会最基础的大规模社会单元,正是这些社

---

① [美]R. E. 帕克、E. N. 伯吉斯、R. D. 麦肯齐:《城市社会学——芝加哥学派城市研究》,宋俊玲、郑也夫译,商务印书馆,2012 年,第 59 页。

会单元承载和传递着美国的各种"亚文化"。① 可见,在对"亚文化"概念的理解和使用上,戈登采取了与帕克、伯吉斯、科恩都不同的取向。按照戈登的概念范畴,帕克、伯吉斯、科恩等人所关注的犯罪、移民、团伙文化都属于群体文化,而戈登所关注的是由族群、社会阶级、城乡归属、国内区域居住地四种因素共同作用形成的亚社会及其文化模式。在对"亚社会""亚文化"等范畴进行界定的基础上,戈登研究了移民团体的文化适应问题,探讨了美国生活中的"同化"现象,指出在美国这个多元"熔炉"中,移民们需要接受大规模和决定性的文化适应,在同化过程中,移民团体并不会完全丧失自己的文化认同,被完全吸收进已经存在的"美利坚"社会结构,②而是不同程度地保留了自己族群的文化传统,并将其文化传统注入美国的核心文化当中,使美国呈现结构多元主义的文化图景。

如果说弥尔顿·戈登是自觉考察"亚文化"概念的第一人,那么阿尔伯特·K.科恩则是提出有关亚文化"一般理论"(general theory)的第一人。科恩的亚文化研究集中体现在《越轨男孩:团伙文化》这一著作中。科恩的亚文化研究基于这样一个心理假设:包括亚文化在内的所有人类行动都是一系列以解决问题为目的的正在进行的努力,导致问题产生的原因或者源于行动者的"参照系",或者源于他们所面临的"处境"。青少年越轨亚文化要解决的"问题"是工人阶级青年面对资产阶级关于工作、成功和金钱的价值观产生的"地位挫折"(status frustration),青年的"解决办法"就是拒绝和反抗,包括越轨和犯罪。③

科恩认为,在20世纪50年代的美国,以物质成功和个人实现为目标的

① 参见[美]弥尔顿·M.戈登:《美国生活中的同化》,马戎译,译林出版社,2015年,第42页。
② 同上,第130页。
③ 参见[美]阿尔伯特·科恩:《亚文化的一般理论》,载陶东风、胡疆锋主编:《亚文化读本》,北京大学出版社,2011年,第3页。

中产阶级价值观和评判标准已经在社会的各个角落占据了主导性的地位。"一些孩子由于无法满足体面社会阶级地位体系的标准,他们的地位就被体面社会所否定。越轨亚文化通过向下层孩子提供他们可以适应的地位标准来应对以上这些被排斥的问题。"[①]为了应对无法满足中产阶级评判标准所带来的沮丧、焦虑、绝望,下层阶级青年放弃了对无法实现的中产阶级价值观和评判标准的追求,转而以他们的处境建立一套被他们认同和共享的价值体系与评判标准,新的文化形态也由此产生。这种新文化形态具有"亚"文化的特征,"是因为这些规范只为那些设法从中获益以及那些彼此形成引起共鸣的道德风气以使这些规范得以成熟和持续的人共享"[②]。这种亚文化具有非功利性、邪恶性、反叛性、及时行乐、群体自治的特点。[③] 在科恩看来,青年亚文化是下层青少年群体解决问题的方案,是他们共同探索和联合发展的有别于主流文化的文化形态,是他们对主流社会进行反叛性回应的工具。科恩"问题解决"的亚文化理论及其青少年犯罪的亚文化解释模式成为亚文化研究的一个里程碑,对后世的亚文化研究产生了深远的影响。

而霍华德·贝克尔对亚文化研究的最大贡献在于,提出了标签理论(labeling theory)。贝克尔放弃了当时流行的从越轨者个人的性格因素和生活情境去寻找越轨行为产生原因的越轨亚文化研究路径,而是从越轨行为根植的社会情境出发,注意到越轨行为的认定者、认定的过程和认定的情境,都与越轨行为的产生密切相关。把越轨行为视为社会互动的产物,独辟蹊径地揭示了亚文化、越轨行为的社会成因。贝克尔认为,社会群体通过制定规则,并将这些规则应用于某些人,将这些人标签为局外人,从而创造了越

---

① Albert K. Cohen, *Delinquency Boys:the Culture of Gang*, Routledge&Kegan Paul,1956,p. 121.

② [美]阿尔伯特·科恩:《亚文化的一般理论》,载陶东风、胡疆锋主编:《亚文化读本》,北京大学出版社,2011 年,第 10 页。

③ See Albert K. Cohen, A General Theory of Subculture, Ken Gelder and Sarah Thornton(eds.),*The Subculture Reader*,Routledge,1997,pp. 51～54.

轨……越轨者是那些被成功地贴上了越轨标签的人,而越轨行为则是被人们贴上了这种标签的行为。① 换言之,越轨不是行为本身存在的一种性质,而是行为当事人和他人之间互动的结果。② 贝克尔将亚文化研究的焦点从规则的破坏者(rule – breakers)转向规则的制定者(rule – makers),从社会互动中寻找越轨行为产生的社会根源,实现了符号互动理论与亚文化研究更为紧密的连接,开创了亚文化研究的新路向。

此外,贝克尔对亚文化、越轨行为的关注,已经突破了芝加哥学派的传统兴趣范围,使亚文化的内涵更接近于我们当前的理解。他通过对爵士音乐家这一特殊群体的观察,论证了他们被贴上局外人标签的过程,以及局外人身份将他们凝聚在一起,在互动中发展出一种独特亚文化的过程。贝克尔继承了科恩"问题解决"的思路,认为亚文化本质上是局外人为了应对局外人身份所带来的共同问题而产生的解决方案。贝克尔的标签理论对伯明翰学派的亚文化研究产生了深远的影响。霍尔在《仪式抵抗》中曾明确表达了对贝克尔的敬意。他说:我们的研究起点正是霍华德·贝克尔的《局外人》。③

第二节　伯明翰学派青年亚文化研究的理论积淀

从 20 世纪 60 年代开始,亚文化研究的重心转移到英国的伯明翰大学,该校 1964 年成立的"当代文化研究中心"(CCCS),从阶级、性别和种族等理论视角,批判地继承英国新左派运动与英国文化主义思想传统,充分汲取芝

---

① 参见[美]霍华德·贝克尔:《局外人:越轨社会学研究》,载陶东风、胡疆锋主编:《亚文化读本》,北京大学出版社,2011 年,第 19 页。

② 同上,第 22 页。

③ See Stuart Hall,Tony Jefferson(eds.),*Resistance Through Rituals:Youth Subcultures in Post – war Britain*,Routledge,1976,Introduction.

加哥学派的亚文化理论资源,并多方借鉴西方马克思主义、符号学、结构主义、后结构主义、人类学、女性主义等理论,开创了具有政治实践旨向的文化研究事业,创造了亚文化研究的新高度,成为后世亚文化研究无法绕过的重要参照系。

一、伯明翰学派青年亚文化研究的风格初现(1957—1964年)

斯图亚特·霍尔在回顾文化研究的演变时说:“文化研究并不是在1964年突然在伯明翰大学出现”,“我们每个人都有自己的史前史”。① 而霍尔所谓的史前史的开端至少可以追溯到1957年。从1957年到1964年,雷蒙德·威廉斯、理查德·霍加特、E. P. 汤普森三位文化研究先驱,在与以利维斯主义为代表的英国文化保守主义的论争中,改写了英国传统的文化观,将关注焦点从文学文本扩展到人们日常生活所承载的文化意涵。其间,霍加特的《文化的用途》(the Use of Literacy,1957),威廉斯的《文化与社会(1780—1950)》(Culture and Society 1780—1850,1958)、《漫长的革命》(The Long Revolution,1961),汤普森的《英国工人阶级的形成》(The Making of the English Working Class,1963)先后出版,为后来霍尔所称的英国文化研究传统的成型奠定了基础。

威廉斯的最大贡献在于建构了伯明翰学派的文化观,与霍尔一道被奉为伯明翰学派的灵魂人物。他通过考察18世纪至20世纪英国社会中文化观念的演变,把阿诺德、利维斯排斥在“文化”门外的普通人的生活方式囊括进文化范畴,指出“文化是普通的”,是所有人都可参与的“共同文化”,它不

---

① ［英］斯图亚特·霍尔、陈光兴:《文化研究:霍尔访谈录》,唐维敏译,台湾元尊文化企业股份有限公司,1998年,第94~95页。

仅表现为文学、艺术所承载的价值意义,也表现为人们日常生活所承载的价值意义。

在《文化与社会(1780—1950)》一书中,他提出了文化是一种"整体的生活方式"的著名论断,即文化"不仅仅是智识与想象性作品的综合,而且在本质上也是整个生活方式"①。在威廉斯看来,"整体的生活方式"不只是"居室、衣着与安逸模式之类的证据",②而是主要体现在社会关系中的各种观念及由这些观念而来的思想习惯、制度与习俗中。在《漫长的革命》一书中,威廉斯又进一步完善了文化的定义,认为存在着三种文化的定义:第一,"理想型"文化定义,文化是一种人类完美的状态或过程……第二,"记录型"文化定义,其间的文化是智识和想象作品的总称……第三,"社会型"文化定义,其间的文化是对某种特定生活方式的描述……③理想的文化应该是上述三种形式的有机融合。威廉斯对文化内涵的上述界定,不仅增加了文化定义的维度,同时也改变了"社会型"文化定义的表述,即由"文化是一种整体的生活方式"调整为"文化是对某种特定生活方式的描述"。调整后的"社会型"文化定义中的阶级维度、空间维度和历史维度更直接地体现出来。之后,为了回应汤普森的质疑,威廉斯又将文化的定义进一步修正为一种"社会秩序得以传达、再生产、体验和研究"的"符号系统"。④ 修正后的定义表明文化既是一种物质生产过程,也是一种承载社会关系的符号系统,是连接物质生产领域和社会关系领域的桥梁,形成了其"文化唯物主义"(Cultural Materialism)的研究立场,同时为伯明翰学派文化研究传统的形成奠定了综合性的理论基础。

---

① Raymond Williams, *Culture and Society 1780—1950*, Harper Torchbooks, 1958, p. 325.

② [英]雷蒙德·威廉斯:《文化与社会(1780—1950)》,吴松江、张文定译,北京大学出版社,1991 年,第 404 页。

③ See Raymond Williams, *The Long Revolution*, Chatto and Windus, 1961, p. 41.

④ See Raymond Williams, *Culture*, *Fontana New Sociology Series*, Collins, 1981, p. 13.

如果说威廉斯的贡献主要体现在他改写了英国的传统文化观,为"小写的文化"正名,那么霍加特最大的贡献则是真正开启了对亚文化现象的关注,对电影、广播、流行读物等大众文化进行了伯明翰式的解读。他在《文化的用途》一书中对"电唱机男孩"(Joke - Box Boys)的分析成为伯明翰学派亚文化研究的起点。

"电唱机男孩"是霍加特在《文化的用途》中分析美国式大众文化对英国社会的影响时所提到的典型人物形象。"电唱机男孩"大多是年龄在 15 岁至 20 岁之间的工人阶级青年,他们文化水平很低,没有收入,无所事事,带着一种美国式的懒散。他们喜欢聚集在街边改装过的小店里,不断地将铜币投进自动电唱机,然后茫然地坐在椅子上听着来自美国的音乐唱片。霍加特对"电唱机男孩"进行了严厉的批判,认为他们是意志消沉的一族,他们的生活方式是一种特别浅薄的、病态的放荡形式,他们不仅是一群社会怪人,也是不祥之兆。

霍加特对"电唱机男孩"的批判,反映出他对以美国为代表的新生大众文化的排斥,以及他对英国工人阶级青年前途的担忧和对英国工人阶级传统文化没落的焦虑。他认为,美国大众文化使得英国工人阶级青年逐渐与本阶级的传统文化根基相脱离,英国工人阶级文化传统中的道德感、责任感、乐观主义、批判精神等特质不断陨落。"大众娱乐最后就是 D. H. 劳伦斯所形容的'反生活',充满了腐败堕落,不正当的诱惑和道德沦丧。"[1]尽管如此,霍加特对工人阶级能够抵制大众文化的侵蚀仍抱有信心,指出"工人阶级天生有强大的能力,通过适应或吸收新秩序的需要,忽视其他,在变化中生存下来"[2]。

---

[1]　Richard Hoggart, *The Uses of Literacy*, Transation Publishers, 1998, p. 263.

[2]　Richard Hoggart, *The Uses of Literacy*, Oxford University Press, 1957, p. 32.

尽管在对待大众文化和青年亚文化的态度上,霍加特与其后以霍尔为代表的伯明翰学派学者们存在很大差异,但是霍加特通过对"电唱机男孩"这一青年亚文化现象的关注,使亚文化研究从芝加哥学派所开创的越轨亚文化研究传统转向了媒介、消费、大众文化的研究视域。同时,霍加特将阶级视角引入亚文化研究之中,肯定工人阶级的文化创造性,确立了伯明翰学派对工人阶级青年亚文化的研究偏好。

而汤普森作为英国文化研究奠基人之一,其贡献主要体现在两个方面:一是他在对威廉斯文化定义进行评论的基础上,对"文化"的概念进行了修正,将文化界定为一种"整体的斗争方式",突出了文化中的政治意味。二是他在《英国工人阶级的形成》一书中,基于历史研究的视野,从文化的意义上考察了18世纪90年代至19世纪30年代英国工人阶级的形成过程,指出"工人阶级的形成不仅是经济史上,而且同样是政治史和文化史上的事实……工人阶级不仅在被人形塑,而且同样也在自我形塑"[1]。工人阶级自我形塑的道具,在汤普森看来就是阶级文化、阶级意识。他认为,一群人之所以能够成为一个阶级就是因为他们分享着诸多相同的兴趣、社会经历、传统与价值体系,阶级意识正是从这些相同的兴趣、经历、传统和价值体系中孕育而成的,它是人们用文化的方式对共同经历进行处理的方式,是人们标识自身的符号系统,代表了人们对所处阶级的亚文化认同。因此,阶级存在与阶级意识具有同一性。

同时,汤普森开创了"自下而上"的历史书写方法,[2]看到了工人阶级文化中积极向上的一面,指出工人阶级文化并不是低俗的代名词,而是与资产

---

① [英]E. P. 汤普森:《英国工人阶级的形成》,钱乘旦等译,译林出版社,2001年,第211~212页。

② 参见徐德林:《重返伯明翰——英国文化研究的系谱学考察》,北京大学出版社,2014年,第139页。

阶级主流文化相伴而生的一种新兴文化。① 工人阶级文化对资产阶级主流文化进行抗争的同时,也面临着被资产阶级主流文化合并的危险。这一观点为霍尔等后来的伯明翰学派的亚文化研究者吸收并发扬光大,形成了伯明翰学派"抵抗-收编"的亚文化研究模式。

二、伯明翰学派青年亚文化研究的成熟绽放(1964—1979 年)

伯明翰大学当代文化研究中心的成立,使文化研究获得了学科化的起点,同时开启了文化研究一段长达十余年的辉煌盛世。其间,亚文化研究始终是伯明翰学派最为关注的领域。伯明翰学派认为,青年亚文化的兴起是当代英国文化最独特——确实也是最"引人注目的"——一个方面,②"青年文化最能反映社会变化的本质特征"③。在这一阶段,霍尔带领菲尔·科恩、保罗·威利斯、托尼·杰斐逊、约翰·克拉克、迪克·赫伯迪格、安吉拉·麦克罗比等一批年轻的文化研究学者,将青年亚文化看作工人阶级青年对福利国家神话及战后社会危机进行批判和抵抗的一种文化类型,将青年亚文化从英国媒体视野下的"民间恶魔"形象中解救了出来,在文化研究、亚文化研究领域为伯明翰学派赢得了世界声誉。

霍尔无疑是伯明翰学派灵魂的塑造者,他对英国乃至世界文化研究的影响一如伊格尔顿和戴维斯所言:"任何一个为英国左派思想立传的人,如果试图依靠某个典范人物,将不同的思潮和时期串在一起,自然会发现他是

① 参见张亮:《E. P. 汤普森的平民文化与工人阶级文化研究》,《东岳论丛》,2009 年第 1 期。
② See Stuart Hall,Tony Jefferson(eds.), *Resistance Through Rituals:Youth Subcultures in Post - war Britain*, *Second edition*,Hutchinson,2006,p. viii.
③ Stuart Hall,Tony Jefferson(eds.), *Resistance Through Rituals:Youth Subcultures in Post - war Britain*,Routledge,1976,p. 27.

在重塑斯图亚特·霍尔。"①霍尔的学术思想博大精深,其思想体现在他与其他学者合著、合编的八部著作、一部个人论文集和几百篇学术论文中。② 他对亚文化的关注最早可追溯到 1959 年他与别人合作发表的《绝对的开端》一文,而他对青年亚文化的系统研究则始于他与沃内尔合著并于 1964 年出版的《流行艺术》一书。

霍尔认为,受大众文化影响的青年亚文化,有着复杂的动因和特点:青年亚文化是本真和复制的矛盾混合体。对青年来说,它是一个供青年们自我表达的领域。对商业供应者来说,它是水清草肥的牧场。③ 因此,在霍尔看来,青年亚文化是一个力量角逐的场域,青年亚文化的产生既与流行文化有着千丝万缕的联系,也与青年既有的阶级生活体验和其感受到的社会结构矛盾有着深刻的联系,工人阶级青年的亚文化不仅不是堕落的表现,相反,它表达了工人阶级生活中日益加深的贫困和危机,以及青年对这种贫困和危机的反应。基于此,霍尔建立了文化与权力的关联,确立了伯明翰学派从深层社会结构去考察青年亚文化的研究立场。

"风格问题,更确切地说是一个时代的风格问题,对战后青年亚文化的形成至关重要。"④在霍尔看来,亚文化就是一种动态的风格,风格是亚文化的图腾,是亚文化群体安身立命的"文化空间"。在《嬉皮士:一次美国的"运动"》(1968)一文中,霍尔从语言、外表装扮两个方面,对白人中产阶级青年亚文化——嬉皮士的风格进行了深入的解读。然而霍尔对亚文化风格的关

---

① Terry Eagleton, The Hippest, *LondonReview of Books*, No. 3, 1996, p. 3.

② 合著著作两部:《流行艺术》(1964)和《控制危机》(1978);合编著作六部:《通过仪式反抗:战后英国青年亚文化》(1976)、《论意识形态》(1978)、《文化研究工作报告:文化、媒介与语言》(1980)、《撒切尔主义政治》(1983)、《新时代:九十年代政治的变化》(1989)和《表征:文化表象与意指实践》(1997);个人论文集一部:《通向艰难的复兴之路》(1988)。

③ See Stuart Hall, Paddy Whannel, *The Popular Arts*, Beacon Press, 1967, p. 276.

④ Stuart Hall, Tony Jefferson (eds.), *Resistance Through Rituals: Youth Subcultures in Post - war Britain*, Routledge, 1976, p. 52.

注并不在于服饰、音乐、行话等物品本身，而是在于这些物品如何被创设出来，然后被青年群体所用。霍尔认为，青年亚文化群体通过对所处生活情境中的物品和符号进行挪用、拼贴，颠覆和转换这些物品、符号本来的意义和用途，生成新的意义和用途，从而实现了亚文化风格的建构。这些风格是他们建立自我认同和集体认同的前提，并反过来形成对母体文化和主流文化的威胁和抵抗。

尽管如此，亚文化风格都是在占支配地位的意义系统内的解释和延伸，亚文化借助风格产生的抵抗仅仅是一种"仪式性反抗"，并不构成对"核心阶级利益"和"统治阶级利益"的实质性威胁，工人阶级青年所面临的辍学、失业、低收入等困境也并不会因为亚文化提出的解决方案而有所改善。不仅如此，亚文化在对主流意识形态进行仪式抵抗的同时，也会受到来自主流意识形态的收编和商品的收编，抵抗与收编是同时发生的双向过程。霍尔在其巅峰之作《监控危机：行凶抢劫、国家和法律-秩序》（1978）一书中，创造性地运用葛兰西的霸权理论，探究了20世纪70年代初英国社会对行凶抢劫做出反应的原因，进而展现了对亚文化进行意识形态收编的过程。他认为，对亚文化的意识形态收编始于媒体的"威权共识"，基于"威权共识"的媒体叙事，行凶抢劫被描述为建构法治社会的最大障碍，引发了英国社会的"道德恐慌"。基于此，霍尔为亚文化设计了宿命结局："一些亚文化在某个特定的历史时刻出现，为人所见，被贴上标签，它们得到人们一时的关注，然后慢慢凋谢、消失并最终失去其本来的特色。"①

从霍尔对亚文化生成机制、风格建构、抵抗收编的论述中，我们能够清晰地看到符号学、结构主义、结构主义的马克思主义在他的文化研究中打下

---

① Stuart Hall, Tony Jefferson (eds.), *Resistance Through Rituals：Youth Subcultures in Post - war Britain*, Routledge, 1976, p. 14.

的鲜明烙印。霍尔及其影响下的伯明翰学派的文化研究,已由威廉斯、霍加特、汤普森时代对工人阶级日常生活实践中活生生的文化进行的经验主义论证,转向了对大众文本进行的符号学解读。

同时,霍尔的贡献还在于他带领伯明翰学派进行了一场穿越结构主义、结构主义的马克思主义和葛兰西的思想历程,①完成了伯明翰学派文化研究范式的一次次转换,从而保证了伯明翰学派文化研究的旺盛生命力。

20世纪60年代中期,霍尔带领伯明翰学派在充分借鉴索绪尔的普通语言学、列维-施特劳斯的结构人类学、罗兰·巴特的"神话学"、巴赫金的"意识形态符号学"思想,开始把探究语言的本质及其含义作为文化研究的基础,将关注重心从意义(meaning,作为人类的活动)转向意指(signification,作为语言的运作),②建构了著名的"编码/解码(encoding/decoding)"理论,指出话语并不是"对'现实'的'透明'呈现,而是通过'符码操作'来对知识进行建构"③,实现了文化研究从文化主义到结构主义的范式转向。

在实现从文化主义研究范式到结构主义研究范式转向之后,霍尔需要寻找一种更加凸显意识形态的分析框架。在文化领域将马克思主义与结构主义合二为一的阿尔都塞的结构马克思主义便成为霍尔最理想的选择。阿尔都塞提出,文化不仅仅是生活经验的表征或再现,而且作为一种意识形态构成了生活经验的前提与基础。④借助阿尔都塞的意识形态理论,伯明翰当代文化研究中心自20世纪70年代初期,开始了研究范式的第二次转向,即向结构主义的马克思主义转向,并形成了媒介研究的"批判范式"。

---

①② 参见[美]贾妮思·佩克:《思想的历程:斯图亚特·霍尔、文化研究以及悬而未决的文化与"非文化"的关系问题》,宗益祥译,《广西大学学报》(哲学社会科学版),2015年第1期。

③ Stuart Hall, Encoding /Decoding, S. Hall (eds.), *Culture, Media, Language: Working Papers in Cultural Studies(1972—1979)*, Hutchinson, 1980, p. 129.

④ 参见徐德林:《重返伯明翰——英国文化研究的系谱学考察》,北京大学出版社,2014年,第251页。

阿尔都塞的意识形态理论在给予伯明翰学派以极大启发的同时,也日渐显现出诸多缺陷,正如大卫·莫利所言,它无力提供"一个位置供我们从中观察个人如何利用其结构位置所赋予的文化资源积极地生产意义"①。这促使霍尔及其领导的伯明翰学派在 20 世纪 70 年代中期转向了安东尼奥·葛兰西(Antonio Gramci),实现了研究范式的第三次转向,也是影响最为深远的一次转向。葛兰西将意识形态视为一个充满谈判、协商、斗争的场域,用"霸权"概念代替"统治"概念,将霸权看作不同集团意识形态和现实利益耦合的过程,认为一个社会集团的霸权地位体现在"统治"和"文化与道德领导权"两个方面。② 受葛兰西文化霸权理论的启发,霍尔把青年亚文化视为主流意识形态实施霸权和青年亚文化群体抵抗霸权的一个权力争夺场域,从而形成了伯明翰学派"抵抗-收编"的亚文化研究传统,并提出了他的"接合理论"。霍尔毫不吝啬对葛兰西的赞美,指出结构主义的马克思主义和葛兰西的相遇构成了"当代马克思主义理论当中最为重要的相遇之一"③。在《文化研究及其中心:一些问题系和问题》一文中他又指出:"葛兰西纠正了大量反历史的、高度的抽象形式……对我们来说提供了很多'马克思主义的结构主义'的'极限'案例"④,"为我们提供了一套大量与'无意识'有关的更为精妙的术语,并且以一种更为积极而有机的意识形态形式给出了文化的'常识'范畴"⑤。

除了身体力行地进行亚文化研究,并带领伯明翰学派完成理论范式的一次次重要转向,霍尔对亚文化研究的贡献还体现在他开创了伯明翰学派

① David Morley,*Family Television*:*Cultural Power and Domestic Pleasure*,Comedia,1986,p. 48.

② See Antony Gramsci,*Selections from the Prison Notebooks*,Lawrence&Wishart,1971,pp. 57 ~ 58.

③ Stuart Hall,Bob Lumley,Gregor McLennan,*Politics and Ideology*:*Gramsci*,*On Ideology / Centrer of Contemporary Cultural Studies*,Hutchinson,1978,pp. 58 ~ 59.

④ Stuart Hall,Cultural Studies and the Centre:Some Problematics and Problems,S. Hall(eds.),*Culture*,*Media*,*Language*:*Working Papers in Cultural Studies*(*1972—1979*),Hutchinson,1980,pp. 35 ~ 36.

⑤ Ibid.,p. 69.

"集体创作"的先河,改造了知识生产的方式,激发了学术研究介入社会的活力,培养了一大批文化研究的优秀人才。

菲尔·科恩是最能体现伯明翰学派与芝加哥学派在亚文化研究方面承继关系的学者。他直接继承了芝加哥学派阿尔伯特·科恩"问题解决"的理论,并将这一理论应用到对伦敦东区工人阶级青年亚文化的研究当中,于1972年发表了《亚文化冲突与工人阶级社群》一文,从而拉开了伯明翰学派工人阶级青年亚文化系列研究的序幕。菲尔·科恩认为,自20世纪50年代起,伦敦东区的工人阶级社区受区域迁移、居住方式变化和劳动力两极分化等因素的影响,发生了一系列变化,这些变化直接导致了工人阶级文化空间的消亡,造成了工人阶级社区里的各种文化矛盾:如意识形态层面传统工人阶级生活方式和新的消费享乐主义之间的矛盾,工人阶级生活逐步"资产阶级化"的理想和大多数工人的生活实际上仍然未获得改善的现实之间的矛盾,在传统工人阶级清教徒主义和新兴的消费享乐主义之间的矛盾,部分变化中的社会精英或新出现的游民之间的位于经济层面上的矛盾。青年亚文化的出现就是上述矛盾和危机的一种表达。[①] 在科恩看来,"亚文化不能摆脱来自其父辈文化的矛盾;它仅仅是在微观层面誊写其条文,同时将其刻写在一套想象的关系之网中"[②]。青年亚文化的潜在功能是:"表达和解决了——尽管是'想象般地'——父辈文化中悬而未决的矛盾冲突。"[③]无论对父辈文化还是对资产阶级支配文化而言,青年亚文化只是一种有限的抵抗,对其成员而言,它能提供的作为一种彻底的"解放之路"的自足性既是真实的也是

---

① See Phil Cohen, Subcultural Conflict and Working - class Community, S. Hall (eds.), *Culture, Media, Language: Working Papers in Cultural Studies* (1972—1979), Hutchinson, 1980, pp. 82 ~ 83.

② [英]菲尔·科恩:《亚文化冲突和工人阶级社区》,载陶东风、胡疆锋主编:《亚文化读本》,北京大学出版社,2011年,第69页。

③ Phil Cohen, Subcultural Conflict and Working - class Community, S. Hall (eds.), *Culture, Media, Language: Working Papers in Cultural Studies* (1972—1979), Hutchinson, 1980, p. 82.

虚幻的。

菲尔·科恩的思想对伯明翰学派的亚文化研究产生了深远的影响。霍尔等人曾高度评价科恩对伯明翰学派亚文化研究的贡献,认为科恩对亚文化的产生与阶级的命运之间的关系做出了最富建设性的解释。这种解释的价值在于把社会阶级的一部分的形成放回到整个历史状况中加以考察,它对经济的变化、工人阶级父辈文化的变化与青少年的反应之间的关系的探讨是细致而复杂的。[①]

威利斯的重要性在于,他将亚文化的研究兴趣投向学习和工作领域,对"反学校文化"进行了系统研究。在 1972 年至 1975 年间,威利斯运用"参与观察法",考察了 12 个不爱学习的、工人阶级背景的"汉默镇男孩"从毕业前 18 个月到工作半年这一期间的学习生活经历,著成了被詹姆逊誉为"新文化社会学领域的经典著作"的《学做工:工人阶级子弟为何继承父业》(1977)一书。通过对 12 个具有"反学校文化"倾向的工人阶级男孩长达两年之久的追踪研究,威利斯发现了学校表现与工作地位之间的内在关联。在学校里遵守纪律、刻苦读书的学生一般会获得中产阶级甚至更高的工作地位,而在学校里不爱学习、反抗学校权威的学生一般会进入收入较低的体力劳动领域,成为与他们父辈一样的工人阶级。在他看来,进入收入较低的体力劳动领域,是那些不爱学习青年"心甘情愿"的选择,而非来自外界强加的结果。因此,在《学做工:工人阶级子弟为何继承父业》一开篇,威利斯就提出,"解释中产阶级的孩子们如何获得中产阶级的工作的困难在于为何别人让他们如此(why others let them)。解释工人阶级的孩子们如何获得工人阶级的工

---

① See Stuart Hall, Tony Jefferson(eds.), *Resistance Through Rituals*:*Youth Subcultures in Post − war Britain*, Routledge, 1976, p. 48.

作的困难则在于为何他们自己要那样（why they let themselves）"①。事实上，甘愿进入体力劳动领域只是表面看似是工人阶级青年完全自主的选择，实际上却与工人阶级的文化传统密切相关，"正是工人阶级自己的文化才有效地为一些工人阶级孩子选择从事体力劳动做好了准备"②。在工人阶级的文化传统中，认为只有从事体力劳动的工人才能称为真正的工人，只有富有阳刚之气的男人才是真正的男人，"正是依靠这样一种与他们的生存条件真实的文化结合的基础，工人阶级孩子走向了他们的自我毁灭"③。

威利斯将工人阶级青年视为能动的行动者，刻画了一个以"抵制"为核心的"反学校文化"，并透过学校场域内的"反学校文化"透视更宏观的社会场域内的阶级关系、社会关系和文化关系的生产与再生产。威利斯的研究展示了这样一个悖论："反学校文化"包含了对学校支配文化，亦即资产阶级文化的抵制和抗争，但这种抵制、抗争却导致他们成为维护既有阶级关系的组成部分，再生产了既有的社会关系和结构。通过威利斯的这一思想，我们已经可以清晰地看到伯明翰学派"风格-抵抗"理论的印记。

赫伯迪格的最大贡献在于他对亚文化的风格做出了最理论化的表述，将伯明翰学派的"风格-抵抗"理论发挥到了极致，为后世留下了《亚文化：风格的意义》（1979）这一亚文化研究的经典之作。

在《亚文化：风格的意义》这部经典之作中，赫伯迪格深入分析了嬉皮士、无赖青年、摩登族、摇滚族、光头仔、朋克等亚文化与西印度群岛黑人文化之间的深刻关联，阐述了各亚文化群体建构风格的过程与意义。他借用列维－施特劳斯的"拼贴"概念，指出亚文化群体成员用超现实的拼贴手法，创

---

① Paul Willis, *Learning to Labor：How Working Class Kids Get Working Class Jobs*, Columbia University,1981,p. 1.

②③ ［英］保罗·威利斯：《"哥们"：一种反学校文化》，载陶东风、胡疆锋主编：《亚文化读本》，北京大学出版社,2011 年，第 168 页。

制了意义的无政府主义空间,从无赖青年对爱德华服装的盗用和改造,到朋克对安全别针、铰链、纳粹徽章的另类使用,他们用一种艾柯所谓的"符号的游击战"(semiotic guerilla warfare)①的颠覆性实践,实现了对物品原有意义的改写,建构了标识其独特"他者"地位的风格表征。赫伯迪格认为:"一种具有重要意义的差异的传达(同样的是一种群体认同的传达)是所有亚文化风格背后的要点。"②赫伯迪格借用威利斯的"同构"概念指出,用来建构亚文化风格的物品都与亚文化关注的焦点、集体的自我形象有着同构关系,它们是"(亚文化成员)可以借此看到自己的核心价值得到保持和反映的物品"③。赫伯迪格还进一步指出,这些被用来建构亚文化风格的物品都来源于工人阶级生活的"元素",形成于亚文化成员的日常生活体验当中。因此,亚文化不仅和工人阶级的成人文化(具有无声的抵抗传统)有着许多共享的意识形态观点,与主流文化(至少在比较"民主的"和可接近的形式中)也是如此。④

尽管如此,赫伯迪格还是赋予了亚文化非常积极的功能解读。他认为,亚文化不仅作为一种隐喻,象征着潜在的、"存在的"(out there)无政府状态,而且还可以作为一种真实的语意紊乱的机制:再现系统中的一种暂时堵塞。他把亚文化定义为一种"噪音",一种"反常的断裂",它以被禁止的形式(违反服装和行为规范、违反法律等)传达被禁止的内容(阶级意识、差异意识),⑤构成了对支配文化的挑战。借助纷繁、乖张的风格,青年在亚文化之中建构了一种另类的认同,传达一种可以被察觉到的差异,现实存在的结构性矛盾、当权者与处于从属地位的人们之间的根本张力也都若隐若现地通

---

① Dick Hebdige, *Subculture: The Meaning of Style*, Routledge, 1981, p. 105.
② [英]迪克·赫伯迪格:《亚文化:风格的意义》,陆道夫、胡疆锋译,北京大学出版社,2009年,第127页。
③ 同上,第145页。
④ 参见[英]迪克·赫伯迪格:《亚文化:风格的意义》,陆道夫、胡疆锋译,北京大学出版社,2009年,第108页。
⑤ 同上,第112~113页。

过亚文化的风格折射出来。

与霍尔等人在《仪式抵抗》中的观点相同，赫伯迪格也认为亚文化的生产和传播存在"从对抗到缓和，从抵抗到收编"的周期性，也坚信亚文化难逃被收编的命运。赫伯迪格指出，惊世骇俗的亚文化和各式各样为它服务并利用它的工业之间有着极为暧昧的关系。一种崭新的风格的创造与传播，不可避免地和生产、宣传与包装的过程密切关联。这必然会抹杀亚文化的颠覆力量。"青年文化的风格会以象征性的挑战而展开，但不可避免的是，它们注定要以建立一套新的惯例，通过制造新的商品、新的产业，或者重新激活旧的产业而终结。"①另一方面，它们也会遭到主流意识形态的围追堵截和重新界定，被安置在意义的统治架构内，成为支配神话中一种有趣的奇观。

而安吉拉·麦克罗比的贡献则在于，她弥补了伯明翰学派早期青年亚文化研究对女性的忽视和性别维度的缺失，扭转了伯明翰学派文化研究中长期存在的男性中心主义倾向，为伯明翰学派男性青年亚文化"酷冷"风格的底板上，增添了一抹温柔浪漫的色彩。

麦克罗比的亚文化思想主要反映在她与珍妮·加伯合著的《女孩与亚文化》(Girls and Subculture, 1976)，《工人阶级女孩文化》(The culture of Working – Class Girls, 1977)，《〈杰姬〉：浪漫个人主义与少女》(1978)，《亚文化的清算：一种女性主义的批评》(Settling Accounts with Subcultures: A Feminist Critique, 1980)这些论文中。这些文章都被集中收录在《女性主义与青年文化》(Feminism and Youth Culture, 1991)一书中。

麦克罗比指出，尽管女性在不同亚文化中的参与程度会有所差别，但女性在亚文化中并非缺席，而是一种边缘的"在场"。较之男性亚文化，女性亚

_____

① ［英］迪克·赫伯迪格：《亚文化：风格的意义》，陆道夫、胡疆锋译，北京大学出版社，2009年，第117～119页。

文化的抵抗方式更加隐蔽和温和。"女孩的生活和经验,更加清楚地显示为一种'温柔'的破坏,微小的颠覆,偶尔也是一种正面的对抗。"①"她们用自己的非正式的女性文化取代了学校的官方意识形态。"②麦克罗比认为,对女性特质的展现和标榜是女性亚文化抗争的主要方式,流行音乐、二手服装、舞蹈则是女性亚文化展现和标榜自身女性特质的重要载体。然而女性特质并不是自然形成的产物,也不是女性完全自主建构的产物,而是主流意识形态借助大众媒介、家庭机构、学校机构作用于女性的产物。在《〈杰姬〉:浪漫个人主义与少女》一文中,她指出《杰姬》杂志通过固定的栏目设计、故事编排、内容选择、版式设计,借助浪漫史、个人和家庭、时尚和美容、流行音乐四种意识形态符码,将"女孩子们"虚构为一个无阶级差别的整体,将女性的世界简化为追求爱情并为进入家庭生活做准备的狭小的情感世界。《杰姬》对它的女性读者构成了一种强大的意识形态力量,与"国家组织的休闲所承载的意识形态"达成了一种默契。它以娱乐为表,为少女营造了一种自由的假象和浪漫主义的生活图景,以一种隐而不彰的方式将男权秩序的意识形态传递给女性,将女性限制在家庭之中和异性恋规范的约束之下,从而实现了对女性亚文化的意识形态控制。

麦克罗比将女性作为亚文化研究的重要关切点,扩展了伯明翰学派亚文化研究的研究半径,实现了伯明翰学派亚文化研究立场和观点在女性亚文化领域的延伸。

---

① [英]安吉拉·麦克罗比:《女性主义与青年文化》,张岩冰、彭薇译,河南大学出版社,2011年,第46页。

② 同上,第52页。

三、伯明翰学派青年亚文化研究的没落衰退(1979—2002 年)

1979 年,随着霍尔离开当代文化研究中心到开放大学任教,赫伯迪格、威利斯、克拉克、麦克罗比等亚文化研究的中坚力量纷纷另立门户,以及理查德·约翰逊(Richard Johnson)接替霍尔成为伯明翰当代文化研究中心主任后,将历史研究作为伯明翰学派文化研究的新方向,文化研究进一步泛化,性别、种族、族群等问题得到前所未有的关注,亚文化在伯明翰当代文化研究中心的地位日渐边缘化,亚文化研究的视野逐渐从"阶级-民族"视域扩展到"种族-全球"视野。

作为伯明翰学派亚文化研究种族转向的代表人物,保罗·吉洛伊始终把散居黑人文化身份的建构问题作为自己的中心关切。《帝国还击:20 世纪70 年代英国的种族与种族主义》是他对种族问题系统关照的开始。在他看来,种族问题并不是一个自然现象,而是国家、政府、媒介、大众共同参与的有意识的建构过程。在他们的合谋下,黑人被建构为一种落后的、愚昧的、威胁的力量,因而理所当然地应接受来自主流社会的全面监控。面对压制与监控,黑人群体要么选择逃亡来对抗霸权,要么通过重新定义自身来消除主流社会强加的负面印记,即从文化层面对资本主义霸权进行反抗。以《帝国还击:20 世纪 70 年代英国的种族与种族主义》为起点,保罗·吉洛伊逐步形成了他的"黑色大西洋"族裔散居文化理论。在《大英帝国没有黑人:种族和民族的文化政治》一书中,吉洛伊提出应赋予种族与阶级、性别等其他范畴同等重要的地位,并在此基础上,详细分析了英国黑人的犯罪形象通过民族主义的实践被建构起来的过程。《黑色大西洋:现代性和双重意识》进一步拓展深化了《大英帝国没有黑人:种族和民族的文化政治》的理论思想,是吉洛伊族裔散居理论体系走向成熟的重要标志和族裔散居研究的重要转折点。他用"黑色大西洋"这一理论范畴标示黑人散居文化身份的变动同一性,指出黑人文化是不断流动的,黑人的身份也只是一个"过程性的名词"①。黑人文化在流散中不断与自身历史发生断裂,与现实的语境发生重构,在多元的语境中颠沛发展。② 他把音乐视为黑人表现性文化的最主要的代表形式,将音乐作为黑人青年"反文化"的最高能指,通过分析黑人流散音乐在语言和形式上的混杂性特征,展示了黑人文化的流动性、变异性,以及黑人文化所蕴含的对资本主义、西方现代性、奴隶制压迫的抵抗政治学。③

　　与种族亚文化研究的蓬勃发展相伴随,女性亚文化的研究也不断深化。1982 年麦克罗比在《女性主义研究的政治:在对话、文本及行动之间》一文中,对女性主义研究方法进行了反思。在《少女母亲:一个新社会阶层?》一文中,她将关切点从女性亚文化风格转向了少女母亲如何渡过生活难关的现实问题。此外,克里斯廷·格里芬也对女性特质文化进行了再反思,重新考察了主流的"浪漫"观念与各种具体的女性文化之间的关系,指出"与强制性的异性恋制度有关的主流浪漫爱情观起到了强制女性向婚姻/母职过渡的作用",不愿遵从主流女性气质的女孩将被贴上坏女孩或麻烦制造者的标签。在格里芬看来,女孩对主流女性气质的种种抵抗是"青年女性所展开的主动女性特质之创造"。④

　　除了对种族问题和性别问题的关注,亚文化研究的媒介化转向、青年亚文化与大众文化愈来愈纠缠不清的关系,也是该阶段伯明翰学派亚文化研

---

① Paul Gilroy,*Against Race:Imaginig Political Culture Beyond the Color Line*,the Belknap Press of Harvard University Press,2000,p. 252.
② 参见[英]保罗·吉尔罗伊:《流散、乌托邦和资本主义批判》,载陶东风、胡疆锋主编:《亚文化读本》,北京大学出版社,2011 年,第 297 页。
③ 参见张晓玉:《保罗·吉洛伊族裔散居文化理论研究》,北京语言大学 2009 年博士研究生毕业论文,第 95 页。
④ [英]克里斯廷·格里芬:《女性特质文化:对于浪漫的再反思》,载陶东风、胡疆锋主编:《亚文化读本》,北京大学出版社,2011 年,第 269、275 页。

究的重要特征。戴维·莫利、约翰·费斯克、劳伦斯·格罗斯伯格等学者,继承和发扬伯明翰学派文化研究的学术传统,围绕媒介文化、大众文化等核心议题进行了独具特色的理论建构。总体而言,后霍尔时期随着亚文化现象碎片化特征的不断显现,亚文化研究的关注视域也变得相对泛化,亚文化研究向着阶级、性别、种族、媒体多种视野交叉融合和民族志、社会学、文学、传播学等多种研究方法综合运用的方向不断发展。

第三节　后伯明翰时期青年亚文化研究的理论积淀

自 20 世纪 80 年代以来,在全球化的影响下,随着后结构主义、解构主义、后殖民主义等后现代理论话语的盛行和互联网新媒体技术的普及,青年亚文化呈现复杂、多变、碎片化等一系列新的文化症候,伯明翰学派亚文化理论体系和阐释模式的解释力不断受到质疑。2002 年,伯明翰大学文化研究与社会学系[①]遭到校方解散,作为一种学术机构的伯明翰学派不复存在,作为一种学术流派的伯明翰学派也摇摇欲坠。在英国,多中心的文化研究格局开始形成。在世界范围内,美国、加拿大、澳大利亚的文化研究迅速崛起,文化研究的国际化特征日益显现,亚文化研究进入后伯明翰时期或后亚文化研究时期。

一、碎片化的身份认同:亚文化研究的新视野

据马格莱顿和魏策勒的考证,"后亚文化"一词,可以追溯到钱伯斯

---

① 1987 年,伯明翰当代文化研究中心与社会学系合并为文化研究与社会学系。

(Chambers)1987 年的《大都市图绘:通往现在的可能性》①一文,后经波尔希默斯(Polhemus)在《时尚的演化:第三个新千年我们穿什么》(1996)中使用,马格尔顿在《后亚文化主义者》(1997)中正式提出,并得到雷德黑德、迈尔斯、班尼特等诸多研究者支持,"后亚文化"一词开始广为人知。2001 年 5 月,在维也纳召开的"后亚文化研究:大众文化及其影响下新后亚文化的形成"研讨会,被视为亚文化与后亚文化的分水岭和后亚文化时代到来的重要标志。2003 年,"后亚文化"作为文化研究的专门术语得到学界的认可,后亚文化研究的理论范式逐渐形成。

后亚文化研究以皮埃尔·布迪厄的文化资本理论、朱迪斯·巴特勒的表演理论、让·鲍德里亚的媒介理论,以及米歇尔·马弗索利的后现代思想为理论资源,认为当代青年亚文化呈现前所未有的短暂性、流动性、虚拟性、异质性、碎片化、个体主义等后现代特征。因此,新的亚文化研究必须关注年轻人建构他们身份时的碎片化、个人主义的方式,即所谓的"后现代的经验"。② 在波尔希默斯看来,当代青年文化"存在于一种街头时尚主题公园当中",人们对青年亚文化风格的选择就像是从大超市中选购商品一样,相异甚至完全对立的亚文化风格也许被相邻地陈列在货架上供人们选择。亚文化不再是抵制资本主义的政治运动,而仅仅是一种带有自我身份确认的消费选择过程;媒体也不再只是对青年亚文化进行围剿、收编的帮凶,而是充当了亚文化风格建构的资源库和亚文化风格传播的搬运工,它促进了多样的、散乱的文化的融合,造就了身份的完整性,巩固了亚文化的地盘,并区隔了其他亚文化类型,甚至为亚文化组织的包容性和政治性提供了更大可

---

① See I. Chambers, Maps for the Metropolis: A Possible Guide to the Present, *Cultural Studies*, No. 1, 1987, pp. 1 ~ 21.

② See S. Redhead, *Subcultures to Club Cultures*, Blackwell Press, 1997, p. 95.

能。① 同时，亚文化也不再是受地域局限的本土化建构，而是可以汲取全球商品消费中任何可用资源的全球化建构。

二、"新部族""场景""生活方式""亚文化资本"：亚文化研究的新语汇

后亚文化研究者们认为，伯明翰时期的"亚文化"概念已经无法描述和解释新媒体和全球化背景下青年文化现象的诸多变化，"作为一种抽象理论模式的亚文化概念的传统的社会学意义，同它在日常的、本地语境中的应用之间出现了日益明显的相互背离"②，它作为文化研究术语的解释策略正在失去意义。③ 在这种情形下，"新部族""场景""生活方式""亚文化资本"等一系列新范畴被提出，成为亚文化研究的关键词。

"新部族"（neo - tribe）由米歇尔·马弗索利提出，意指"个体通过独特的仪式及消费习惯来表达集体认同的方式"，它们的形成"不是依据'传统的'结构性决定因素（如阶级、性别或宗教），而是依据各种各样的、变动的，经常是转瞬即逝的消费方式"。④ 安迪·班尼特将这一概念引入后亚文化研究当中，并指出"新部族"比"亚文化"能够更好地捕捉到"年轻人的音乐和

---

① 参见马中红：《从亚文化到后亚文化——西方青年亚文化研究理论范式的流变》，《中国社会科学报》，2010 年 11 月 16 日。

② ［英］安迪·班尼特：《虚拟亚文化？青年、身份认同与互联网》，载［英］安迪·班尼特、基思·哈恩－哈里斯编：《亚文化之后：对于当代青年文化的批判研究》，中国青年政治学院青年文化译介小组译，中国青年出版社，2012 年，第 200 页。

③ 参见［英］保罗·霍德金森：《哥特场景和（亚）文化实物》，载［英］安迪·班尼特、基思·哈恩－哈里斯编：《亚文化之后：对于当代青年文化的批判研究》，中国青年政治学院青年文化译介小组译，中国青年出版社，2012 年，第 168 页。

④ ［英］比尔·奥斯歌伯：《青年亚文化与媒介》，载陶东风、胡疆锋主编：《亚文化读本》，北京大学出版社，2011 年，第 341 页。

风格偏好不断变换的性质，以及青年文化群体的本质流动性"。① 马格尔顿也吸收了马弗索利的"新部族"思想，指出后亚文化是"不再与周围的阶层机构、性别或种族铰链"的个人选择式的狂欢。借用"新部族"这一概念，后亚文化研究者考察了俱乐部、音乐、舞蹈等亚文化现象，展示了新时期亚文化群体边界的开放性、流动性、交叉性，以此消解了伯明翰学派对具有清晰边界的亚文化群体的线性研究及其所构建的阶级阐释模式。

与新部族相类似，"场景"（scene）表征了一种个体能够自由进出的开放性物理空间，人们是否进入一个场景主要受个人偏好的驱动，而受阶级、性别、宗教等结构性因素影响较小。在威尔·斯特劳（Will Straw）看来，"场景""真实地描绘出（actualize）各类人群和社会团体之间的一种特定的关系状态，这些群体融合了各种特定的音乐风格联盟"。② 场景可以是本地的也可以是跨地域的现象，是一种可以依据在大街、夜总会或其他市区地带直接面对的各种风格化和/或音乐化的联盟来调整方位的文化空间。③ 杰夫·斯塔尔认为，场景是"一种特定的城市文化背景和空间编码实践……场景可以暗指那些暂时的、即兴的和策略性的联想所具有的灵活性和短暂性，可以暗指一个因其有限而广泛渗透的社交性而引人注意的文化空间，并且蕴含着变迁和流动（flux and flow）、移动（movement）和易变性（mutability）"④。基思·哈恩－哈里斯使用"场景"这一术语，通过对全球极端金属乐场景的分

---

① ［英］安迪·班尼特：《虚拟亚文化？青年、身份认同与互联网》，载［英］安迪·班尼特、基思·哈恩－哈里斯编：《亚文化之后：对于当代青年文化的批判研究》，中国青年政治学院青年文化译介小组译，中国青年出版社，2012 年，第 169 页。

② ［英］安迪·班尼特、基思·哈里斯编：《亚文化之后：对于当代青年文化的批判研究》，中国青年政治学院青年文化译介小组译，中国青年出版社，2012 年，序言第 18 页。

③ 参见［英］安迪·班尼特、基思·哈恩－哈里斯编：《亚文化之后：对于当代青年文化的批判研究》，中国青年政治学院青年文化译介小组译，中国青年出版社，2012 年，序言第 18 页。

④ ［加］杰夫·斯塔尔：《"这就像加拿大的缩影"：蒙特利尔的场景音乐》，载［英］安迪·班尼特、基思·哈恩－哈里斯编：《亚文化之后：对于当代青年文化的批判研究》，中国青年政治学院青年文化译介小组译，中国青年出版社，2012 年，第 63 页。

析,揭示了日常生活与引人瞩目的壮观场景之间的复杂关系。但是与威尔·斯特劳、杰夫·斯塔尔认为场景是一个自由出入的空间不同,基思·哈恩－哈里斯认为极端金属乐场景并非是一个自由出入的空间,而是与极端金属乐场景有着稳定而深刻的联系。

"生活方式"(lifestyle)最早由马克斯·韦伯提出,后经麦克·费瑟斯通和大卫·钱尼使用,直至雷默和迈尔斯明确提出用它来代替"亚文化"。"生活方式"这一概念主要关注消费者的创造力这一话题,承认商品作为文化资源发挥作用的各种方式的意义是从日常生活层面、通过对集体意义的铭刻产生出来的。① 也即是说,在一种青年文化的形成过程中,既有的商品资源、青年个体的生活体验、青年所处生活区域的风俗与传统都是有意义的,生活方式是青年综合运用上述诸要素的现实结果和青年消费偏好的显现,具有相同或相近生活方式的青年会相互吸引并形成一种独特的文化景观。

"亚文化资本"(subcultural capital)这一概念由萨拉·桑顿在《俱乐部文化:音乐、媒介和亚文化资本》一文中提出,并以此对英国俱乐部文化和锐舞文化的文化价值和意识形态等进行了分析。在萨拉·桑顿看来,"伯明翰的传统既过于将年轻人的休闲政治化,也同时忽视了在其中发挥作用的权力之间的微妙联系"②。因此,俱乐部文化本身就是一个包含着竞争关系的微观权力结构,亚文化资本是判断个体在这种微观权力结构中地位高低的重要依据,它构成了俱乐部运行的社会逻辑。亚文化资本以"酷样"(hipness)为表现形式,是年轻人谋求社会权力、获得社会地位、认识自我价值的途径和标志,也是年轻人为了建立另外一种结构而扰乱主导结构的一种手段,以

---

① 参见[英]安迪·班尼特、基思·哈恩－哈里斯编:《亚文化之后:对于当代青年文化的批判研究》,中国青年政治学院青年文化译介小组译,中国青年出版社,2012 年,序言第 17 页。

② [美]萨拉·桑顿:《亚文化资本的社会逻辑》,载陶东风、胡疆锋主编:《亚文化读本》,北京大学出版社,2011 年,第 358 页。

及面对时代和社会结构的问题而产生的一种矛盾的文化反映。在亚文化资本中,发挥作用的不是阶级、收入和职业,而是年龄、性别和种族。萨拉·桑顿借助"亚文化资本"这一概念,分析了长期以来被不同程度忽视的亚文化群体内部的权力关系议题,一方面她继承了伯明翰学派将青年亚文化视为青年面对社会结构问题的文化反应这一基本观点,另一方面,她又试图矫正伯明翰学派所使用的阶级分析模式,从对青年亚文化与阶级背景的过度强调转向对年龄、性别、种族与青年亚文化内在联系性的关注。

三、碎片混交、娱乐表达、媒介共谋:亚文化研究的新文化观

(一)从边界稳定的风格文化到变动不居的碎片文化

在20世纪六七十年代,不论当时现实的文化图景究竟如何,伯明翰学派都将青年亚文化描述为有着明确边界和引人注目的外观,具有相对稳定性、继承性、延续性、反叛性的文化类别,而把青年亚文化群体界定为具有较高同质性和忠诚度,并且分享着相同的社会文化属性和基本观念的一群人。从泰迪族到光头仔再到朋克,他们只关心有适度稳固的边界、突出的形态并在特定的行动或场所中紧密结合的亚文化。[①] 这种判断在20世纪八九十年代受到了后亚文化学者的强烈批判和质疑。例如杰夫·斯达尔指责伯明翰学派将亚文化变成了一种奇观,提供了一种无效的描述工具,模糊了当代文化实践的复杂性。[②] 萨拉·桑顿明确宣称伯明翰当代文化研究中心的静态

[①] 参见[英]斯坦利·科恩:《麻烦的符号》,载陶东风、胡疆锋主编:《亚文化读本》,北京大学出版社,2011年,第380页。

[②] 参见[加]杰夫·斯达尔:《亚文化理论的趣味革新:为一种新的模式创造空间》,载陶东风、胡疆锋主编:《亚文化读本》,北京大学出版社,2011年,第386页。

的、有界限的亚文化观念"在理论上是行不通的"①。格里·布鲁斯蒂恩基于对媒体粉丝文化的讨论，指出大多数被称作"亚文化群体"的团体并不是界限明晰的、同质的、自发的、依据阶级甚至年龄划分出来的群体。② 杰夫·斯塔尔在对蒙特利尔场景音乐研究的基础上，反对把亚文化研究简化为一种关于风格姿态（stylistic gestures）和矫饰风格（mannerrisms）的分类学，提倡将风格重新置于一系列更复杂的、转瞬即逝的和变化的实践当中。③ 泰德·波尔希默斯也指出，随着媒介饱和世界的到来，新型的后现代"风格超市"中变动不居的认同，已经遮蔽了独特的亚文化的边界，当代"亚文化主义者"不再表现出对某些特定风格的信奉，而是反讽性地亲身引用多种资源，在"风格超市"里自由地变换自己的外观。④

在批判的基础上，后亚文化研究者指出，当今亚文化的风格、形式和实践呈现更大的多元化趋势……今天的青年亚文化已经不复是摩登族、光头党这类风格可以分门别类地概括，而是呈现为更多"混交"性质的新兴亚文化形态。⑤ 青年亚文化已由铁板一块的同一化风格演变成支离破碎的片段化风格，个体对青年亚文化的信奉也由忠贞不二的坚守演变成模糊不定的游移。在后现代社会，现代的朝圣者（pilgrim）——真理、真实性、忠诚和稳定性的探求者——已经让位于一些日益流行的隐喻形象（metaphorical fig-

---

① ［英］本·卡林顿、布赖恩·威尔逊：《舞蹈的国度：青年亚文化理论再思考》，载［英］安迪·班尼特、基思·哈恩－哈里斯编：《亚文化之后：对于当代青年文化的批判研究》，中国青年政治学院青年文化译介小组译，中国青年出版社，2012年，第79页。

② 参见［澳］格里·布鲁斯蒂恩：《"七星酒吧"的〈巴菲〉之夜"："全球本土"层面的"亚文化"偶遇》，载［英］安迪·班尼特、基思·哈恩－哈里斯编：《亚文化之后：对于当代青年文化的批判研究》，中国青年政治学院青年文化译介小组译，中国青年出版社，2012年，第178页。

③ 参见［加］杰夫·斯塔尔：《"这就像加拿大的缩影"：蒙特利尔的场景音乐》，载［英］安迪·班尼特、基思·哈恩－哈里斯编：《亚文化之后：对于当代青年文化的批判研究》，中国青年政治学院青年文化译介小组译，中国青年出版社，2012年，第63～64页。

④ 参见［英］比尔·奥斯歌伯：《青年亚文化与媒介》，载陶东风、胡疆锋主编：《亚文化读本》，北京大学出版社，2011年，第341页。

⑤ 参见陆扬：《从亚文化到后亚文化研究》，《辽宁大学学报》（哲学社会科学版），2012年第1期。

ures)——如漫步者(stroller)、游民(vagabond)、游客(tourist)和玩家(player)。我们现在居住在"机场候机室"般的隐喻空间当中,在这个浅薄而短暂的环境中,几乎没有人展现出忠诚感或眷恋感,每个人都是"匆匆而过"。①

(二)从阶级视域下的风格抵抗到消费视域下的娱乐表达

后亚文化研究者不赞同伯明翰学派提出的阶级地位与亚文化群体风格之间存在清晰的同源对应关系的观点,坚持认为在后现代社会中,个体的生活方式和消费方式已替代阶层、性别、宗教等传统结构因素成为群体识别的首要因素。如伊夫拉特·茨隆将亚文化、后现代时尚描绘为一种"没有意义附着的符号狂欢"②;约翰·西布鲁克将青年亚文化界定为一种"无阶层文化"(Nobrow);马格尔顿指出在后现代社会中,亚文化"没有规则,没有本真性,也没有意识形态信奉,只是在玩一场风格游戏"③。

同时,他们还质疑伯明翰学派对主流意识形态与附属意识形态的二元划分,指出后现代的社会群体已经打破了诸如"主导的"和"从属的"这样的二元差异。如大卫·钱尼指出,在一个所谓主流文化已经分解为多元化的生活方式感性特征和偏好的世界里,曾经被人们所接受的"亚"文化与"主流"文化之间的区别,已经不能再说还适用了。④ 西蒙·弗里斯(Simon Frith)也指出,试图在"亚文化"与"主流"文化之间画出泾渭分明的界线,这

---

① 参见[英]保罗·斯威特曼:《游客还是旅客?"亚文化"、自反性身份和新部族社交》,载[英]安迪·班尼特、基思·哈恩-哈恩编:《亚文化之后:对于当代青年文化的批判研究》,中国青年政治学院青年文化译介小组译,中国青年出版社,2012年,第109页。

② [英]保罗·斯威特曼:《游客还是旅客?"亚文化"、自反性身份和新部族社交》,载[英]安迪·班尼特、基思·哈恩-哈里斯编:《亚文化之后:对于当代青年文化的批判研究》,中国青年政治学院青年文化译介小组译,中国青年出版社,2012年,第99页。

③ 同上,第100页。

④ 参见[英]大卫·钱尼:《碎片化的文化和亚文化》,载[英]安迪·班尼特、基思·哈恩-哈里斯编:《亚文化之后:对于当代青年文化的批判研究》,中国青年政治学院青年文化译介小组译,中国青年出版社,2012年,第57页。

总是会产生一个"不真实的、僵化的世界……"①因此，伯明翰学派所探讨的那些因弱势身份（如无产阶级、青少年、有色人种、女性或同性恋等）聚结在一起的亚文化群体，在身份极度混杂和变异的当下消费文化时代，已经失去了自身所能依附的现实社会基础，也自然失去了开展"仪式抵抗"的"英雄精神"。相反，当下的亚文化社群活跃于各种亦真亦幻的"俱乐部亚文化"或亚文化"场景"［如锐舞派对（rave party）、网上冲浪族等］当中，已经演变为碎片化、混杂性、短暂性和"无关政治"的"流动身份"。② 在锐舞派对中，对快感的追寻和对自我身份的确认成为参与其中的青年人的主要诉求。在许多后亚文化学者看来，正是锐舞这个重要的青年群体显示出了那些基于阶级的抵抗形式的瓦解，③标志着 20 世纪六七十年代那些"对抗性的"青年风格的死亡。在后现代背景下，亚文化变成了一种不违背主流意识形态、隔靴搔痒似的游戏，沦落为一种无关政治的、基于消费的自恋式表演；在亦真亦幻、无处不在的符号消费王国中，亚文化不再是革命的、政治的，而是混搭的、颠覆的，具有去政治化和非暴力抵抗的倾向。④

（三）青年亚文化与媒介的关系从对立到共谋

后亚文化学者批评伯明翰学派把媒介与青年亚文化截然对立起来，把青年亚文化风格的建构过程视为与媒介完全绝缘的封闭过程。萨拉·桑顿批评道："将亚文化看作混沌世界中的一个透明的小天地，仿佛亚文化生活

---

① ［英］比尔·奥斯歌伯：《青年亚文化与媒介》，载陶东风、胡疆锋主编：《亚文化读本》，北京大学出版社，2011 年，第 345 页。

② See David Muggleton, Rupert Weinzierl（eds.）, *The Post - subcultures Reader*, Berg Publishers, 2003, p. 52.

③ 参见［英］本·卡林顿、［加］布赖恩·威尔逊：《舞蹈的国度：青年亚文化理论再思考》，载［英］安迪·班尼特、基思·哈恩－哈里斯编：《亚文化之后：对于当代青年文化的批判研究》，中国青年政治学院青年文化译介小组译，中国青年出版社，2012 年，第 79 页。

④ 参见陈彤旭：《后亚文化与流行音乐生产》，《当代青年研究》，2013 年第 1 期。

在言说一种绕过传媒的真理。"①在后亚文化学者看来,青年亚文化从一开始就汲取了大量的媒介资源,并将其转化为自身风格的一部分。正如史蒂文·康纳(Steven Connor)所指出的:在20世纪的晚期,青年风格中的"创新"与"收编"的循环已经加速"进入到这样一个阶段:真实的'原创性'与商业的'剥削'已难以区分了"②。萨拉·桑顿也指出:"'亚文化'并不是从一粒种子当中生出来,然后靠自身的能量成长为各个随后才被媒体所理解的神秘'运动'。相反,媒体和其他文化工业从一开始就在那里并发挥作用(are there and effective)。"③因此,并不存在纯"原生态"的青年亚文化,青年亚文化从一开始就是"青年与大众传媒结成的动态的、高度自反性的关系的产物"④。

尤其是在互联网广泛而深刻地介入人们日常生活的今天,在互联网等现代媒介的助力下,年轻人从他们日常生活中的社会经济和文化束缚中解放出来,以跨地域的可交流的青年文化话语为基础,自由自在地结成新的联盟,⑤并通过积极的"符号创造"实践,让"风格的意义"不完全存在于亚文化突击队(subcultural shock troop)这个小圈子的"符号游击战"中,同时也存在于通过日常"基础性美学"参与到认同建构的快乐的普通青年当中。⑥在媒介力量的深度参与下,后亚文化时期的青年亚文化已经发展为一种虚拟性与现实性交相辉映,不断突破地域局限、年龄界限、阶层壁垒的全球性文化景观。

---

① Sarah Thornton,*Club Culture:Music and Subcultural Capital*,Polity Press,1995,p.119.

② [英]比尔·奥斯歌伯:《青年亚文化与媒介》,载陶东风、胡疆锋主编:《亚文化读本》,北京大学出版社,2011年,第343页。

③④ [英]安迪·班尼特、基思·哈恩-哈里斯编:《亚文化之后:对于当代青年文化的批判研究》,中国青年政治学院青年文化译介小组译,中国青年出版社,2012年,序言第13页。

⑤ 参见[英]安迪·班尼特:《虚拟亚文化? 青年、身份认同与互联网》,载[英]安迪·班尼特、基思·哈恩-哈里斯编:《亚文化之后:对于当代青年文化的批判研究》,中国青年政治学院青年文化译介小组译,中国青年出版社,2012年,第195页。

⑥ 参见[英]比尔·奥斯歌伯:《青年亚文化与媒介》,载陶东风、胡疆锋主编:《亚文化读本》,北京大学出版社,2011年,第343页。

第四节　马克思主义文化观对青年亚文化理论资源的审视

一、马克思主义文化观:文化的实践本质与根本价值

文化问题是马克思主义唯物史观的重要关注对象。在《1844 年经济学哲学手稿》中,马克思批判了那种排除人的物质生产实践的文化史观,用"人的本质力量对象化"理论表达了其对文化的人化本质和整体性特征的理解,指出文化是与自然相对立的人的创造性行为及其成果,其本质是人的创造性的实践劳动。在马克思看来:"宗教、家庭、国家、法、道德、科学、艺术等等,都不过是生产的一些特殊的方式,并且受生产的普遍规律的支配。"[1]"物质生活的生产方式制约着整个社会生活、政治生活和精神生活的过程。不是人们的意识决定人们的存在,相反,是人们的社会存在决定人们的意识。"[2]"意识在任何时候都只能是被意识到了的存在。"[3]可见,在马克思看来,人改造自然和社会的生产与生活实践是文化赖以产生的源泉,文化就是人类实践的意识表达,是人类实践生活的观念反映。然而文化不仅仅是人类物质生产实践活动的被动反映,它还对人类物质生产实践活动具有能动的反作用,在经济社会发展中发挥着主导性的创造功能,是内在于一个时代的时代精神和活的灵魂。因此,文化不仅是解释世界的重要工具,也是改变世界的重要力量。

---

① 马克思:《1844 年经济学哲学手稿》,人民出版社,1985 年,第 78 页。
② 《马克思恩格斯选集》(第二卷),人民出版社,2012 年,第 2 页。
③ 《马克思恩格斯选集》(第一卷),人民出版社,2012 年,第 152 页。

除了强调文化的实践本质,以及物质生产实践活动与文化之间的辩证关系,强调文化的根本价值在于实现人的精神解放和全面发展也是马克思主义文化观的重要内容,而这里的人是指包括无产阶级在内的广大人民群众。马克思认为,文化是一个历史范畴,总是与一定的社会条件相联系,不同社会具有不同性质的文化。在阶级社会中,文化是统治阶级地位的象征,是统治阶级意志的反映,是政治主导下少数人对多数人进行控制的工具。关于这一观点,他在《德意志意识形态》中曾做出明确的阐述。他说:"统治阶级的思想在每一时代都是占统治地位的思想。这就是说,一个阶级是社会上占统治地位的物质力量,同时也是社会上占统治地位的精神力量。"[1]然而当社会发展到社会主义、共产主义阶段,阶级对立消失,文化的阶级性也随之消失,它成为反映广大人民群众根本利益同时又能引领广大人民群众进行科学实践、实现自身解放的文化,成为源于广大人民群众实践又为广大人民群众服务的文化,成为反映先进生产力发展规律及其成果的文化。

二、马克思主义文化观审视:青年亚文化研究对文化领域与物质生产领域的割裂

从马克思主义的文化观出发,对从芝加哥学派到伯明翰学派再到后伯明翰时期的青年亚文化理论资源进行审视,我们看到三个阶段的青年亚文化理论所描述的对象都是资本主义社会不同历史时期青年的亚文化实践,三个阶段的青年亚文化理论都不同程度地将文化领域与物质生产领域割裂开来,都不同程度地低估或忽视了青年亚文化作为一种实践力量改变现实世界的能力。因此,本书牢牢立足于马克思主义的文化观,并紧密结合我国

---

① 《马克思恩格斯选集》(第一卷),人民出版社,2012年,第178页。

青年亚文化的发展实际，在对三个阶段青年亚文化资源批判吸收的基础上确立自己的研究立场。本书认为芝加哥学派基于犯罪学的研究框架，遵循"解组—失范—越轨—同化"的研究思路，将亚文化看作理解社会境况当中越轨行为的一种手段，已与当前我们青年亚文化研究的旨趣相去甚远，但是该学派提出的"问题解决"的亚文化研究思路、"贴标签"的亚文化研究视域、以民族志和参与考察法为核心的亚文化研究方法，对今天我们的青年亚文化研究依然具有参考价值。伯明翰学派将青年亚文化视为工人阶级青年对福利国家神话及战后社会危机进行批判和抵抗的一种文化类型，始终将青年亚文化置于深层的社会结构之中，在与阶级、权力、意识形态等更广泛的社会政治背景的联系中对青年亚文化现象进行考察，把对父辈文化的继承和创新、对商业大众文化的吸收和转换、对主流意识形态的批判和抵抗视为青年亚文化最核心的精神品性，对今天我们的青年亚文化研究仍有重要借鉴意义。但是伯明翰学派却忽视了青年亚文化内在的娱乐性、区域性、流动性和变异性，没有意识到媒体在亚文化和亚文化身份方面的创造作用，[①]同时将青年亚文化的发展简化为一种前后更迭的线性关系，不能为我们精准描述当前青年亚文化的发展提供充分依据。而后亚文化阶段的青年亚文化研究在批判伯明翰学派的过程中走得太远，以至于过于强调全球化背景下青年亚文化的流动性、多变性和混杂性，过于强调媒介在青年亚文化形成发展中的正向功用，过于注重从消费逻辑中探寻青年亚文化所包含的娱乐性和自我身份认同，把青年亚文化解读为不关涉阶级、权力和抵抗的一种无关政治的自恋式表演和自我身份确认的消费选择过程，使青年亚文化丧失了其原有的先锋品格。

---

① 参见[英]安迪·班尼特、基思·哈恩－哈里斯编：《亚文化之后：对于当代青年文化的批判研究》，中国青年政治学院青年文化译介小组译，中国青年出版社，2012年，序言第8－13页。

　　本书认为,无论是芝加哥学派将青年亚文化界定为"对社会秩序具有实际破坏能力的反文化",还是伯明翰学派将青年亚文化界定为"对主流意识形态进行风格抵抗的附属文化",抑或是后亚文化学者将青年亚文化界定为"无关政治、远离主流意识形态的纯娱乐文化",都不能准确反映我国青年亚文化与主流文化的关系。由于社会制度不同,我国的青年亚文化与西方资本主义社会的青年亚文化存在着本质的区别。在西方资本主义社会中,尽管新时期的青年亚文化展现出更强的流动性、多变性、混杂性和娱乐性,但是青年亚文化内在地包含着阶级对立、权力压制和冲突对抗,青年亚文化与主流文化仍然存在着复杂的,甚至是严重的矛盾冲突关系,对主流文化的批判和抵抗仍然是西方青年亚文化的核心品性。但是在社会主义社会中,主流文化反映的是包括青年在内的最广大人民的根本利益,代表的是中国先进文化的前进方向,因此青年亚文化与主流文化之间并不存在根本的对抗关系,不管青年亚文化的表现形态如何,青年亚文化始终在主流文化的框架之内活动,始终与主流文化保持着方向上的一致。

第三章　20 世纪 80 年代："愤青一代"的"呐喊"文化

何为"愤青"？"愤青"作为一个词语起源于 20 世纪五六十年代的西方，得名于英国剧作家约翰·奥斯本于 1956 年发表的剧本《愤怒地回顾》(Looking Back to Angry)，以及风靡英国文坛十余年之久的"愤怒的青年"运动，意指在欧美左翼思潮中那些主张颠覆传统社会价值的叛逆青年，"嬉皮士"是其典型代表。1973 年，香港邵氏电影公司拍摄名为《愤怒青年》的影片，讲述了一群不满社会现状而急于改变现实的青年的故事，使愤怒青年作为一个群体的指称开始为国人所知。而愤怒青年作为一个亚文化群体萌发于"文化大革命"后期上山下乡运动的知青当中。理想与现实的落差、踌躇满志与不知所向的冲突，让他们感到愤懑。他们以北岛、舒婷、顾城、江河为精神领袖，借助"朦胧诗""伤痕文学"抒发愤懑之情，他们高呼着"卑鄙是卑鄙者的通行证，高尚是高尚者的墓志铭"，他们呐喊着"我来到这个世界上，只带着纸、绳索和身影""告诉你吧，世界，我不一相一信！纵使你脚下有一千名挑战者，那就把我算作第一千零一名"，表达着对现实的不满和改变现实的决心。

1978 年党的十一届三中全会开启了一个崭新的时代，全国人民迎来了改革开放的历史新时期。对未来的浪漫期待，对过去的痛苦反思，对国外事物的热切好奇，种种情愫交织在一起，让青年人既想大步向前却又手足无措。当这种迷茫混杂着苦闷的情绪遭遇到摇滚乐的时候，真正愤怒的"愤怒青年"就诞生了。1986年5月9日，在北京工人体育馆纪念"国际和平年"百名歌星演唱会的舞台上，崔健以一种前所未有的曲风，痛快淋漓地唱出了青年对爱情的渴望、对"一无所有"的无畏和对自由的向往。他引领了一个黄金时代——一个摇滚的黄金时代、一个"愤青"的黄金时代。

从某种意义上说，崔健赋予了20世纪80年代中国愤青最鲜明的脸谱特征。概括起来有五个方面：第一，对社会现实独到而深刻的思考。愤青是冷眼看世界的一群人，他们自视世人皆醉我独醒，他们关注改革的进程，思索改革的得失，他们身上有一种天将降大任、舍我其谁的义不容辞。第二，对未来理想而浪漫的建构。愤青几乎都是理想主义者，他们对未来充满了理想与梦幻的想象，因而容不下现实中任何的不完美。为了实现他们心中理想的乌托邦，他们首先要做的就是批判——用文字、用音乐、用愤怒的情绪表达对现实秩序和社会环境最强烈的不满。第三，对自由狂热的追求。无论是思想见解、行为习惯还是审美标准，愤青都是特立独行的，散发着一种孤独的气质。他们从不追随什么潮流，却对自由情有独钟，充满着无限的渴望。他们向往心灵自由驰骋的净土，因而蔑视权威，讨厌说教，拒绝世俗的一切。第四，对生命本真的热爱。愤青对现实的批判和对未来的建构，其最终落脚点都是对人生意义的探寻。他们不断地追问人生的价值是什么，活的认真且严肃。因此，他们热爱生命，希望用生命的热情去完成一些意义不凡的事情。第五，对一切赤裸裸的回应。愤青的思维方式和言说方式都是直线的，黑白分明，简单而纯粹。他们的愤怒如海啸一般汹涌澎湃，他们的言说如疾风骤雨一般无半点遮掩。

20世纪80年代的愤青就如同艾青笔下那只用嘶哑的喉咙歌唱的鸟

儿——歌唱被暴风雨所击打着的土地,歌唱永远汹涌着人们悲愤的河流,歌唱那无止息地吹刮着的激怒的风和那来自林间的无比温柔的黎明……

第一节　因何而愤？
——"愤青文化"对"左倾"思潮的消解与对抗

愤青文化作为 20 世纪 80 年代风格最鲜明的青年亚文化,它以崔健的摇滚乐为主要承载形式,以饱满的激情和悲壮的姿态,描摹了一代青年的心理困惑,诠释了一代青年对社会发展的忧虑与希冀。

一、青年参与改革发展的热情为愤青文化提供了强大的内在动力

1978 年党的十一届三中全会重新确立了马克思主义的实事求是的思想路线,做出了把全党的工作重心转移到社会主义现代化建设上来和实行改革开放的战略决策,从根本上冲破了长期"左倾"错误的严重束缚,揭开了党和国家历史的新篇章。邓小平同志《解放思想,实事求是,团结一致向前看》的重要讲话极大地鼓舞了国人,尤其是青年人。青年人以前所未有的热情投入到解放思想和推进变革的时代浪潮中,成为解放思想和推进变革的排头兵。

解放思想,从根本上说就是要把思想从"以阶级斗争为纲"的思维中解放出来。对一个个冤假错案的平反昭雪、对"文革"的深刻反思,让青年感受到了党和国家革故鼎新、断腕前行的决心;重启高考,终止知青上山下乡运动,让青年看到了党和国家为青年谋求发展空间的切实举措。因此,青年人

将自己的成长进步与国家的改革发展紧密联系在一起,以陈景润、华罗庚等老一辈科学家为楷模,将学习成才、为"四化"建设贡献力量作为自己的理想追求成为 20 世纪 70 年代末 80 年代初青年的主流。1980 年 4 月,清华大学化学工程系 77 届二班同学喊出了"干社会主义,要从我做起,从现在做起"的口号,这一口号,由《中国青年》在 1980 年第 5 期上公开刊发,在青年群体中引起了强烈共鸣。清华大学 77 届学生还集体创作了《从我做起,从现在做起》的歌词,更深刻地表达了青年群体参与四化建设的主流心声。在歌词中他们写道:"从我做起,从现在做起,时代在召唤,不容我们犹豫。莫将青春付东流,誓为四化争朝夕……祖国在召唤,不容我们叹息。迎着风雨向前进,哪怕道路多崎岖……未来在召唤,不容我们怀疑。理想能增劲百倍,齐心能汇万钧力。"从歌词中我们可以强烈地感受到当时青年的热血、责任和担当;能够感受到他们紧跟党和国家改革开放的步伐,不畏艰险共赴新征程的实干精神、团结精神;能够感受到他们心系国家改革发展大业、期盼"四化"宏图早日实现的历史使命感和紧迫感。其后,北京大学的学生又喊出了"团结起来,振兴中华"的口号,号召全国青年以实际行动投入到国家的改革大业中去,时任共青团中央第一书记李克强对此给予了高度评价,指出它"唤起了一代青年的使命感和责任感"。在振奋人心的改革大环境和昂扬进取的青年风气的熏染下,涌现出了张海迪、张华等青年时代楷模和"一山两湖"青年英雄群体。昂扬、进取、团结、拼搏构成了 20 世纪 80 年代初期青年文化的主流。

二、青年自我意识的萌生为愤青文化提供了充分的心理基础

在昂扬、进取、团结、拼搏成为 20 世纪 80 年代初期青年文化主流的同时,一些相对消极的情绪也在青年群体中发酵和蔓延,一些青年陷入一种复

杂的情绪之中。作为"文革"的参与者或见证者，他们的精神和肉体都经历了"文革"风雨的洗礼，他们对自己十年青春代价的伤怀，对自己人生价值的迷茫，种种情绪一股脑地涌上心头，冲击着那些从"文革"跨入新时期的青年们并不强大的内心。潘晓所发出的"人生的路呵，怎么越走越窄"的慨叹恰逢其时地表达了这一部分青年的心声，引发了一场全国范围的关于青年人生意义的大讨论。潘晓在给《中国青年》杂志的信件中说："我今年23岁，应该说刚刚走向生活，可人生的一切奥秘和吸引力对我已经不复存在，我似乎已经走到了它的尽头。反顾我走过来的路，是一段由紫红到灰白的历程；一段由希望到失望、绝望的历程；一段思想的长河起于无私的源头而最终以自我为归宿的历程。"在成长过程中，来自家庭、组织、朋友、爱情的打击，让她从一个最初有着奉献精神和崇高信念的人退化为一个相信"主观为自我，客观为别人"人生观的人。在现实面前，她感到无奈、力不从心、没有方向、没有动力。人生的意义究竟在哪里？潘晓的困惑在青年中引起了广泛的共鸣。以1980年第5期《中国青年》发表潘晓来信为起点，在长达七个月的讨论期间，《中国青年》"人生的意义究竟是什么"专栏共收到参与讨论的信件57000多封。这些信件围绕是否应该坚持"主观为自我，客观为别人"的人生观和怎样看待自我价值等问题，表达了不同的立场。对"主观为自我，客观为别人"的人生观有批判有赞扬，对于应如何看待现实社会的弊病，有强调发挥个人能动性的积极态度，也有认为个人无能为力的消极言论，透过这些信件，我们可以感受到当时青年人的人生观已经开始分化，青年人的自我意识开始萌生，怀疑精神开始渗透到青年人的精神骨髓当中。

三、外来文化的引入为愤青文化提供了可借鉴的丰富资源

20世纪80年代的青年文化是一个三维的结构：第一维是对改革发展的

热情投入,第二维是对新旧时代更迭的痛苦反思,第三维则是对外部世界的急切探索。随着国门的开放,西方的思想、文化、生活方式纷纷涌入,冲击着青年的感官,也震撼着青年的心灵。他们带着一种与过去决裂的姿态急切地投入到西方文化的滚滚浪潮中,成为流行文化的代言人——他们脱下颜色单一、宽松肥大的衣服,穿起了牛仔裤、喇叭裤、高跟鞋,戴上蛤蟆镜,烫起钢丝头,一派西方进口电影里主人公的模样;他们不再听意气风发的革命歌曲,而迷恋上柔情款款的流行音乐,并伴着流行音乐跳起了交谊舞、迪斯科。从最初对追赶潮流青年的严厉批评,到以宽容的心态把青年的审美、娱乐与意识形态信奉区分开来,对于青年穿着打扮和休闲娱乐的改变,社会是有一个接受过程的。在这个过程中,1984年青年生活方式的大讨论可谓功不可没。这场讨论破除了追求新的生活方式违背艰苦奋斗优良传统的观念,把追求体现时代气息和丰富多彩的生活看作青年的自主选择和应有权利,为青年生活方式的变革创造了宽松的社会舆论环境,极大地推动了青年生活方式的变革。

如果说电影、电视裹挟而来的西方流行文化改变了青年的审美观和生活方式,那么西方译著中渗透的西方思潮则强烈冲击着青年的世界观、人生观和价值观。20世纪80年代,有两股西方思潮对青年群体产生了重要影响:一是以美国未来学家阿尔温·托夫勒的《第三次浪潮》为代表的未来学思潮,二是萨特的存在主义思潮。未来学思潮开阔了青年的眼界,让青年对新科技革命、后工业社会、增长的极限有了初步的了解。但与此同时,未来学宣扬资本主义制度和社会主义制度的趋同论,散布"马克思主义过时论",也极大地冲击了青年的理想信念。与未来学思潮从宏观层面探讨新科技革命及社会发展趋势不同,萨特的存在主义直接关涉青年的人生观、价值观,因此在20世纪80年代初,广受青年追捧,一度形成了"萨特热"现象并延续十多年。1981年,萨特的《存在与虚无》《辩证理性批判》《禁闭》《呕吐》等著作被陆续翻译成中文出版,剧本被改编成影片,剧作被搬上荧幕和舞台,介绍萨特的出版物和文章也瞬间多了起来。"萨特热"率先从学术界和出版界开始并迅速延伸到青年群体中,青年争相购买介绍萨特的书籍和杂志,参加介绍萨特思想的讲座活动,讨论萨特的思想观点,并提出了中国化的萨特存在主义的口号:自我设计、自我选择、自我实现。20 世纪 80 年代青年对萨特的狂热追捧,是因为其思想契合了当时青年一代的心理,这种心理就是潘晓讨论中所折射出来的失望、苦闷、迷茫、找寻自我的情结。萨特的"存在先于本质,人,不外是由自己造成的东西"的思想,以及"自由选择""自我设计"的自我观,为青年提供了批判十年"文革"对个人价值压抑的工具,增强了青年认识世界和改造世界的主观能动性,促进了青年自我意识的觉醒。但与此同时,萨特的思想作为一种主观唯心主义哲学,无限抬高个人而贬低集体,颠倒了个人与社会的关系,却也容易使青年夸大自我利益,把自我凌驾于他人和社会之上,把个人的绝对自由当作信条,盲目否定一切社会规范,从而陷入极端个人主义的泥潭。

第二节 愤欲何为?
——"愤青文化"的价值诉求与现实功能

当内外部条件均已具备,加上有"朦胧诗"和"伤痕文学"作铺垫,20 世纪 80 年代中后期,愤青文化以摇滚乐的姿态出现就是顺理成章的事情了。摇滚乐来源于西方,兴起于 20 世纪 50 年代中期,是美国社会下层的一种大众文化,由美国黑人音乐和南方白人乡村音乐交汇而成,曲调奔放洒脱,节奏热烈狂放,热衷自我宣泄式的直白表达和无拘无束的表演形式,与青年期的躁动心理相得益彰,因而受到青年的广泛追捧。20 世纪 80 年代初,摇滚乐与西方的各种文艺思潮、哲学思潮一同涌入中国,但是从1980年"万李马王乐队"率先演绎西方老牌摇滚乐队的歌曲到1985年崔健那张依稀带有摇滚气息的流行乐唱片——《浪子归》的发行,20世纪80年代前期摇滚乐都只是处于一种小众的模仿、翻唱和探索阶段。直到1986年,当崔健以狂放不羁的愤青式呐喊唱响《一无所有》时,摇滚乐才真正进入大众的生活,并成为一种冲击力极强的青年亚文化——"愤青文化"。可以说,在20世纪80年代,愤青文化与摇滚乐几乎是可以画等号的,而摇滚乐又与崔健几乎是画等号的,因此崔健就成了20世纪80年代"摇滚愤青"的经典形象,也成了那个时代中国青年的精神领袖。

1987年年底,北京大学成立"北大崔健后援会";1988年2月,崔健在北京大学举办演唱会,受到北大青年学生的狂热追捧;1988年年初,美国《新闻周刊》以两个版面报道崔健,崔健成为西方推测中国开放程度的一个窗口;1988年7月16日,《人民日报》以一篇1500字的文章"从《一无所有》说到摇滚乐——崔健的作品为什么受欢迎"作为文艺版头条发表,崔健及其摇滚乐受到内地主流媒体关注;1989年3月,崔健推出中国摇滚乐第一张专辑——《新长征路上的摇滚》,这盒磁带一经上市就被炒到八块五毛钱的高价,并达到了17万盒的发行量,中国摇滚乐进入印刷品复制的大众传播阶段,使崔健和他的摇滚乐有能力吸引和号召更多的青年人;1990年崔健引领的中国摇滚乐迎来了第一个发展高峰期,这一年,崔健筹办了他的"新长征路上的摇滚——第11届亚运会集资义演"全国巡回演出,在成行的四个城市共十场演出中,门票最高被炒到六十元一张,人们不惜步行数百里赶去会场,在演唱会上更是激动得泪流满面……这一年,"1990现代音乐演唱会"在北京首都体育馆举行并引起巨大轰动,演唱会上六支北京摇滚乐队首次联合登台,三万多张票全部卖出,两个小时的演唱会始终在震耳欲聋的演唱(奏)、呼喊和掌声中进行。在观众席上,几乎所有青年人都从头至尾站在那里或随着强烈的节奏不停地摇动着身体，或者跟着歌手们的歌声一起大声喊着……在崔健的引领下，摇滚乐界又出现了"黑豹""唐朝"、何勇、郑钧、张楚等一大批生力军，他们一起将中国摇滚乐在20世纪90年代初期推向了巅峰。

崔健开启了一个时代，也造就了一种文化现象，我们需要探究这种文化现象背后的深刻寓意，需要弄清崔健及其摇滚乐之于那个时代青年的意义，需要回答崔健及其摇滚乐为什么能够在20世纪80年代末90年代初引起青年群体的广泛共鸣。

一、愤青文化精准表达了20世纪80年代青年的现实处境和精神困顿

20世纪80年代青年的主体，是成长于浓烈的红色政治氛围之中，生活于商业化改革发展之中的"60后"。在社会急剧变革的进程中，他们以社会为指向的奉献精神、理想主义和集体主义价值观受到强烈冲击，他们开始把追逐个人经济利益最大化作为人生的重要追求。然而在追逐个人经济利益的过程中，利益分配不均和差距拉大所带来的心理失衡，获取物质利益所带来的短暂喜悦及其后的空虚落寞，让他们陷入一种愤懑、迷茫和困顿的复杂情绪之中，而这种情绪产生的根源则在于原有的价值规范逐渐瓦解，而新的价值规范尚未完全确立所带来的价值虚空和价值失范。

"失范"一词最早由法国社会学家埃米尔·迪尔凯姆在其著作《社会分工论》(1893)中提出，用以分析社会由机械社会向有机社会转变过程中出现的社会病态现象。迪尔凯姆认为，社会失范是社会一体化遭到破坏的结果，是社会由传统社会向现代社会急剧转变所引起的无规范状态。1938年罗伯特·默顿在《社会结构与失范》一文中引用了迪尔凯姆的"失范"概念并发展形成了他的社会失范理论，指出"失范的结构状况不仅由无规范构成，还由

文化目标和制度化手段之间的结构分裂或者缺乏整合构成"①。因此,在默顿看来,失范不仅指无规范的状态,同时也指文化目标与实现文化目标的制度化手段之间的脱节状态。从宏观层面看,失范表征了一种社会结构的断裂和一种文化结构的瓦解,从微观层面而言,失范表征了一种个体社会团结感被打破或被削弱的精神状态。

崔健的摇滚乐对20世纪80年代价值失范所导致的青年一代的迷茫状态进行了精准而深刻的表达。"我曾经问个不休/你何时跟我走//可你却总是笑我/一无所有//我要给你我的追求/还有我的自由//可你却总是笑我/一无所有",《一无所有》中一连串"你何时跟我走"的追问和"我一无所有"的回答,暗含了当时的青年人所面临的物质和精神双重匮乏的窘境,以及在这双重窘境中青年对自我身份的确认与思考。歌中的"我"所奉为至尊的"追求"和"自由",却被歌中的"你"视为无意义的存在,那么究竟什么是有意义的存在? 这是歌中的"我"及其所代表的20世纪80年代青年的集体困惑。然而"脚下的地在走,身边的水在流",集体的困惑还没有得到回应就被淹没在滚滚向前的历史车轮当中。因此,他们沦落为"既没有为传统的文化精神所化,也没有新的理想归属和寄托。回去既无归宿,前进又乏目标"②,无法确立自身存在的"文化孤儿"。《新长征路上的摇滚》《假行僧》《花房姑娘》也都以不同的隐喻方式表达了价值失范带给青年的迷茫。"听说过/没见过/两万五千里//有的说/没的做//怎知不容易//抬起头/向前走/寻找我自己//走过来/走过去/没有根据地",在《新长征路上的摇滚》这首歌里,崔健把新生活比作新长征,表达了青年人在新长征路上想追求、想努力,却没有

---

① [美]罗纳德·J.伯格:《犯罪学导论——犯罪、司法与社会》,刘仁文等译,清华大学出版社,2009年,第148页。

② 王小章:《价值真空时代的文化孤儿——析崔健、汪国真、王朔现象》,《青年研究》,1994年第11期。

目标的苦闷和彷徨。《假行僧》也表达了同样的情绪:"我要从南走到北/我还要从白走到黑//我要人们都看到我/但不知道我是谁",表达了歌中的"我"对真实自我和人生理想的不断找寻。与《新长征路上的摇滚》中"走过来/走过去/没有根据地"和《假行僧》中"我要人们都看到我/但不知道我是谁"不同,《花房姑娘》中的"我"有目标,那个目标在"大海的方向",歌中的"你"也没有"笑我一无所有",而是表达了"惊奇的赞扬"。然而"我"却无法逃脱花的迷香,不知不觉忘记了方向。崔健在《花房姑娘》中展示了一个在爱情与自由之间挣扎和在世俗面前自我沉沦的形象,歌中的"我"虽然有自我确认的意识,但这种自我确认却是模糊的,只是指向一个遥远而朦胧的方向,并且这种自我确认不经意间就被世俗的一切所击破,又跌进一种自我迷失的状态。

二、愤青文化为 20 世纪 80 年代的青年提供了释放自我的减压阀

20 世纪 80 年代的青年无疑是迷茫的、苦闷的、焦灼的,这些负面情绪在青年的心里集聚、翻腾,需要一个合适的出口排解出来,而音乐是一个不太容易触犯社会规范底线的不错选择。但无论是邓丽君清婉柔美的歌声,还是清新平易的校园歌曲,抑或是颂扬爱国情怀的昂扬旋律,似乎都不具备这样的功能。正是在这样的情形下,摇滚乐的出现才会在 20 世纪 80 年代的青年中引起前所未有的震撼。

重金属、高分贝的音响和声嘶力竭的"呐喊",不断追问、不断反复、直白却又包含丰富隐喻的歌词,歌者与观众互动式的现场表演方式,从旋律到歌词再到表演形式,摇滚乐以其独有的风格直指青年心底,让青年压抑心底已久的种种情绪倾泻而出,让人在强烈的情绪体验中完成自身,从而获得了莫

大的愉悦和满足。因此，崔健的摇滚，就如同一杯烈酒，总能够给人一种很原始、很疯狂的强烈感觉，它初入喉咙时把人呛得满眼流泪，到达胃部时让人热血贲张，当酒精渗入大脑时又会让人在清醒与不清醒之间忘却所有的无助和迷茫，不再有压抑，不再有愤懑，有的只是身体的放纵和意识的信马由缰。关于这一点，崔健说："布鲁斯音节，24 点，各种各样的速度不限，这就是摇滚节奏，很简单。这种节奏带来的生理反应就是不可能唱颂歌……摇滚乐实际上就是精神上的垃圾要发泄出来，要不憋在心里老想干什么坏事。"[①]情绪的发泄需要酣畅淋漓的表达方式，而崔健恰如其分地掌握了这种表达方式的要领。他以西方摇滚乐的基本节奏和旋律为基础，加入中国西北音乐的民族元素，形成了崔健式摇滚的独特风格。在歌词的写作上，他更是紧扣其所处的社会现实，始终关照着青年苦闷的内心世界，在歌中为他们构建一个抒发苦闷的广阔空间。在《快让我在这雪地上撒点野》中，崔健写道："我光着膀子/我迎着风雪// 我没穿着衣裳/也没穿着鞋// 快让我哭/ 快让我笑//快让我在这雪地上撒点野……"失去感觉的恐惧和焦躁及其所带来的发泄的冲动，通过这些短而有力的句子和大篇幅的重复性叙说铺陈开来，给人一种压抑释放的痛快之感。在《不再掩饰》中他唱道："我的泪水也不再是哭泣/我的微笑也不再是演戏/我的自由是属于天和地/我的勇气是属于我自己"，表达了摆脱虚伪、回归真实的放松之感。而在《假行僧》中，那些诸如"假如你看我有点累就请你给我倒碗水/假如你已经爱上我就请你吻我的嘴"直来直去简单直白的表达，呈现了一个丝毫不压抑自己欲望的形象。

　　旋律、歌词、表演形式结合在一起，崔健的摇滚乐为青年释放自我提供了广阔的空间，因此崔健的摇滚乐及其承载的愤青文化，无论对青年自身而言还是对社会而言，都潜在地发挥了"安全阀"的功能。"安全阀"是美国著

---

① 金燕：《音乐的生命资源——崔健田青对话录》，《艺术评论》，2004 年第 2 期。

名社会学家刘易斯·科塞冲突功能主义理论中的一个重要概念。他认为群体内部在一定条件下的某些冲突有助于"排泄"社会关系中积累起来的紧张情绪和敌意,从而起到一种保护群体存在和维持的"安全阀"制度的作用。①而"安全阀"制度有两种不同的类型:一种类型是针对现实性冲突,在不破坏群体内关系的前提下,针对原初对象的敌意或冲突行为,所采取的某种社会认可的回应行为;另一种类型是针对非现实性冲突,设置一些替代目标,使已经产生的敌意不是针对原初对象,而是对着替代对象表达出去。崔健的摇滚乐之于青年的苦闷情绪的发泄而言,就是发挥了第二种类型"安全阀"制度的功能。青年的苦闷情绪并非有明确的指向,也并非要解决具体的现实问题,而只是为了发泄负面的情绪,因此是一种非现实性冲突,而崔健的摇滚乐将这种冲突转化为歌中各种虚拟人物间的冲突,以音乐的形式释放出来,避免了这些负面情绪不断积压可能产生的瓦解效应,因此对青年而言,崔健的摇滚乐为其提供了一种心理防护和心理疏导机制,对社会而言,崔健的摇滚乐在维护社会的稳定秩序上也发挥了正面功用。

三、愤青文化为 20 世纪 80 年代的青年提供了批判落后、关切现实的重要载体

无论是在其发源地还是在中国,摇滚乐在人们的眼中从来就不只是一种音乐形式而已,它更是一种精神,是一种"本源的意识觉醒和肢体抗争"②,选择了摇滚,就是选择了一件批判的武器。崔健的摇滚乐亦是如此,从一开始它就是一种特殊的文化符号,渗透着浓厚的人文关怀,既饱含着对青年的

---

① 参见谢立中主编:《西方社会学名著提要》,江西人民出版社,1998 年,第 234 页。
② 李灿:《中国摇滚之路》,《安徽文学》,2010 年第 4 期。

关切,也饱含着对社会的责任。有学者这样评价他:崔健是现实中国不能忘情的情种,扯不断,理还乱,拔不出,离不开,历史和现实、社会与个人总在他身上交汇、纠缠、缠绕。[1] 当一代又一代人努力迎合时代潮流的时候,崔健选择孤独而又傲慢地站在时代边上打量甚至批判时代。[2]

在崔健的摇滚乐里,权力、虚伪、冷漠、世俗等生活中的丑恶和不公正都成为被批判的对象。在崔健的歌里,他解构了"红旗""盒子""蛋""笼中鸟"等日常生活意向的原本意涵,赋予其特殊的隐喻能指。在《红旗下的蛋》中,崔健唱道"钱在空中飘荡//我们没有理想//虽然空气新鲜/可看不见更远地方",强烈抨击了人们"一切向钱看"的异化价值观,以及人们在追逐物质利益过程中理想和信仰的迷失。在《一块红布》中,崔健唱道"那天是你用一块红布/蒙住我双眼也蒙住了天//你问我看见了什么/我说我看见了幸福//这个感觉真让我舒服/它让我忘掉我没地儿住//你问我还要去哪/我说我要让你做主//我感觉你不是铁/却像铁一样强和烈//我感觉你身上有血/因为你的手是热乎乎",隐喻了人们在幸福假象下精神信仰的迷失。在《盒子》中,崔健控诉了权力对人的压制,并且表达了个体觉醒后对权力压制的反叛。他把理想比作"旗子包着的盒子",他不断探寻盒子里的秘密,却发现为之奋斗的理想并不真正属于自己,而是披着虚假的外衣,被欺骗的愤怒最后转化为挣脱控制的宣言——"回去撕破那个烂旗子/告诉那个胜利者他弄错了/世界早就开始变化了"。此外,崔健在《一无所有》中对青年处于物质和精神双重贫困之窘境的声讨,在《不是我不明白》《最后的抱怨》《快让我在雪地上撒点野》中对平庸和麻木的生活状态的尖锐抨击,在《出走》《混子》中对个体陷入虚无之境的深刻揭露,都显示了他对现实矛盾绝不妥协的批判

---

① 参见李皖:《崔健与朴树:"60年代人"与"70年代人"》,《中国青年研究》,2002年第1期。
② 参见李媛:《崔健坚硬的摇滚》,《时代人物》,2013年第2期。

精神。

四、愤青文化为20世纪80年代的青年描绘了一个精神自由的理想国度

现实是令人失望和沮丧的,让生活于其中的人无时无刻不想到逃离,可是逃向哪里呢? 他们苦苦找寻,终于在摇滚乐里隐约看到了他们向往的理想国度。那里有自由而没有压制,那里有平等而没有等级,那里的一切真实而简单,那里的人们崇尚远大的理想与追求。因此,远方、理想、出走始终是贯穿崔健摇滚乐的精神主线。在《飞了》中,崔健把追逐梦想的主体比作一只在太阳和烟雾之间不停飞翔的鸟儿,在广阔的天空中,它如同孤胆英雄一般,远离大地的尘埃,向着理想的方向坚定飞去,张开嘴巴扯开了嗓门儿,发出了从来没有发出过的音儿。在《假行僧》里,崔健又把追逐梦想的主体比作一个永远在路上,不愿别人跟随,也不愿别人知道自己是谁,在行走中感受苦难和发现自我的"假行僧"。"我要从南走到北/我还要从白走到黑/我有这双脚/我有这双腿/我有这千山和万水/我要这所有的所有但不要恨和悔",表达了逐梦人"余心之所向,虽九死其犹未悔"的执着信念;在《一无所有》中,追逐梦想的主体更加义无反顾,从最初的"我曾经问个不休/你何时跟我走"到"可你却总是笑我/一无所有"再到"我要抓起你的双手/你这就跟我走",展现了逐梦人对未来的自信——即使自己一无所有,即使总是受到讥讽和怀疑,也不动摇奔向远方的初心。

然而远方是美好的,追逐的过程却并不轻松愉悦,希望与过去决裂但又无法斩断与过去的情感联系始终困扰着出走的人,使其内心处于纠结和挣扎之中。在《从头再来》中,"不愿离开、不愿存在"和"想要离开、想要存在"的拉锯,让追逐梦想的主体发出"从头再来"的呐喊,他奢望将自己归零,将

那"烟盒中的云彩"和"那酒杯中的大海"，统统装进空空的胸怀，从而避免自己与传统决裂的剥离之痛。可是这似乎只能是一种奢望，因为过去、现在、未来一脉相连，历史、现实、梦想息息相关，所以逐梦人在《不再掩饰》中惊醒，认识到"我明白抛弃/也明白逃避/可就是无法分离"的现实。可即使认识到与传统无法分离的现实，但在奔向远方的道路上，心里的纠结并不会因此而减少。《出走》中"我闭上眼没有过去/我睁开眼只有我自己// 我没别的说，我没别的做/我攥着手只管向前走"，逐梦人用逃避的方式让自己从传统中跳脱出来，并用肢体的机械重复实现对大脑思考的克制。而在《最后的抱怨》里一连串的誓言——"我要寻找那愤怒的根源/那我只能迎着风向前//我要发泄我所有的感觉/那我只能迎着风向前//我要用希望代替仇恨和伤害/那我只能迎着风向前//我要结束这最后的抱怨/那我只能迎着风向前"，以及在《像一把刀子》中，逐梦人将手中的吉他比作刀子，他要用这刀子剥掉所有的虚伪，都表明逐梦人不再逃避，而是选择勇敢地直面过去，在解决现实矛盾的过程中，与过去告别，向未来奔去。

综上所述，崔健的摇滚乐以其鲜明的音乐个性和最真诚质朴的风格，把个体生活的轨迹与社会发展的轨迹结合起来，表达青年的迷惘、痛苦和忧虑，批判现实的压制、虚伪和庸俗，唱出了一个时代的风情，一个时代的趣味，一个时代底部的相通情绪。① 他那堂·吉诃德式的英雄情怀和理想主义者的人文关怀，他对生命价值的不断叩问和对社会现实的自觉审视，以及他对"乌托邦"式美好未来的无限憧憬，于那个时代的青年而言无疑是一场思想的启蒙。

---

① 参见张福萍：《崔健摇滚：隐喻化的诗性叙述》，《写作》，2007年第3期。

第三节 愤归何处？
——主流文化对"愤青文化"的吸收与转化

面对崔健的摇滚乐及其承载的愤青文化，主流文化最初的心理反应是紧张甚至是恐慌的，因为崔健摇滚乐那另类的风格、激进的姿态、富有煽动性的表演现场都带给主流文化一种不安定的直观感受。它担心这种全新的且极富感染力的音乐形态，会将青年的心态导向一种集体躁动，导向一种带有破坏性的诉求表达。主流文化的这种反应是在情理之中的，毕竟当时的中国，国门刚刚打开，主流文化面对西方思想、文化、生活方式的纷纷涌入，还带有一种审慎、迟疑和试探；同时，摇滚乐作为西方社会中成长起来的一种音乐形态，的确也带有一些非理性的因素。

但是主流文化在经历了最初的紧张之后，逐渐发现摇滚乐并不是一种只追求另类风格和激进姿态的音乐形式，其承载的愤青文化也不只是一种肤浅的、浮躁的情绪发泄，而是包含了青年一代参与社会变革热情和引领时代发展豪情的具有丰富内涵的青年表达方式，是 20 世纪 80 年代的青年人面对振奋人心的改革大环境，想投身其中并想有所作为的一种积极尝试，传递出 20 世纪 80 年代的青年人不安于现状的躁动心理，折射出 20 世纪 80 年代的青年人对社会发展充满关切的责任与情怀，对历史的反思、对现实的回应和对未来的希冀是贯穿愤青文化的精神主线；同时，愤青文化的激愤和呐喊，也并非是指向改革开放以后的主流文化和主流价值，而是指向拨乱反正以前"左倾"错误思潮对人的思想的禁锢。因此，摇滚乐和愤青文化所包含的青年人想参与社会变革的饱满热情，想站在时代潮头引领时代发展的宏伟壮志，他们内心对崇高、理想、信仰的追求和对道义、责任的坚守，以及他们对改革发展的敏锐洞察力和他们对社会阴暗面的批判精神于时代发展而言都是弥足珍贵的,是推动社会进步的重要力量。

认识到摇滚乐及其承载的愤青文化的上述内在精神后,主流文化的紧张情绪随之消退,转而以一种更加从容和积极的姿态来面对摇滚乐和愤青文化。首先,积极保护愤青文化中弥足珍贵的责任情怀、担当意识和奋斗激情,并通过多种途径将这种情怀、意识和激情扩散到更大范围的青年人群,从而使青年群体将自身的发展与宏观的社会变革更加紧密地联系在一起。其次,细细品读愤青文化通过摇滚乐歌词所传递出的青年一代的心理需求和价值诉求,对青年在现实生活中的苦闷与不满、困顿与迷茫进行有的放矢的引导,为他们的成长与发展提供更宽松的外部环境和更有力的外部支持。最后,认真分析愤青文化所传递出来的对社会现实的不满与批判,例如愤青文化对社会急剧变革进程中,以社会为指向的奉献精神、理想主义、集体主义价值观陨落的不满与批判,愤青文化对人们在经济转向过程中萌生的逐利趋向和贫富差距拉大的不满与批判,以及愤青文化对虚伪、冷漠、低俗等社会阴暗面的不满与批判等,主流文化将这些不满与批判作为反思自身及促进发展的重要窗口,并站在全局的立场对这些不满与批判进行回应和改善,既促进了自身的完善,也推动了社会的发展。

在承认并利用摇滚乐和愤青文化上述可贵精神的同时,主流文化对摇滚乐和愤青文化中的非理性因素同样进行着积极的规范和引导,例如规范摇滚乐极富煽动性的表演形式以减少冲突混乱产生的可能,引导愤青文化将愤怒和不满控制在合理的范围内,避免其沦为一种无意义的情绪发泄和为愤而愤的行为艺术,等等。

经历了四十载的岁月淘洗和历史沉浮,20世纪80年代以崔健摇滚乐为承载的愤青文化早已退隐到人们的记忆深处,幻化为一种记忆符号,只有在人们慨叹自己已逝的青春时,才会被翻出来擦拭一下覆满全身的历史尘埃。

尽管如此，愤青文化却并未彻底离我们远去，它只是变换了表达形式，以一种新的形态继续诠释着"愤青"的激愤与热情。

一、从显性的风格化表演到隐性的日常化表达

20 世纪 80 年代的愤青，大多都有着鲜明的外在标识——长发、墨镜、金属饰品，或紧身或肥大的奇装异服，以及重金属、高分贝的摇滚乐……他们别具一格的"行头"总能让人们轻松地将他们与其他人群区分开来，他们走到哪里，哪里就是一道另类的风景。同时，他们的激愤并没有非常明确的指向，而只是一种借助风格化表演所营造出的一种弥散性氛围——一种类似"少年不识愁滋味，为赋新词强说愁"的氛围，而这种弥散性氛围又将青年裹挟其中，进一步强化了他们孤独和激愤的特质。而当今的愤青不再热衷于构建鲜明的身份标识，而是乐于以无异于普通人群的穿着和装束"潜伏"在普通人群之中，愤青的脸谱特质变得愈发模糊，单纯从他们的装束我们已经很难辨认他们的愤青身份。同时，他们的生活圈子、生活节奏、生活内容与普通人群相比也并没有明显的差异，他们像其他普通人一样生活、学习和工作，在没有特殊事件激发时，其言行也表现得比较温和。与 20 世纪 80 年代愤青那种无指向的激愤气质不同，当今的愤青都有着明确的指向，是一种"因时因势"的激愤态度，而不是弥散性的激愤气质，是一种因外在事件而引起的应激言行。在事件中，他们的态度和言行是激愤的，但在事件之外，他们激愤的态度和言行则又会恢复平常。

二、从根植于现实世界的个性化诠释到扎根网络世界的群体化发声

20世纪80年代的愤青用与众不同、个性张扬的装束与言行,借助崔健摇滚乐高分贝的音响、声嘶力竭的呐喊和不断的追问,以完全异于日常化的个性化表达来诠释年轻的无助、迷茫、压抑和愤懑,他们把现实生活当作彰显个性的舞台,在现实世界的各个角落留下自己呐喊的声音和激愤的表情。由于20世纪80年代的信息传播远不像现在这么发达,因此那个年代愤青文化的传播是散点式的,即愤青个体分散在不同的角落,以各自的个性化表达释放着愤青的气质,他们的表达很难由点及面,汇合成声势浩大的愤青文化浪潮。即使汇合到一起,也是短暂的、不连续的和小范围的,其传播非常依赖有形的物理空间,即非常依赖演唱会现场所形成的那种集体氛围,但那种集体氛围往往非常短暂,一旦轰鸣的音乐戛然而止,人们的情绪就会从高度投入恢复到波澜不惊。同时,演唱会所营造出的那种集体氛围,所裹挟的也只是演唱会中的人们,信息在听者与歌者之间传递,情感在听者彼此之间蔓延,他们就好像是一个无形的回路,让愤青的呐喊和激愤只在他们内部盘旋、流转,而不能向外部散去。

而网络时代的到来,为愤青文化的传播提供了无限的空间和可能。互联网的开放性、平等性和互动性等特点,吸引愤青将主阵地由现实世界转移到网络世界。他们根据所关注的焦点不同,聚集分布在各种财经类、军事类、政治类、文化类网络社区和网络论坛之中,以在网络社区、网络论坛中发帖、跟帖的方式,在短时间内围绕一个问题形成强大的集聚效应。针对2018年的中美贸易摩擦,青年网友在百度贴吧、天涯论坛展开了激烈的讨论,在不到一个月的时间里,百度贴吧的"中美贸易战吧"共发布帖子三千余条,在

天涯论坛的中美贸易摩擦主题帖子最高点击量达到三千五百万余次。因此，网络不仅为当代愤青的表达提供了开放性的扩散机制，同时也为当代愤青的表达提供了强大的声音汇集机制，短时间内将分散的个体化声音汇集成强大的集体性话语。

三、从自身投向的情绪抒发到社会关切的价值传递

以崔健摇滚乐为承载的愤青文化契合了青年群体在 20 世纪 80 年代的现实处境和精神诉求，以鲜明的风格记录了 20 世纪 80 年代青年的青春历程，折射出 20 世纪 80 年代青年面对翻天覆地的社会变迁所产生的迷茫和焦灼，传递出他们在改革大浪潮中不安于现状的躁动心理，以及想投身其中并有所作为的积极尝试。虽然那时的愤青文化也包含着青年群体对历史的反思、对现实的回应和对未来的希冀，包含着他们对崇高理想的追求和对道义、责任的坚守，但总体而言，20 世纪 80 年代的青年文化还是更加指向青年的内心世界，更加侧重于青年内在情绪的抒发，他们对社会的关切缺乏现实的依托和具体的指向，只是一种漂浮的弥散化情感。而当下的愤青文化呈现更现实和更具体的社会关切感，他们的愤慨和激情与社会发展每一次震动相辅相成，从对以美国为首的北约轰炸中国驻南联盟大使馆的抗议，到反对日本成为常任理事国的呼声；从保卫钓鱼岛和南海诸岛运动，到抗议美国对中国贸易壁垒，几乎每一个社会大事件都能听到愤青的声音，都能看到愤青的身影，他们将自己的愤慨和激情投注于推动事件正向发展的现实进程中，并在这一进程中实现自身的不断成长和成熟。因此，当代愤青具有更强的社会参与精神，他们的激愤不仅是一种弥散性的情绪，更是一种推动社会发展进程的现实力量。

尽管当代愤青文化的外在风格不像 20 世纪 80 年代的愤青文化那样夺

人眼目,但是愤青文化的精神内在却依然如故,并且呈现更加积极、务实的参与品质。尽管改革开放四十年沧海桑田、社会巨变,愤青文化依然是我们描摹和洞察青年群体精神诉求的重要窗口,愤青文化、愤青精神依然是参与社会变迁、推动社会发展的重要力量。正是愤青如鲇鱼般的不安和愤怒地翻动着整个社会,使社会不得沉醉于安逸之乡而难以自拔。① 愤青那堂·吉诃德式的英雄情怀和理想主义者的人文关怀,他们对生命价值的不断叩问和对社会现实的自觉审视,他们对"乌托邦"式美好未来的无限憧憬,他们对社会变革的敏锐洞察力和对社会阴暗面的批判精神,于时代发展而言都是弥足珍贵的。我们应该积极保护愤青文化中这些弥足珍贵的责任情怀、担当意识和奋斗激情,同时,积极规范和引导愤青文化中的非理性因素,引导愤青文化以更加理性的批判姿态和更加入世的建设姿态,将宏观关切和微观行动结合起来,将个人情感的诉说和国家命运的关怀贯通起来,既高瞻远瞩又脚踏实地,将愤怒和激情转化为推动社会进步的磅礴力量。

---

① 参见王建光:《义愤:从一种群体心态到话语力量的转变——对当代中国愤青的一种文化解读》,《当代青年研究》,2009 年第 1 期。

第四章 20世纪90年代："顽主一代"的"讽喻"文化

　　"顽主"是王朔塑造的一类极具个性的文学人物形象,在文坛崭露头角始于1987年王朔中篇小说《顽主》的发表,之后随着《一点正经没有》《动物凶猛》《你不是一个俗人》《许爷》等小说的发表深入人心。在《顽主》中,顽主是于观、马青、杨重等一个个嬉皮笑脸、百无聊赖,被社会遗弃又不甘寂寞,让人无可奈何又让人感到轻松快乐,专门"替人解难、替人解闷、替人受过"的人物形象;在《一点正经没有》中,顽主是以方言为代表的,创建海马创作中心,专门拿作家开涮,提出"为工农兵玩文学"怪论的人物形象;在《动物凶猛》中,顽主是以马小军为代表的一群打架斗殴、挑衅老师、让"规矩的同龄人很有些自惭和惴惴不安"的"坏孩子";在《你不是一个俗人》中,顽主是"逮谁捧谁""让万相吹捧蔚然成风"的三好协会成员……不论是王朔用文字勾勒的最原汁原味的顽主,还是被米加山、姜文、冯小刚等导演重新解读并搬上影视荧屏的顽主;不论是"幼年顽主"方枪枪,还是"少年顽主"马小军,抑或是"成年顽主"于观、方言、马青、杨重……每一个顽主形象既有着自身的具体特质,也有着相通相融的共性特征,而这些共性特征恰恰是顽主之所以是顽主的本质所在。

首先,顽主们在思想观念上是"顽固"的。其顽固性体现在他们对革命年代的浪漫想象和对英雄情结的执着追求上,体现在他们具有"乌托邦"梦幻色彩的世界观和人生观上。正是他们对革命情怀、英雄情结的固守,使他们无法适应社会由政治话语主导向经济话语主导的转型,无法实现人生理想从战斗英雄到平凡市民的转换,因此被无情地甩进社会转型的断层中,由之前具有身份优越性的军队大院子弟沦落为与现实格格不入的局外人和边缘人。

其次,顽主在言行举止上是"顽皮"甚至是"顽劣"的。诙谐调侃、嬉笑怒骂的言语方式和天马行空、荒诞不经的行为逻辑是顽主最醒目的身份符号,他们自由洒脱,恣意而为,从不认真严肃地对待周围的世界,他们放荡不羁,无拘无束,一点儿正经没有。他们的言行举止表面上看似乎是深谙世故的圆滑,但实际上却是带有一些孩子气的故作深沉的呓语和戏仿。他们是人们眼中的"坏小子",但他们的"坏"在大多数情况下并非是对他人造成伤害的"真坏",而是带有恶作剧性质和逗乐性质的"假坏";他们被人们称为"痞子",但在他们的"痞性"之下,却掩藏着一些在其他同龄群体中早已荡然无存的"纯真"——不伪饰、不做作,真实地袒露自己的情感,因此顽主身上都有着未长大孩子般的顽皮劲儿。当然,也有一些顽主是"顽劣"的,他们的"顽劣"体现在喜欢诉诸暴力,经常打架,性格叛逆,对一切道德规范都不屑一顾,从事投机倒把、坑蒙拐骗等非法勾当,游走在道德和法律的边缘。

最后,顽主在人生态度上是"玩世不恭"的。在完美想象和残酷现实的巨大落差面前,顽主们不是调整方向,迎头赶上,而是选择了消极躲避。他们以玩弄的心态对待生活,无所事事,吃喝玩乐,得过且过,在日复一日的空虚无聊中寻求自我解脱;他们没有宏伟的理想,缺乏正确人生价值的支持,以把握现在、及时享乐为人生信条,只追求一时的生理和心理满足;他们不拿别人当人,也不拿自己当人,以调侃他人和嘲笑自己作为主要的生活乐趣;他们游离在社会正常的运行轨道之外并且自得其乐,丝毫没有向主流生活靠拢的意愿和行动,他们是迷茫的和自我放逐的"都市流浪者"。

　　顽固、顽皮、顽劣、玩世不恭,共同构成了顽主的脸谱底色,让其展现出与愤青截然不同的精神气质。愤青的表情是严肃的,而顽主的表情则是嬉戏的、不正经的;愤青活在对未来浪漫的建构中,而顽主则活在对过去梦幻般的想象性追忆中;愤青用赤裸裸的激愤和声嘶力竭的呐喊向周围的世界表明自身的存在,而顽主则用"混不懔"的戏要和嬉笑怒骂式的嘲讽与周围的世界碰撞交锋。因此,"讽喻"代替"呐喊"成为顽主及其所代表的 20 世纪90 年代青年言说的主要方式。"讽喻",简而言之,就是用调侃、讥讽、挪揄的方式对社会中的一些不合理现象进行针砭和揭露,其语言基础包括两方面:一是对京味话语的灵活运用,二是对革命年代政治话语的转换使用。通过这两种方式,顽主赋予自己的语言以特有的喜剧性和调侃性。除了喜剧性和调侃性的语言以外,顽主的讽喻还体现为在各种矛盾对立关系的强烈反差中进行反讽叙事。用"进攻冬宫的赤卫队员"和"国庆阅兵式步兵方阵"来比喻"三 T"文学奖发奖大会后争抢食物的人群,用咸菜坛子当颁奖大会奖杯,打着号召人们奉献的旗号为自己占便宜找借口,把谈理想和不真诚混为一谈……顽主就是以这种不符合日常生活的逻辑将庄严与庸俗、崇高与浅薄、真诚与虚伪等矛盾对立关系安置在一起,或以俗喻雅,或以雅讽俗,或以小见大,或以大见小,在一种意料之外的错愕之感中达到讽刺的效果。在顽主眼中,从自己到他人,从日常琐事到大政方针,从文学到政治,生活中的一切都是他们讽刺的对象,他们为"讽"而生,因"讽"而在,理想、道德、责任、崇高都被他们从云端拉进世俗的泥淖,成了与吃喝拉撒睡等基本生理需求等量齐观的"下里巴人"。

　　顽主就是这样一群人——一点儿正经没有,在嘲讽中游戏人生,活的放纵却迷茫,真诚但痛苦,乐观又颓废,他们不思索也不相信未来,只沉迷眼前的快乐与洒脱,因为他们相信尼采的那句话:"对待生命你不妨大胆冒险一点,因为最终你要失去它。"

第一节　因何而讽?
——"顽主文化"对功利主义的接受与反叛

20世纪90年代是一个人们的世界观、人生观和价值观都受到强烈冲击的时代,王朔及时地抓住了这一时代变迁的特点和当时人们的集体心态,塑造了与20世纪90年代青年人的迷茫和困顿相契合的"顽主"形象,诠释了独具特色的"讽喻"文化,并代替愤青文化成为20世纪90年代最具号召力的青年亚文化类型。

一、经济体制转轨中的适应不良是顽主文化产生的社会根源

十几年的改革实践让中国在经济领域取得了举世瞩目的成就,国家的经济发展水平和人们的物质生活水平都得到了巨大提升。1992年党的十四大把建立社会主义市场经济体制作为我国经济体制改革的目标,从根本上破除了市场经济姓"资"、计划经济姓"社"的传统观念,进一步解放了人们的思想,并引发了社会全方位的深刻变革。首先,它改变了资源的配置方式,即由以行政手段为主的资源配置方式,转变为以市场手段为主的资源配置方式。其次,它进一步改变了我国的所有制结构,非公有制经济在以公有制为主体、多种所有制并存的所有制结构中的比重和地位进一步上升。1992年,非国有经济在工业产值中所占的比重,第一次超过了国有经济,1995年

已经占有将近60%的比重,在新增产值中占有80%的比重。^① 最后,它重新确立了公平与效率之间的关系,使社会的分配体系由计划经济时代"吃大锅饭"的平均主义转变为效率优先、兼顾公平,逐步走向共同富裕。

建立社会主义市场经济体制,是中国共产党审时度势、坚定不移推进改革发展和中国特色社会主义建设的伟大创举,极大地激发了经济发展的活力,同时也极大地改变了社会的阶层结构和利益格局。随着建立社会主义市场经济体制目标的提出,党政机关、事业单位、国有企业在人们心目中的地位有所下降,个体、私营等非公有制经济对人们的吸引力显著上升,下海经商一时成为社会热潮。在"一部分人先富起来"的政策导向下,贫富差距的问题开始显现:一面是在原有轨道上辛劳付出,却只有微薄收入的社会大多数成员,另一面是搭上"市场经济"快车道一夜暴富的社会少数成员。据世界银行测算,1978年我国人均收入的基尼系数为0.33;20%的最穷人口占有居民全部收入的6.28%,20%的最富人口占有居民全部收入的39.8%。1994年我国城乡居民家庭人均收入的基尼系数为0.434;20%的最穷人口占有居民全部收入的4.27%,20%的最富人口占有居民全部收入的50.24%。^② 同时,城乡之间、地区之间、行业之间的贫富差距也都拉大。1990—1995年,城乡居民收入比由2:1扩大到2.6:1,1994年居民收入最高地区与居民收入最低地区的收入比达到2.55:1,收入最高行业与收入最低行业的收入比达到2.38:1。贫富差距拉大、稀缺资源和社会财富向少数人群的集中,破坏了社会原本平衡的利益结构与平和的社会心态,使社会开始笼罩在一种浮躁不安和焦虑不满的气氛之中。尽管每个人的物质生活水平都有显著提高,但人们却无法从这种提高中体会到满足感,而只能感受到一种相对贫困感和

---

① 参见杨帆:《改革中期中国经济发展与社会思潮》,《生产力研究》,1995年第5期。
② 参见《我国贫富差距现状》,《当代思潮》,1998年第2期。

被剥夺感。为了摆脱这种相对贫困感和被剥夺感,人们必须去获取更多的财富。在这种心理和逻辑的驱使下,一部分人被财富所绑架,金钱越来越成为公认的价值衡量标准,"金钱万能论"成为很多人的人生信条,追求利益最大化成为很多人推崇和追逐的生活方式。

二、西方个人主义、享乐主义、功利主义思想的传入是顽主文化产生的价值基础

如果说贫富差距拉大是人们逐利行为的现实基础,那么西方个人主义、享乐主义、功利主义思想的传入和蔓延则为人们的逐利行为提供了理论支撑和价值基础。功利主义强调行为后果的价值,把实际效用作为评价一切事物的最高标准;强调人生的根本目的是对幸福的追求,并把物质需要的满足视为人们获得幸福最重要的条件;强调幸福是感性的快乐,社会幸福是个人幸福的简单相加等。功利主义思想这种极富现实关切的伦理价值观,在20世纪90年代人们的心里引起了强烈的情感共鸣。尽管功利主义激发了人们创造财富的积极性,增强了社会的活力,但无疑也成为一些人不择手段追逐个人利益最大化的挡箭牌。人们打着"社会幸福是个人幸福简单相加"的旗号,抛弃曾经所信奉的集体利益高于一切的无私奉献精神,滑入"为自己就是为社会"的极端个人主义深渊;人们打着"幸福就是感官的快乐"的旗号,滑入"今朝有酒今朝醉""有权有钱及时行乐"、追求感官刺激与满足的享乐主义深渊。一些人不再相信理想和崇高,"信仰危机的症候如痼疾一般盘绕在人们的上空,人无意识地坠入了被物化和异化的危险境地"[①],唯利是图、自私自利、侈奢安逸像毒瘤一样腐蚀着他们的心灵,使他们在价值取向

---

① 李新:《论王朔顽主的现实性和先锋性》,《廊坊师范学院学报》(社会科学版),2009年第6期。

和人格上发生了变异。斗富、显阔、纵欲被称为"潇洒人生"，"大款、大亨、大腕"被当作崇拜的偶像；金钱、别墅、汽车被看作人生辉煌成功的象征。[①] 正是在这样的情形下，建构在信仰、责任、奉献、勤俭等价值内核之上的理想共同体和道德共同体备受冲击，传统的社会结构被拆解，不少人陷入一种精神被放逐的荒芜之境。

计划经济向市场经济的转轨、贫富分化的现实、功利主义思想的蔓延、极端个人主义和享乐主义的出现、传统价值观念体系的解体，这一系列因素构成了顽主文化盛行于 20 世纪 90 年代的社会背景。除此之外，文化由精英文化向大众文化的转型也为顽主文化在 20 世纪 90 年代的盛行提供了背景和条件。在建立市场经济体制的大环境下，越来越多的领域被纳入市场运行轨道，文化的教化功能不断弱化，娱乐功能显著提升，文化成为供人们消遣娱乐的文化产品和文化商品。顽主文化调侃的语言风格、通俗的故事情节恰逢其时地迎合了 20 世纪 90 年代青年消遣娱乐的需要，因而成为 20 世纪 90 年代大众文化最典型的代表。而顽主文化的传播借助两种途径：一种是王朔的小说文本；另一种是基于小说文本改编的影视作品，小说文本为青年感受顽主文化提供了较为充分的想象空间，基于小说文本改编的影视作品则为青年感受顽主文化提供了更富视觉冲击力的感官体验，两种途径相互映照、相互加强，让顽主文化成为 20 世纪 90 年代最具影响力的青年亚文化类型。

---

① 参见林世强：《试论社会经济思潮与青年思想教育》，《广西师院学报》，1995 年第 1 期。

第二节 讽欲何为？

——"顽主文化"的价值诉求与现实功能

一、顽主文化为20世纪90年代的青年逃离现实困境提供了参考路径

王朔笔下的顽主都是军队大院子弟,良好的家庭出身使他们拥有很强的优越感,他们自小接受的是"红色革命教育",对军队充满向往,他们的人生理想就是希望有一天到炮火连天的战场上成为一名战斗英雄。然而社会变革的巨轮却将他们的梦想碾碎,时代的发展不再需要他们去战场上冲锋陷阵,而是需要他们成为经济大潮中的弄潮儿。当"物竞天择、适者生存"成为社会的主流,当金钱多少越来越成为衡量一个人成功与否的主要标准,那些政治出身不高却在商品经济大潮中抓住商机、一夜暴富的人成为社会新的宠儿,而成长于大院文化庇护下的顽主们,由于缺少竞争意识和在经济大潮中摸爬滚打的技能,不可避免地被推向了社会发展的边缘,由身份优越的大院子弟沦为经济大潮中的弱势群体。不仅在经济大潮中被挤到边缘,在文化领域他们同样处于弱势。他们无法面对这样残酷的现实,被遗弃的感觉在他们心中升腾,他们感到前所未有的失落、苦闷和愤恨。为了从失落、苦闷和愤恨中解脱,他们选择了顽主的姿态,用对现实肆无忌惮的嘲讽回应自己的落魄之境。

小说中所描绘的顽主的处境与命运,激发了20世纪90年代青年的情感共鸣,他们将顽主的处境与命运投射于自身,在小说中的顽主与现实中的自己之间架起一条惺惺相惜的情感通路。因为他们中的很多人也像小说中的顽主一样,在市场经济大潮呼啸而至、社会深刻转型的面前,显得无所适从、焦虑苦闷,难以适应新的社会结构和市场经济的运行逻辑,不愿意接受生活轨迹被时代改变的现实。他们中的有些人原本可以通过接替父母的方式稳妥地获得工作,但现实却要求他们必须通过自己的努力和与他人的竞争获得工作;他们中的有些人原本想着进入国有企业当一名工人,从此一劳永逸不再担心生计,但国有企业改革所带来的国有企业职工下岗潮,却让他们陷入为生计和前途担心的焦虑之中;他们中的有些人原本想着通过多读书,考上大学,毕业之后国家包分配,从此成为一名捧起“金饭碗”的国家干部,但大学生包分配制度的取消,让他们不得不面对高昂的学费和毕业后自主择业的压力;他们中的有些人原本从不担心生、老、病、死、衣、食、住、行这些问题,因为这些问题都由集政治、经济、社会功能于一身的“单位”所解决,但是单位制的改革,却将这一切都推向了社会,原有的生活共同体解体,他们由被庇护的“单位人”变为了只能自己对自己负责的“个体人”……面对这一切,20世纪90年代的青年正如有的学者所阐述的那样:“传统的社会结构正在受到拆解,大多数的人已经或正在被抛到秩序之外,他们一时难于进入(或适应)新的社会结构,大多数人依然徜徉在边缘,失意、痛苦、不满、愤懑,已经构成一个普遍性的社会‘焦灼’情结。”①

20世纪90年代的青年在社会的变革面前何去何从?他们要么以一种成熟的心态和迎难而上的行动适应改变后的社会,要么在对过去的缅怀追忆中和对现实的牢骚满腹中消极躲避。由于前者需要付出大量的心理成本、时间成本和行动努力,因此很多人都避繁就简地选择了后者。小说中顽主的行动策略无疑为他们提供了参考,他们模仿着小说中顽主的样子,将身上膨胀的青春、生不逢时的慨叹和对现实的不满,通过玩世不恭的“痞子”姿

---

① 蔡翔:《旧时王谢堂前燕——关于王朔与王朔现象》,《小说评论》,1994年第1期。

态和肆无忌惮的嘲讽倾泻出来。备受环境挤压的他们，既然解决不了社会变革所带来的一系列问题，那么就索性装作视而不见，把理想、前途这些沉重的人生议题束之高阁；既然不能融入社会变革的大潮之中，索性就站在堤岸之上做一个冷漠的局外人。他们不再树立崇高而远大的人生目标，而是以一种"开放"的姿态自我放逐——不思进取、自甘堕落、随波逐流、"洒脱"地活在当下。他们在嘲笑自己、调侃他人、打架斗殴和无所事事的玩乐中让自己失衡的心态重新恢复平衡，在自得其乐的游戏人生中让自己对周围的世界变得麻木无觉，在"嬉戏""游荡"中自认为看透了人生的意义，不为自己不能进入社会主流运行轨道而痛苦，也不为生活和前途而苦闷，反而以一种看破红尘般的"睿智"，向忙碌奔波的世人投去既鄙夷又同情的目光。他们就像小说中在行色匆匆的人群中逆向而行的马青那样，与社会主流背道而驰并自得其乐。这就是20世纪90年代青年面对现实处境，从小说世界顽主身上所习得和实践的应对之道，散发出浓郁的"嬉皮士"的颓废意味。

二、顽主文化为20世纪90年代的青年应对心理危机提供了调适策略

王朔笔下的"顽主"们，其价值观念的确立恰逢"文革"，这使得他们的思想观念打上了深刻的"文革"烙印。这种烙印让他们面对社会变革时无法实现思想和心理的转换；让他们在遭遇与旧有文化心理相背离的现实社会生活时，无法科学定位自己的人生理想和生活价值，他们质疑和抛弃社会所奉行的核心价值观念，形成与之相冲突、相悖离的价值观念体系，在顽主眼里，一切道德、禁忌、规范都形同虚设，他们对自己的人生采取一种游戏的姿态，对社会和他人采取一种不负责任的态度，在一些社会的严肃议题和敏感领域轻松随意、恣意而为；他们在商品经济的大潮中起落沉浮，在传统和现代

的夹缝中迷惘地挣扎，既丢失了自己原本的信仰，也未建立起新的追求；他们讥讽一切，嘲弄一切，创造出了一个没有价值的世界；他们让自己的身体和心灵漫无目的地四处漂流，尽情地宣泄着生命的快感。在《浮出海面》中，石岜怪自己的妈妈代替自己设计人生，从不问他想干什么；在《一点正经没有》中，方言不能忍受平庸乏味的世俗生活而远走他乡，到头来也只不过是换了个环境换了一些人，依然过着与之前同样的生活……

顽主们只知道自己不要什么，却不知道自己想要什么，他们对现实不满，却不知如何改变，因而陷入无处可逃的悲哀和迷茫困顿之中；在《顽主》中，于观、杨重、马青为排解心中的郁闷与不快，气势汹汹地出门找人挑衅滋事，马青在大街上叫喊"谁敢惹我?"当一个彪形大汉回应说"我敢惹你!"的时候，马青瞬间变换姿态，讨好地说"那谁敢惹咱俩?"这一情境形象地刻画了顽主外表强悍、内心怯懦、无尊严、无荣辱的精神世界；在《玩的就是心跳》中，方言面对与百姗的感情纠葛，展现出顽主对道德和责任的漠视："你凭什么要求我得是一个高尚的人一个有道德的人——我不是! 我从不考虑是否会伤害别人，事后也从不内疚，别指望我良心发现! ……我也不需要别人用良心对我。"①

顽主就是这样一群活在"虚无"和"虚妄"之中的人，他们看起来游戏人生，潇洒快意，实际上他们的内心焦灼、苦闷、茫然和孤独。他们正是通过外在的潇洒快意来掩盖和填补焦灼、苦闷、茫然、孤独的内心，用反讽和调侃来慰藉自己断裂破碎的灵魂。同时，正如王朔本人对顽主的评价：他们"拿人不当人，也不拿自己当人，不管谁说什么先把自己垫脚底下，踩着自己说话，所以无论他的话怎么过分，别人也不好说什么，这倒获得一种自由表达的特

---

① 王朔：《玩的就是心跳》，云南人民出版社，2004 年，第 162 页。

权"①。顽主将自己摆在一个非常低的位置,从而逃避社会道德和核心价值观念对自己的束缚,因此于顽主而言,对自我的嘲讽、对他人的调侃、对一切不合心意事物的讥讽既是他们自我灵魂的救赎方式和自我心理危机的调适策略,也是他们寻求与周围世界和谐相处的现实途径。

而顽主文化之所以能够在 20 世纪 90 年代青年的心中激起层层涟漪,一方面是因为顽主的现实处境与他们有着某种相似相通之处,而另一方面则是因为他们经历着与顽主相似的心理危机。如前文所述,社会全方位的变革使 20 世纪 90 年代青年人的前途和命运被始料未及地改写,原本尽在自己期许和掌控中的人生变得前途未卜,由此他们感到焦虑、惶恐、怨恨,从而产生深刻的心理危机。这种心理危机集中在四个方面:

第一,被无方向感所困惑。旧的观念体系和价值系统被打破,但新的、占主流的观念体系和价值系统尚在探索酝酿之中,多元甚至对立的观念与价值并存,使得 20 世纪 90 年代的青年不知道什么是真,什么是假,什么应该坚持,什么应该放弃,不知道自己想要什么,想成为什么,这些疑惑让他们无所适从,找不到方向。

第二,被无价值感所折磨。青年是最具浪漫主义情怀和理想人格的人生阶段,他们喜欢过滤掉现实生活中的杂质,以一种纯净而美好的眼光看待自己及其所生活的世界,他们相信公平、正义、崇高、责任,他们相信自己可以使世界变得更加美好,但是现实却往往让他们感到受伤,尤其当他们看到一些人在 20 世纪 90 年代市场经济的大潮中丢掉人格、忘却正义和责任,躲避道德甚至是法律的约束追逐利益时,他们感到失望、愤怒却无能为力。

第三,被抛弃感所笼罩。20 世纪 90 年代的青年是在父母和社会的精心庇护下无忧无虑地成长起来的,这种庇护培养了他们性格中的依赖心理,接

---

① 王朔:《随笔集》,云南人民出版社,2004 年,第 115 页。

过父母手中的饭碗继续父母般的生活是他们未来生活的基本保障,而工作后,单位会帮助他们解决一切生活难题,因此他们从不担心自己的前途和生活。然而市场经济大潮彻底改变了他们对生活的想象,"单位"这一共同体不复存在,父母的庇护捉襟见肘,他们没有任何心理准备和足够技能准备地被推向社会自谋出路,在茫然无措中感受到深深的被抛弃之感。

第四,被剥夺感所吞噬。20 世纪 90 年代青年的被剥夺感既体现在与兄辈的比较中,也体现在与部分抓住市场经济转型机遇的同龄人的对比中。与兄辈相比,他们仅仅是晚了几年光阴,但前途却迥然不同,这让他们感到命运对他们不公;与部分抓住市场经济转型机遇的同龄人相比,他们觉得这些人是钻了改革的空子,对他们所取得的成绩既不屑又艳羡,只能以一种"酸葡萄"心理粉饰自己与他们的落差。

正是在上述心理危机的困扰下,20 世纪 90 年代的青年发现了顽主文化的价值,并在感受和模仿顽主的嬉笑怒骂中获得了某种心灵上的解脱。

三、顽主文化为 20 世纪 90 年代的青年批判精神失落提供了表达通道

不论是开办以"替人解难、替人解闷、替人受过"的"3T 公司",还是创办以"逮谁捧谁""让万相吹捧蔚然成风"为宗旨的三好协会,抑或是成立"为工农兵玩文学"的海马创作中心,顽主的行为可谓是信马由缰、别具一格,全然不顾社会的文化观念和道德规范。他们是生活在都市底层的空虚寂寞且不安分的生灵,以戏谑的姿态傲视一切道德观念和文化价值,挣脱一切社会规范的束缚与藩篱,以迥异的思想观念和价值选择游离于主流社会的运行轨道之外,以调侃的语言和荒唐的行为消解传统道德价值,挑战社会秩序规范,呈现反道德、反理性、反崇高的倾向。归纳起来,顽主的叛逆体现在四个

方面:

第一,对传统人生观的反叛。传统的人生观倡导个人理想的实现和价值的弘扬,即将小我的利益消融在大我的奉献之中,树立远大而崇高的理想,在推动社会进步和共产主义事业中实现自己的价值。而顽主却反其道而行之,在他们看来,信仰不过是骗人的谎言,理想不过是虚无缥缈的口号,他们从不认为推动社会进步和实现共产主义事业与自己有关,于他们而言,吃喝玩乐、追求生理的快感和物质生活的满足才是人生的意义。

第二,对传统道德观的反叛。传统道德观强调是非分明、诚实守信、勤俭自强、和谐友善。但是顽主却将这一切颠覆了,在《顽主》中,主人公们充当别人的男友赴约,充当别人的老公挨骂;在《一半是海水一半是火焰》中,主人公张明以诈骗外商的钱财为业,丝毫没有诚信可言;在《玩的就是心跳》中,主人公为了自己的利益把自己的老婆推向别的男人的怀抱等,顽主的种种诸如此类的行为都是对传统道德观的反叛。

第三,对权威的反叛。顽主对权威的反叛体现为两个方面:一是对家长制权威的反叛。在《顽主》中,于观对其父亲的反叛就属于此类。于观的父亲是一个思想保守、观念僵化,总想把自己的意志强加在于观身上,对于观所喜所做之事总是给予打击和压制的父亲形象,它是家长制权威的典型代表,为了逃脱父亲的约束,于观刻意躲避其父亲,并总是与父亲对着干,而开办"3T"公司无疑是他反叛父亲权威的一种手段。二是对知识权威的反叛。在《我是你爸爸》中,儿子马锐在课堂上当众指出老师的错误而使老师恼羞成怒,作为父亲的马林生明知儿子没有犯错,却逼着儿子去给老师们道歉,并说:"当权威仍然是权威时,不管他的错误多么确凿,你尽可以腹谤,但一定不要千万不要当面指出。权威出错犹如重载列车脱轨,除了眼睁睁看着它一头栽下悬崖,没有任何办法可以挽回,所有努力将是螳臂当车,结果只能是自取灭亡。"①在这里，顽主借马林生之口调侃了知识权威的权威性。

第四，对虚伪的反叛。在顽主的世界里，知识分子被视为虚伪的最佳代言人，顽主正是通过对知识分子无情的戏谑讽刺实现对虚伪的反叛的。在《顽主》中，对故作清高、贪慕虚荣的作家——宝康的嘲弄和对道貌岸然、以青年导师自居的文人赵尧舜的戏要，在《一点正经没有》中对自大蛮横的老学究古德白的讽刺，在《千万别把我当人》中对利用公款吃喝、鱼肉邻里的官僚之流刘明顺、赵宇航的揭露，知识分子总是道貌岸然地出场，最后却像落水狗一般灰溜溜地夹着尾巴退场，顽主通过放大知识分子的劣根性，消解了知识权威的神圣性。

顽主正是通过上述四个维度的反叛，让自己卓尔不群地行走于茫茫人潮之中。他们对传统人生观和传统道德观的反叛，无疑有害于优秀传统民族精神的弘扬和传承，但其对权威和虚伪的批判却也闪烁着可贵的精神之光。对权威的反叛，彰显出青年一代对自由的追求和对平等的呼唤。他们希望自己的声音能够得到周围世界的倾听，自己的想法能够得到周围世界的回应，他们不希望亦步亦趋地跟随父辈的意志和脚步，而是希望自己的人生自己做主，活出不一样的精彩。而对虚伪的批判则彰显出他们对真善美的向往和追求，尽管他们将知识分子的劣根性无限放大有悖于客观立场，尽管顽主的世界中也存在谎言、欺骗和恶的因素，尽管顽主们都是玩世不恭，没有一点儿正经，但他们的骨子里仍葆有一份纯真，他们渴望真实而单纯的生活，希望自己所生活的世界和周围的人群都不矫饰、不做作，他们宁愿做一个真小人，也不愿意做一个伪君子。

顽主身上的这些反叛精神，契合了 20 世纪 90 年代青年的精神需要，为他们发泄对现实困境的不满提供了出口。在他们看来，顽主对传统人生观

---

① 王朔：《我是你爸爸》，云南人民出版社，2004 年，第45 页。

和传统道德观的反叛,在某种程度上反讽了20世纪90年代一部分人精神和信仰失落的现实困境。进入20世纪90年代,传统的人生观和道德观在经济大潮的冲刷下变得模糊不清,道德、理想、责任在金钱和利益面前变得一推就倒,看着越来越多的人无视道德、理想、责任,向金钱奔去的匆忙脚步,青年们感到错愕和不解,而顽主文化则为他们理解这种现象提供了反面例证,同时也为他们批判这种精神和信仰的失落提供了反面依据。此外,顽主对传统人生观和传统道德观的丢弃与反叛,恰如一面哈哈镜,帮助20世纪90年代的青年人不断审视自身、观察世界,成为避免他们滑入功利主义深渊的警示器。而顽主文化中对权威和虚伪的反叛,也深深触动了他们的精神脉搏。在他们看来,进入20世纪90年代,知识的纯粹性和知识权威的神圣性正在受到浮躁的功利主义的侵蚀与消解,人与人之间原本单纯而真挚的情感也被复杂的金钱利益关系蒙上一层虚伪的外衣,他们为此而感伤却无力表达,而顽主文化恰恰为他们提供了表达心声的通道,成为他们批判这种现实困境的有力佐证。

第三节　讽归何处?
——主流文化对"顽主文化"的吸收与转化

　　顽主文化从一面世就备受争议,学术界、教育界、文艺理论批评界等各界人士对顽主文化褒贬不一。褒奖者认为,顽主文化以"相对活泼的形式,能够真实地表达出民间社会生活的面貌和下层人民的情绪世界……"[1]顽主

---

① 银书瑶:《"流氓"的悲歌——浅析王朔作品和王朔现象》,《鸡西大学学报》,2008年第5期。

文化"对传统生活方式的反抗和嘲弄,表达了大众的情绪和心声……"①贬抑者则认为,顽主"嘲弄一切法律和道德约束……怎么玩的心跳就怎么玩,没有什么追求,也无所谓什么道德观念,浪费生命,生命走向纯粹的消费状态,以生理快乐原则行事,浑浑噩噩,游弋于社会的'边缘'地带,像一群找不到归宿的羔羊"②,顽主文化以消费人生、抨击理想为精神内核,倡导嘲弄一切、游戏一切的道德价值观念和不负责任、玩世不恭的生存方式,是对主流文学创作观念亵渎的媚俗文化、颓废文化。

各界人士对顽主文化褒贬不一的态度,折射出主流文化对顽主文化的复杂心态,而这种复杂心态产生的根源则在于顽主文化本身的复杂性。顽主文化作为外在气质和内在精神都与主流文化显著不同、对主流文化具有批判性和解构性的亚文化,它将批判寓于调侃、讽喻之中,嘲弄理想、否定信仰、厌弃高尚,消解人生意义、文化观念和道德规范,表现出对主流文化整体意义的不信任。但是顽主文化对主流文化的反叛是有限的,对主流文化的解构也是不彻底的,它与传统道德价值、社会主流观念并不存在截然的对立,因此也就并不构成对主流文化的根本冲击和对当时社会秩序的颠覆性破坏。

顽主文化的反叛不过是顽主理想幻灭后的一种情绪发泄,与暴力无关,与行动无关,只是一种喋喋不休的语言游戏和只停留在话语层面的嬉闹,顽主们通过没完没了的调侃和讽喻,想获得的只是用语言反叛现成规范的快感,而不是对现实的实质性颠覆。此外,顽主文化对个人主义、享乐主义和金钱观念的推崇,在一定程度上是以树立负面典型的方式,对现实世界中存在的个人主义、享乐主义和金钱至上观念进行揭露和批判,对20世纪90年

---

① 周亮:《反叛与顺从的悖论变奏——浅析王朔小说中的人物形象》,《焦作大学学报》,2008年第4期。

② 余洪涛:《略论王朔小说创作的后现代主义特征》,《襄樊职业技术学院学报》,2004年第4期。

代青年正确对待个人主义、享乐主义和金钱至上观念进行警示。顽主文化对虚伪的批判、顽主文化对人性和自由的反思也都彰显出其对传统道德价值的坚守和其顽劣外表下的深刻与真诚,尤其是在涉及国家利益、政治立场等重大问题时,顽主文化始终坚持正面维护的立场,在《一点正经也没有》中,当有人拿着人权请愿书来请顽主们签名时,他们态度鲜明、立场坚定,坚决维护国家利益;在台海问题面前,顽主们对党和国家有智慧、有能力和平统一台湾充满信心。可见,不管顽主怎么嬉笑怒骂、玩世不恭,但在大是大非面前却始终保持与主流价值体系一致,是坚定不移的爱国主义者。因此,顽主文化是以对传统的表面弃绝来维护传统价值,用诙谐的牢骚消除对牢骚之源的愤怒。①

鉴于上述原因,主流文化对顽主文化采取了一种"取其精华,去其糟粕"的辩证态度。一方面,主流文化认可顽主身上所展现出的"顽固、顽皮、顽劣、玩世不恭"等精神气质与20世纪90年代的社会境况存在紧密的关联,王朔所创造的极具个性的顽主形象为中国文坛提供了全新的审美维度,因此主流文化积极吸收顽主文化中的京味元素和充满轻松意味的叙事方式,以此来中和自身严肃刻板的风格。同时,主流文化也认可顽主文化中所包含的对崇高理想和精英文化的反讽,以及对感官享受的追求是对20世纪90年代社会现实的一种映射,认可顽主文化对传统人生观、主流道德观的反叛具有一定的合理性,因此积极反思传统人生观和主流道德观在社会变迁中的当代价值,积极探讨科学人生观和道德观的建构途径与认同机制。另一方面,主流文化也审慎地抵制顽主文化中的颓废因素和消极因素,认识到顽主文化只停留在语言层面的嬉笑怒骂并不具有实际的建设性力量,顽主文化

---

① 参见周亮:《反叛与顺从的悖论变奏——浅析王朔小说中的人物形象》,《焦作大学学报》,2008年第4期。

的嘲讽让青年获得的只是类似情绪发泄后的生理快感，并没有让他们在现实的批判中感受到向上的力量，反而存在将青年带入一片"虚无"之境，使他们成为彻底忘却理想追求和丧失建构能力的"中空的我"的危险。

正是在主流文化这种辩证态度的导引下，顽主文化在 20 世纪 90 年代获得了"随心所欲不逾矩"的宽松发展环境。它以其特有的自由、平凡的人事和将反叛寓于调侃、讽喻之中的叙事手法，诠释了一种全新的生活观念与生活方式，让青年人获得了不同以往的情感体验，为青年人提供了一种化解重负的途径，成为 20 世纪 90 年代处于社会结构转型中的青年共同体新的心灵皈依。它就像一面镜子，折射出 20 世纪 90 年代社会的发展面貌，契合了 20 世纪 90 年代青年人的文化心态和精神需要，不仅具有较强的文学价值，更具有独特的社会文化价值，因此是青年亚文化领域不可绕过的浓墨重彩的一笔。

历经三十年沧海桑田般的社会巨变，曾经在 20 世纪 90 年代璀璨一时的顽主文化早已伴随着那一代青年的离场而消失在茫茫尘世之中，于当代青年而言，无论是王朔，还是王朔所塑造的种种顽主形象，都是遥远而陌生的。尽管如此，顽主的特质却并没有完全丧失其存在的空间，而是以碎片化的形式和一种新的样态，或隐或现地镶嵌在当代青年的精神气质之中，依然对青年的成长发展产生着影响。

一、从嬉笑怒骂的言语表达到自娱娱人的视觉奇观

嬉笑怒骂的言语表达是顽主最鲜明的风格表征。从自己到他人，从日常琐事到大政方针，从文学到政治，从理想到责任，顽主以一点儿正经都没有的人生态度和嬉笑玩耍、讽喻调侃的言语表达，嘲弄理想、否定信仰、厌弃高尚，消解人生意义、文化观念和道德规范。他们对革命年代的浪漫追忆，对英雄情结的执着坚守，对理想幻灭后复杂情绪的排解，对社会由政治话语

主导向经济话语主导转型的不适,以及在社会转型过程所产生的无方向感、无价值感、被抛弃感、被剥夺感等心理危机的调适……最后都化作喋喋不休的语言游戏,以此获得内心的平衡和自我灵魂的救赎,并达成与周围现实世界的和解。可以说,顽主最鲜明的特质就是他们别具一格的言语表达,言语表达是他们抒发情绪、自我调适、逃避抗争的主要工具,甚至是唯一工具,充满着浓郁的嬉戏玩闹的意味。

随着社会的发展,图像正在超越文字和语言,成为人们表情达意越来越重要的依托载体,图像的直观性和生动性,图像传达所带来的强烈的感官冲击力,让青年人趋之若鹜,成为他们确立自我、彰显自身的重要工具。在这种大背景下,顽主特质在当代青年人身上的碎片化遗存,也由原来"语不惊人死不休"的言语表达,演变为"图不惊人死不休"的视觉奇观。动图、表情包、自拍图片、短视频、网络直播,是当代青年人制造视觉奇观的常用手段,优酷、土豆、抖音、快手等视频网站及移动短视频社区则是当代青年人制造视觉奇观的平台阵地。网络传播作为一种眼球经济,其核心是关注量、下载量、转载量、转播量。在人人都是自媒体的网络空间中,如何让自己的图像"搏出位",获得更多人的关注,这是所有投入图像传播实践的青年人需要考虑的首要问题,而他们解决这一问题的手段就是想方设法提升图像传播带给观者的"震惊"效果。而要达到这种震惊效果,就需要让图像传达的内容游离于人们的常识之外,让图像叙事的逻辑背离于常规的叙事逻辑,从而让观者产生一种意想不到的错愕感和惊喜愉悦感。

在营造震惊效果的具体实践上,青年们最常用的便是翻转法和消解法,所谓翻转法就是将美的翻转为丑的,将高雅的翻转为庸俗的,将写实的翻转为虚幻的,将精心设计的翻转为随意展现的等;而消解法则体现为对意义、价值、过程、结果等的消解,以看似宏大、精致甚至严肃的叙事,得出一个虚无的结论。不管用何种方法,不论有何种呈现,当代青年人的图像传播实践对震惊效果的刻意营造，是散发着顽主的精神气质的，他们通过图像传播赢得他人关注的心理动机与 20 世纪 90 年代的顽主在无处安身的现实困境面前，选择借助震惊的言语表达来彰显自我的心理动机是彼此相通的，他们在图像传播实践中所表达的虚无感与 20 世纪 90 年代的顽主对理想、信仰、高尚、人生意义、文化观念、道德规范的消解也是彼此相通的，他们的格局和视野都是局限在"玩闹"的场域，将自娱娱人、集体狂欢作为首要的文化诉求，都体现了青年群体的一种"稚气化"的文化心理。

二、从拒绝型的逃避现实到温和型的回避成长

如前文所言，顽主们在思想观念上是"顽固"的，这种顽固性最鲜明地体现为顽主对现实的拒绝式逃避。20 世纪 90 年代社会全方位的变革，让原本拥有优越感的军队大院子弟"跌落凡尘"。在以开放、竞争为核心的商品经济大潮中，每一个人都应作为一个平等独立的主体去参与市场经济大潮的淘洗，这让长期备受庇护、缺乏竞争意识的军队大院子弟难以适应，因而被推向了社会发展的边缘，沦为了市场经济大潮中的弱势群体。面对这种困境，他们既缺乏足够的心理准备，也没有足够的勇气和能力去改变，因此选择了以顽主的姿态来回应自己的落魄之境。他们放逐理想追求，以玩世不恭的人生态度对待生活；他们无所事事，得过且过，在日复一日的空虚无聊中寻求自我解脱；他们调侃否定一切，游离在社会正常的运行轨道之外，自我放逐，甘于沉沦，丝毫没有向主流生活靠拢的意愿和行动。因此，顽主是以表面的玩世不恭和嬉笑调侃，回避抵抗社会现实的转型变化，以看似无所谓、实则痛彻心扉的拒绝应对社会转型所带来的种种不适。

时过境迁，曾经给 20 世纪 90 年代部分青年人带去困扰的现实情境早已沧海桑田，人们也早已适应了市场经济大潮的运行及其带给人们生活的巨

大改变,但不可否认的是,社会的转型与变迁从未停止,信息化、互联网+、人工智能、共享经济、新常态、全球化、逆全球化、单边主义、多边主义……我们生活的世界正在发生着日新月异的变化,青年人所处的成长环境也前所未有的复杂。因此,当代青年人与20世纪90年代的青年人在成长过程中所面对的困惑依然有诸多共通之处,曾经给20世纪90年代部分青年人以成长慰藉的顽主文化、顽主精神,也依然在当代青年人的身上延续和呈现着。

但与20世纪90年代顽主以拒绝式的态度对抗社会转型不同,当代青年人是以温和型的态度回避成长及其所带来的责任。当代青年人回避成长及其责任的方式有两种:第一种是对儿童时代的人为延伸。他们想象自己还处于被父母宠溺的孩提时代,固守着孩提时代的生活习惯、言语方式、交往方式等,将自己"扮演"成孩子,以孩子的身份去逃避成长所带来的种种困惑和苦恼。他们的心态是"稚气未脱"的,他们的追求是"快乐至上"的和"泛娱乐化"的,他们的格局和视野囿于"玩闹"场域,表现出爱玩、贪玩的"后儿童"顽主特质,对责任、担当的感知比较迟钝,不思进取,缺乏应有的责任意识和担当精神。第二种是对青春责任的自动屏蔽,突出表现为"丧文化""佛系文化"在青年群体中的盛行。2016年"葛优躺"刷爆朋友圈,让"丧文化"成为一种具有广泛影响力的青年亚文化形态。丧文化以颓废、消极等负能量为核心特征,突出表现为一些"90后""00后"的青年人,生活漫无目的,了无追求,麻木的、茫然的生命姿态。丧文化明显有悖于正统的主流文化,直接颠覆了主流文化倡导的价值理念,甚至正面挑战主流文化对青年人朝气蓬勃、积极向上等形象预设和发展期待的权威性,是与主流文化相悖的典型"他者"。① 与此同时,"佛系文化"作为"丧文化"的"近亲",近一两年,也是

---

① 参见沈潘艳、辛勇、高靖等:《中国青少年价值观的变迁(1987—2015)》,《青年研究》,2017年第4期。

甚嚣尘上，同样在青年群体中产生了十分广泛而深刻的影响。无论是丧文化，还是佛系文化，它们的核心都是以无所求、无所谓、无所为的姿态，回避成长、回避青春的责任，以看似无害的外观，不断吞噬着青年文化应有的蓬勃之气。

三、从街头式的讽喻调侃到网络公共空间的影射揶揄

无论是幼年顽主方枪枪，还是少年顽主马小军，抑或是成年顽主于观、方言、马青、杨重等，王朔笔下的顽主们具有强烈的"街头"特质，他们以街头为活动场域，将他们的痞、他们的坏、他们的恶作剧，以及他们的小叛逆和小抵抗，都倾洒在各式各样的街头。顽主的形象总跟街头捆绑在一起，具有很强的街头即视感——他们或孤身一人蜷缩在街角，或三五成群聚集在街角，或抽着烟，或嗑着瓜子，穿着时髦却又与周围有些格格不入，他们或无所事事地打量着过往的行人并对他们品头论足，或憋着一肚子无处发泄的青春激情筹划着搞点儿小破坏……总而言之，顽主是街头一群无所事事，却又不甘寂寞的青年，带着对现实的种种不满在街头游荡，恰如威廉·富特·怀特在《街角社会》中所描绘的那样。

而今，随着互联网络全方位切入当代青年的日常生活，曾经喧嚣热闹的街角社会早已解体，曾经那群在街头无所事事又不甘寂寞的街角青年也早已转变成扎进网络世界的宅男宅女，顽主气质、顽主精神在他们身上的延续与呈现，也便由原来的街头式讽喻调侃演变为网络公共空间的影射揶揄。相比于只能辐射三五成群青年的街角，网络公共空间无疑是具有无限辐射力的广场。论坛、微博、微信、直播平台等网络社交媒体为当代青年展示个性、发出声音提供了四通八达的通道。首先，他们会把网络作为我型我秀的个性秀场，不管是庸常的生活片段，还是精致包装的生活特写，不管是容颜

身体，还是态度个性，都是青年"show"（展现）的内容，在展示与围观的互动中，他们找寻和确认自我的价值，这种心态诉求与20世纪90年代街头的顽主并无二致。其次，他们会把网络作为指点江山、激扬文字的重要场域。有时，他们是以"吐槽"的方式，对身边的人或事，抑或是宏观社会发展进程中的各种问题进行影射揶揄，其中既有理性的批判，也有感性的自嘲与戏谑；有时是以"恶搞"的方式，对自己不满的社会现象进行戏仿，从而引起人们的反思；有时是以"围观参与"的方式，投入到社会热点事件的发展演变之中，用实际行动推动事件的解决。因此，顽主精神的当代呈现具有更鲜明的实践品质，不只是一种街头表演和在小群体内流转的一种精神气质，而是一种包含着实际改变力量的公共空间展示。

第五章　21世纪初:"无厘头一代"的 "嘲谑"文化

　　"无厘头"是广东地区的一个地域性词汇,意指一个人说话做事毫无规矩章法,无中心、无逻辑、无明确目的,出其不意但又并非完全不无道理。而"无厘头文化"发源于中国香港,兴盛于20世纪90年代末21世纪初,它以周星驰的喜剧电影为主要传播手段,以看似毫无逻辑关联的语言和行为为主要叙事方式,以夸张、自嘲、戏谑为主要风格,在矛盾冲突中表现一种神经质的幽默,并在神经质的幽默中蕴含破坏秩序、离析正统的想法和愿望。

　　周星驰作为无厘头文化的一代宗师,将无厘头文化表现到了极致——在《赌圣》中,周星驰饰演的阿星赌骰子一败涂地,却依然若无其事地谈笑风生,这是对自尊的嘲弄;在《逃学威龙》中,周星驰饰演的周星星以卧底的身份在校园里横冲直撞,是对师道尊严的戏谑;在《唐伯虎点秋香》中,周星驰饰演的唐伯虎如痴如癫的言行举止,是对人们经典记忆的解构;在《国产凌凌漆》中,凌凌漆从特工到肉贩再到特工的身份转换和完成任务的独特过程,是对人生价值与使命的夸张表达;在《回魂夜》里,周星驰饰演的疯子用纸帽子带着大家飞,在人捉鬼、鬼弄人的周旋中制造荒谬的笑料,是对传统理念的颠覆；在《百变星君》里，周星驰饰演的富豪之子所过的穷奢极欲的生活和被复活后无所不能的超能力，是对传统生活方式和人的能力的夸张；在《食神》里，史蒂芬·周对双刀火鸡要求画个心的提议死也不肯，是对爱情的戏谑；在《行运一条龙》里，阿水当众撕开女同学的上衣，然后又痛不欲生，是对情感欲望的夸张……这些都是周星驰无厘头电影的经典之作，记录着周星驰成为无厘头文化一代宗师的辉煌历程。

　　然而真正将周星驰推向无厘头文化一代宗师宝座、在无厘头文化形成过程中具有里程碑意义的经典中的经典当属《大话西游》。这部上映两年都既不叫座也不叫好的电影，当与北京高校的青年大学生相遇后，却引发了海啸般的化学反应。以北京高校大学生为先锋的内地青年，就像发现了沧海遗珠一般，对《大话西游》狂热追捧，甚至顶礼膜拜，并经由电视、网络等媒介的宣传转发，发酵为20世纪90年代末21世纪初最具影响力的青年亚文化类型。一时间，一些内地青年人以谈论《大话西游》为时尚，以是否喜欢《大话西游》作为寻找志同道合朋友的重要标准。他们把《大话西游》中至尊宝对紫霞的那段夸张表白——曾经有一份真诚的爱情摆在我的面前，我没有珍惜，等我失去的时候才后悔莫及……如果上天能够给我一个再来一次的机会，我会对那个女孩说三个字：我爱你，如果非要在这份爱上加一个期限，我希望是一万年！——奉为爱情箴言；他们将电影中唐僧喋喋不休的言语方式和"only you"的电影歌曲植入日常生活，以心照不宣的默契自娱自乐……出于对《大话西游》的热爱，周星驰早期的电影作品也被内地青年人纷纷"扒"出来，他们在一个个光怪陆离的电影片段中，寻找着与《大话西游》一脉相承的内在精神，解读着周星驰在电影中的一颦一笑所携带的深层意涵。

　　他们对周星驰电影近乎疯狂的热爱，与周星驰电影角色的夸张叙事可谓是相得益彰，不过却让文化界始料未及，甚至让周星驰本人也始料未及。周星驰的无厘头电影缘何在内地青年人中引起如此声势浩大的回应？为了解答这个疑问,学术界、文艺界、媒体界的研究和评论铺天盖地,由此,无厘头文化从青年人群扩散到了知识分子阶层,周星驰的无厘头电影从娱乐层面上升到学术层面,周星驰本人也从一名电影演员上升为"后现代主义解构大师"。而2001年"五四"青年节期间,周星驰受邀登上最高学府——北京大学的讲坛,无疑是周星驰被推上"后现代主义解构大师"宝座最有力的确证。可见,以《大话西游》为代表的周星驰的无厘头电影改变了内地青年人的思想和生活,内地青年人对电影文本的无限解读,则又赋予了周星驰无厘头电影更旺盛甚至新的生命,而知识阶层则在青年人的基础上,又赋予了无厘头文化的生命厚度。从这种意义上说,周星驰无厘头电影所承载的无厘头文化是周星驰和内地青年人以及部分知识精英所共同创造的。

在某种程度上,周星驰的无厘头电影对内地青年人而言是一场后现代主义的思想启蒙,正是在周星驰无厘头电影的启蒙下,无权威、无中心、无深度、无价值的后现代主义思想开始进入青年人的头脑,并且生根发芽。这使得他们不再满足于做一个解构主义的欣赏者,而是希望成为解构主义的实践者。从"恶搞小胖"到"后舍男孩",从《一个馒头引发的血案》到《闪闪的红星之潘冬子参赛记》,从《春运帝国》到《多收了三五斗》……紧随"大话旋风"其后,一股浩大的网络恶搞洪流裹挟着青年人戏谑的笑声奔涌而来。这将周星驰开创的无厘头叙事方式发扬光大,借用拼贴、同构等诸多后现代手法,撕裂原作的能指与所指,在恶搞的语境中恣意狂欢、反讽现实,冲垮了诸多被人们奉为经典的文本和崇高的人物形象。这股网络恶搞洪流可谓是周星驰无厘头电影的升级版,与周星驰的无厘头电影一同构成了21世纪初最具影响力的青年亚文化类型——嘲谑文化。

随着嘲谑文化成为青年亚文化领域的主角,曾在20世纪90年代辉煌一时的顽主文化逐渐淡出青年人的视野。事实上,嘲谑文化与顽主文化是存在一些异曲同工之处的,比如它们都站在崇高、权威的对立面,以消解崇高、淡化权威为己任,它们都呈现一副玩世不恭、戏谑调侃的精神气质等。但相较而言,顽主文化的戏谑调侃相对内敛,并且根植于现实生活,而嘲谑文化的戏谑调侃更加张狂,游走于现实生活与虚幻世界之间,完全是颠覆性的和超出常识范畴的。同时,二者的文化根基不同,顽主文化的根基是京味文化,而嘲谑文化的根基是粤系文化。此外,二者的传播手段也不同,顽主文化的传播手段是文学作品和影视作品,而嘲谑文化的传播则主要依托网络新媒体。正是凭借与青年群体更高的精神契合度,以及对新型传播手段的应用,嘲谑文化代替顽主文化成为21世纪初最具号召力的青年亚文化类型。

第一节 因何而嘲?
——"嘲谑文化"对商品文化的吸纳与反叛

嘲谑文化以周星驰无厘头电影和网络恶搞文化为载体,以冲破一切、颠覆一切、嘲弄一切、戏谑一切的决裂姿态,展示了世纪跨越所带来的社会巨变及其对青年群体的心灵撞击。

一、多元文化碰撞交锋和大众消费意识觉醒,为嘲谑文化提供了现实土壤和内在动力

嘲谑文化成为世纪之交青年亚文化的主流并非偶然,而是有着深刻的社会根源。经过二十多年的改革发展,中国在政治、经济、文化等各个领域已发生了沧海桑田般的巨变,市场经济深入推进,政治发展取得巨大进步,文化的多元化趋势不断显现,人们的思维方式、价值观念深刻变化,一个多元、复杂、流动的社会正在形成。尤其是随着20世纪90年代以来全球化进

程的骤然加速,人类交往的时空局限被打破,不同民族、不同国家、不同文化传统间的相互渗透、交叉融合不断增强,文明的"地域空间"正在为"世界空间"所取代,人类传统的地方框架的时空经验正变为全球的整齐划一的经验框架。① 全球化无疑增进了不同文化间的相互借鉴和新的文化范式的形成,推动了世界文化共同体的建设,但是却也将如何保持民族文化风格和与世界文化对接的难题摆在了所有民族国家面前,不同程度地冲击了所有民族国家的文化向心力,甚至引发了民族文化的认同危机。人们带着对传统文化的深刻质疑,打破传统的文化观念和价值标准,以一种全球性的视野探索全新的文化观念和价值标准。在全球化进程面前,我国也概莫能外。在我国积极融入全球化的进程中,尤其是我国加入世界贸易组织以后,社会转型向着新的深度和广度延伸,传统文化与现代文化、本土文化与外来文化的碰撞交锋加剧,人们的思想得到空前解放,传统的文化观念受到空前质疑,中心主义、等级观念、权威意识等受到空前挑战。人们不再盲目崇拜权威、畏惧权威,而是从个体的自由和发展需要出发,以个人利益和个人爱好为基础,以更加鲜明的全球意识和更加强烈的主体意识,参与到民族文化传统的现代转化之中,投入到实现文化传统性与现代性、民族性与世界性的融合之中。

同时,市场经济的发展使政治权力直接支配的社会日益萎缩,使以世俗化和个体化为基础的市民社会日渐形成,主导日常生活的文化观念由政治意识形态转向了消费意识形态。人们不再对宏大叙事的信仰表现出狂热的信奉,不再对高高在上的精英文化葆有兴趣,而是退守到物质利益和自我满足的庸常生活层面,以平庸放逐了高雅,以本能僭越了精神,将娱乐作为主

---

① 参见高长江:《文化全球化与新世纪中国文化的发展理性》,《辽宁师范大学学报》(社会科学版),2000 年第 4 期。

导性的生活追求。人们崇尚快乐、追逐快乐,最大限度地享受人生的轻松和自由,远离责任和束缚;人们最充分地调动自己的视觉、听觉、嗅觉等感官系统,用感性代替理性来生活;具有教化功能、审美价值和精神价值的文化不再受到人们的青睐,而与人们日常生活贴近、与人们自身情感相通、通俗易懂的消遣娱乐文化成为人们的最爱。为了适应人们文化需求的这种变化,文化与社会消费、休闲商业迅速结合,以对大众的感官刺激为核心,形成一个个为满足人们娱乐需求的文化产业群,为人们提供没有反思理性和审美意蕴支撑、仅为博人一乐的"文化快餐"。文化由此变得浮躁浅薄、世俗功利,传统的审美情趣、艺术理念、文化品位被不同程度地消解。

二、西方文化思潮的引入和电子媒介技术的发展,为嘲谑文化提供了理论和技术支持

在嘲谑文化产生、发展的过程中,有两股思潮无疑起了推波助澜的作用:一股是后现代主义思潮,另一股是犬儒主义思潮。后现代主义思潮反对现代主义方法论的"权威主义""中心主义"和"总体性""普遍性""一元化"的概念,认为世界上没有纯粹的、根源式的存在,也没有放之四海而皆准的价值判断标准,认为每一个人都在创造自己的现实存在,每一个人都有言说的权利和自由;社会是多元的、异质的、矛盾的,充满着不确定性、模糊性和游戏性。后现代主义思潮鲜明的反理性、反本质、反权威、去中心化和颠覆宏大叙事的特征,非常容易引起青年群体的情感共鸣,成为他们追求个人至上、物质至上、快乐至上、游戏至上生活理念的哲学基础,同时,其否定一切、怀疑一切的特征诱导青年质疑权威和传统等一切约定俗成的东西,使他们陷入否定主义和虚无主义的泥潭,产生思维混乱、认识不确定和价值迷失的困惑。而犬儒主义与后现代主义可谓是一脉相承,并在推翻传统和质疑权

威方面表现得更加激进。犬儒主义以第欧根尼（Diogenes）提出的"重估一切现存价值"为信条，蔑视一切传统和信念，模糊是非善恶的评判标准，用世俗消解崇高，用快感的满足消解永恒信念的坚守。犬儒主义退出"真理"，逃离"普遍"，屈从"事实"，放逐"价值"，告别了沉重的"形而上学"，趋向了"不可承受之轻"。[①] 在犬儒主义者的眼中，"上帝死了，人死了，马克思死了，于是，神性没有了，真实的人之存在没有了，革命也没有了"[②]。犬儒主义通过对普遍真理、价值规范的无尽反讽与解构，使人们丧失了赖以生存的文化根基，剥离了人们对意义的追求动力，最后将人们导向了精神的虚无与幻灭之境。

除了思想领域两股思潮的推波助澜，20 世纪 90 年代以来，以信息技术革命为中心的电子媒介技术的迅猛发展，则为嘲谑文化的发展提供了必要的表现手段和技术支持。电子媒介通过数字化将信息变成永恒流动的世界，改变了青年的言说方式和生活方式，为青年提供了一个自由、便捷、快速的信息交流空间，同时也为青年提供了无限可用的资源。嘲谑文化的盛行，就是青年利用图像处理软件（Photoshop）、动画创作软件（Flash）等网络多媒体技术对网络资源的再创造，再利用网络传播扩散出去形成的一种亚文化浪潮。

综上所述，全球化所带来的多元文化的碰撞交锋，市场经济深入发展所带来的商品文化的崛起，思想领域后现代主义思潮和犬儒主义思潮的泛滥，技术领域电子媒介技术的迅猛发展，共同构成了嘲谑文化产生的社会根源。

---

① 刘宇、朱丹：《论现代社会生存状态的犬儒主义倾向》，《教学与研究》，2014 年第 5 期。

② 张一兵：《肯定的犬儒主义与意识形态幻觉——齐泽克〈意识形态的崇高对象〉解读》，《马克思主义与现实》，2004 年第 4 期。

第二节 嘲欲何为?

——"嘲谑文化"的价值诉求与现实功能

一、嘲谑文化为21世纪初的青年提供了宣泄青春的另类体验

当历史的坐标移动到世纪之交的节点,对改革开放以来沧海桑田般巨变的慨叹、对新世纪何去何从的迷惘,以及对过去和未来衔接转换的忧虑,如同一个庞大的气场盘旋在空中,不仅困扰着成年群体,也撩动着青年群体敏感而又躁动的心湖。他们渴望在大变革中释放自己旺盛的精力,展现自己活跃的思维,在父辈低沉厚重的声音中发出嘹亮高亢的旋律,以证明自身存在的价值。而在这时候,周星驰带着他的无厘头电影闯进了青年人的世界。电影夸张的搞笑手段、荒诞不经的电影对白、颠覆传统认知的人物形象和主人公天马行空的思维方式,让青年人像发现了新大陆一般,把周星驰及其无厘头电影奉为自己青春的代言人。周星驰的无厘头电影没有宏大的叙事,没有道德的说教,有的只是让人捧腹大笑的笑料;主人公也不是才貌双全、智慧和德行兼备的高大形象,而是长相一般、能力一般、品质上有些许瑕疵却无伤大雅,经历坎坷却总能乐观应对和逢凶化吉的小人物。喋喋不休的唐僧、痴情的孙悟空、为爱而狂的儒雅才子唐伯虎、肩负重要使命的肉贩凌凌漆……周星驰通过把经典人物改头换面或者将各种矛盾因素集于人物一身,带给观者耳目一新的感官冲击力。还有那些经典的对白——"喜欢一个人需要理由吗?不需要吗?需要吗?不需要吗?""你以为躲在这里就找不到你吗?没用的,你那样出色的男人无论在哪,都像黑夜里的萤火虫那样的鲜明、那样的出众,你那忧郁的眼神,稀嘘的胡渣子,神乎其技的刀法,还

有那杯 Dry Martine，都深深地迷住了我。""我对你的敬仰如滔滔江水连绵不绝，又有如黄河泛滥一发不可收拾。""江湖险恶，我从来不会轻易留下我的姓名。"都让青年人感到前所未有的新奇。他们在周星驰的无厘头电影中既获得了酣畅淋漓的精神愉悦，也在电影人物的身上获得了一些顾影自怜的情感寄托。

周星驰的无厘头电影无疑在 21 世纪初青年人的心中掀起了层层波澜，改变了他们的审美情趣和言说方式。在周星驰无厘头电影的启发下，他们将无厘头手法应用到网络文学的创作之中，对名著、名篇进行极具个性化的"戏说""水煮"，推出了《悟空传》《沙僧日记》《水煮三国》《水浒歪传》等对中国古典名著进行戏说的"大话"作品，并借助网络的力量在青年群体中引起了广泛的共鸣。这进一步激发了青年人的创作热情，他们突破文字层面的戏说，借助各种多媒体手段，以人们熟悉的文本为原材料，利用剪辑、配音等技术，通过对文字、图片和影像的挪用、拼贴，对文本进行再创作，打碎了文本原有的言说逻辑，赋予了文本新的思想内涵。中央电视台新闻评论部制作的《大史记 2：分家在十月》可谓是这股潮流中的急先锋，这部制作于 2001 年 7 月，风行于 2002 年 5 月的恶搞作品，以苏联两部经典革命影片《列宁在十月》和《列宁在 1918 年》为母本，在保留原有影像的基础上对配音部分进行改动，讲述了《东方时空》改版和中央电视台新闻评论部成立过程中的人和事，画面和配音的违和感不禁让人捧腹。

其后，青年网民也都纷纷效仿，各展其长——从百变小胖到后舍男生，再到达到网络恶搞新高度的《一个馒头引发的血案》，青年网民将周星驰无厘头电影的恶搞精神发扬光大，掀起了一股铺天盖地的网络恶搞狂潮。他们认为自己赶上了一个大众娱乐的狂欢时代，而他们势必要成为这个时代的主角，他们把恶搞视为自己生活的一部分，赋予恶搞以无须言说的合理性，以"我们不大话谁大话,我们不恶搞谁恶搞?"①的姿态,尽情地宣泄着青春的"力比多"。恶搞于他们而言,既是一种精神紧张状态的松弛过程,也是他们逃避和解决现实矛盾的一种手段。他们在恶搞中忘却了现实生活中的种种压力和种种不如意,逃离了来自父母的教导和主流价值观的规训,让自己的思想在恶搞的世界里自由驰骋,无所顾忌地按照自己的喜好设计人物形象和故事情节,在这个过程中他们的身心得到了放松,精神得到了愉悦,现实矛盾也得到了象征性的化解。同时,通过恶搞,他们还营造了一个氛围——一个恶搞爱好者惺惺相惜的氛围,对恶搞的热爱将他们从四面八方聚集在一起,他们相互关注、彼此支持,达成一种"我恶搞故我在"的集体默契,并在创作、讨论、传播恶搞作品的过程中获得一种无法言喻的存在感和成就感。

因此,不论是周星驰的无厘头电影,还是青年网民的网络恶搞,都契合了 21 世纪初青年群体的青春气质,反映了他们的青春躁动,充当了他们青春诉说的工具。

二、嘲谑文化为 21 世纪初的青年提供了价值疏离的重要通道

价值疏离是价值主体远离、偏离社会主流思想、文化、道德、规范的现象,而嘲谑文化表征的就是 21 世纪初的青年对当时社会主流思想、文化、道德、规范的远离与偏离。世纪之交风云变幻,传统文化与现代文化、本土文化与外来文化、主流文化与支流文化更加激烈地碰撞交锋,经济发展与政治改革、文化变迁的不协调不同步,裹挟着青年人四处翻滚,让他们感到强烈的眩晕感和无所适从的茫然感。他们从书本、广播、电视上感知到的是道德、崇高、责任、奉献等真善美的东西,但他们在现实生活中却看到不少与之相反

① 詹珊:《土壤、气候、种子——恶搞文化盛行之探源》,《理论与创作》,2006 年第 6 期。

的东西；他们被教导应该继承和发扬优秀传统文化，但他们在现实生活中却看到不少人对西方文化趋之若鹜，而对我们的文化传统弃之如敝屣；他们被教导要成为有道德、有理想、有文化、有纪律的"四有"新人，做社会主义事业的合格建设者和接班人，但现实生活的种种却有时让他们感觉到努力学习、努力工作的目的，就是为了过上衣食无忧的生活；他们被教导应该做一个艰苦朴素、勤俭节约的人，但他们在现实生活中却看到太多的奢靡享乐……如此种种，让他们对主流价值充满了质疑，他们不再相信宏大理想和社会责任，不再相信崇高道德，不再相信吃苦耐劳，不再相信谦让的美德……他们刻意与主流价值保持距离，在价值层面他们变得更务实、更功利，在行为层面他们变得冷漠、逃避、抗拒，而他们对主流价值进行远离和偏离的手段之一就是对经典的解构和戏说。

经典是经过岁月淘洗沉淀下来并进入人们心理结构中的文本，通常包含着人们所共享的思维方式和情感指向。嘲谑文化——不论是周星驰的无厘头电影，还是青年网民的网络恶搞作品——都将矛头指向经典，通过对经典的拆解、拼贴、重构，实现对经典背后的美学秩序、话语秩序和道德秩序的解构与颠覆。《大话西游》是对经典名著《西游记》的解构，在《大话西游》中，唐僧师徒四人为求佛法历经千辛万苦西天取经的励志故事，被解构为以至尊宝与紫霞仙子感情纠葛为主线的爱情故事；斩妖除魔、神通广大的英雄形象孙悟空被改造为好色、狡猾、不守规矩、难以驯服的俗人；智慧和正义的化身、一心向佛的得道高僧唐僧被改造为说话啰哩啰唆、不胜其烦的人。经典中的人物关系也被彻底改写，唐僧变成了蜘蛛精与猪八戒的私生子，唐僧和孙悟空的师徒关系倒置，为师的尊严一次次被徒弟的犯上行为所践踏。各种版本的《多收了三五斗》是对叶圣陶先生经典短篇小说的改写，网友们通过篡改叶圣陶先生对20世纪30年代初中国农村深受帝国主义、封建势力双重剥削和压迫控诉这一精神主线，通过转换语境拼贴插入大量现实意蕴的图片和影像,将其转换为青年抨击日益高涨的房价和大学生就业难等现实社会问题的工具。《闪闪的红星之潘冬子参赛记》是对红色经典影视作品《闪闪的红星》的篡改,在影片中,备受迫害奋起反抗的小英雄形象潘冬子被改写为整日做明星梦、希望挣大钱的富家子弟,破坏了小英雄在人们心目中的光辉形象,从更深层的意义上说,也冲击了红色经典所弘扬的爱国主义、集体主义、革命英雄主义精神。此外,雷锋等英雄人物也成了青年恶搞的对象——一些人从故纸堆中找出雷锋的皮鞋、手表、情书等,用以证明在那艰苦奋斗的年代里,对雷锋厉行节约、穿补丁衣服和补丁袜子的宣传是不真实的;黄继光英勇献身,被恶搞成冲锋时不小心跌倒把枪眼堵住的意外;董存瑞炸碉堡,则被恶搞成被炸药包上的双面胶粘住没能及时跑掉;刘胡兰也根本不是被国民党所杀害,而是被乡亲们在武力胁迫下铡死,等等。

嘲谑文化以超常的想象力、创造力和强烈的叛逆精神,以怀疑一切、颠覆一切的姿态,瞄准经典作品和经典人物所承载的政治意蕴,模糊了崇高与凡俗之间的界限,以无厘头的方式,借用诸多后现代手法,撕裂原作中的能指和所指,瓦解其中所蕴含的深度模式,制造强烈的反讽效果,在恶搞的语境中反叛现实。① 通过对经典的解构,他们剥离了主流话语体系强加给他们的宏大和崇高,对抗了庄严厚重的历史传统,实现了对主流价值的疏离。

三、嘲谑文化为21世纪初的青年提供了消解神圣、离析正统的重要载体

在现实生活中,青年无论在政治、经济、文化地位上,还是在人生阅历上,都处于弱势地位。他们生活在成年人所制定的规则和秩序中,无处不受

---

① 参见童建军、刘光斌:《网络恶搞红色经典及其批评》,《当代青年研究》,2007年第6期。

到来自成年社会的压制，无处不感受到来自成年社会的文化霸权。在前网络时代，年龄作为文化差序格局的决定因素和知识由长辈到晚辈的单向流动，决定了青年很难反抗和冲破成年社会的文化霸权。而网络时代的到来，在一定程度上打破了以年龄为决定因素的文化差序格局，知识的流动成为一个双向的过程，成年社会的规则和秩序也不再是先验的客观存在，而成为经验的建构对象，青年借助自己的网络信息技术优势，以前所未有的活跃状态参与到生活情境的建构和对成年社会文化霸权的反抗中来。而他们对成年社会文化霸权的反抗过程就是对成年社会核心价值的"祛魅"过程，即通过抹去成年社会核心价值的权威光环，剥去成年社会核心价值的神圣外衣，使成年社会赖以存在的文化基础和秩序逻辑变得支离破碎、摇摇欲坠。而嘲谑文化就是21世纪初的青年对成年社会核心价值"祛魅"，进而对抗成年社会文化霸权和批判现实的一种重要载体。

世纪之交，成年社会的核心价值依然是对人的欲望的压制和对人的理性光辉的弘扬，是对隐忍意识、服从意识的强调和对个体牺牲精神、无私奉献精神的倡导，而成年社会将这些核心价值传递给青年人的方式也依然是正面的典型教育和理论的灌输教育。从英勇牺牲的革命先烈到新时代的战斗英雄，从秉承大爱精神的有志青年到无私奉献的人民干部，成年社会通过塑造完美的英雄形象和理想的榜样人物，为青年人树立模仿学习的典范，引导青年群体对成年社会的核心价值产生认同。同时，以学校、家庭为重要场域，以日常教育和理论灌输为主要形式，将成年社会的核心价值及社会理想传递给青年群体。然而时代的变迁、青年群体自身的变化却使得这些方法的有效性大打折扣。在文化多元化的趋势下，正统文化的权威受到很大动摇，在后现代主义思潮的影响下，青年群体的欲望和主体意识得到极大解放，在这种情形下，青年群体不再相信成年社会核心价值的神圣与权威，不再信仰英雄和榜样的完美与崇高。他们以一种游戏和叛逆的人生姿态，以一种随心所欲和杂乱无章的话语逻辑,对抗权威、消解神圣、破坏秩序、离析正统。

他们热爱周星驰的无厘头电影,热爱网络恶搞,皆是因为满足了他们对抗权威、消解神圣、破坏秩序、离析正统的需求。周星驰无厘头电影《逃学威龙》中长的望不到头的校训,霸道、专制的管理制度,像机器人一样永远不苟言笑的训导主任,犯了错像犯人一样接受惩罚的学生,永远都在第一时间用黑板擦精准击中走神或打瞌睡学生脑袋的老师,以及"太阳当空照,骷髅对我笑,小鸟说早早早,你为什么背上炸药包? 我去炸学校,老师不知道,一拉弦我就跑,轰隆一声学校炸平了"的改版《上学歌》,都以无厘头的方式满足了青年群体对学校权威的反抗;电影《大话西游》中孙悟空多次动手打唐僧和《Q版语文》改编后的《背影》一文中儿子对父亲形象的丑化,则满足了青年群体对师道尊严和家长权威的反抗;《Q版语文》对白雪公主、闰土、孔融、卖火柴的小女孩等经典人物形象的改写,对《狼来了》《狐假虎威》《卖火柴的小女孩》《愚公移山》《孔融让梨》等反映高尚情操且具有较高文学价值作品的戏仿,满足了青年群体对文化经典权威的反抗;青年网民对国家一级作家、《诗选刊》编辑部主任赵丽华诗歌风格的戏仿和调侃,满足了青年群体对文学精英的反抗;《一个馒头引发的血案》撕开电影《无极》由大制作、大导演、大明星、大场面所支撑的华丽表象,显露出其华丽表象之下混乱的叙事逻辑、苍白空洞的精神内在,满足了青年群体对媒体精英垄断地位的抗争。

青年群体就是通过上述种种方式,在无厘头的戏仿和恶搞中,将权威、经典由神坛拉入凡尘,让其神圣性和合法性变得荡然无存,进而消解由它们所支撑的秩序与价值。学者朱大可曾这样阐述青年群体在嘲谑文化的创制和参与中对权威的解构和反抗:"大话者用'小鸡(过马路式的)程式'过滤权威和偶像,将其改造成鸡零狗碎和毫无价值的废物,其功能完全等同于那些溶解和销蚀文本文件的'病毒',它在破坏权威主义或流行文化程序的同时，也破坏了真理探索的机制。"①除了对来自权威和经典压制的反抗，嘲谑文化也将目光投向现实生活的各种阴暗面，对其进行或直白或隐晦的批判。在《国产凌凌漆》中，多次出现的"有理想、有文化、有秩序"的宣传牌，是对现实中社会民众道德素质低下的批判；在《少林足球》中，与少林队对战的球队老板买通足球官员和足球裁判，并给自己的队员注射兴奋剂，在比赛过程中少林队队员被殴打到吐血却被罚黄牌，是对现实中足球比赛黑幕的批判；在《大内密探008》中，008空有超常的智慧，却因实验的偶尔失败而得不到重用，无法施展才华，是对抹杀创新精神和不允许犯错的僵化制度的批判；而《一个馒头引发的血案》之所以在青年群体中引发强烈反响，也不仅仅是因为其对电影《无极》的嘲弄，而是因为在片中大量使用了农村进城务工人员欠薪、城管暴力执法、个人崇拜、腐败、春运、朝核危机等现实元素，传递出对现实社会问题的关注和回应。

综上所述，嘲谑文化以玩闹的风格，以嘲弄、解构的立场，以杂糅、拼贴的方式，为青年提供了宣泄情绪、表达自我、建立认同、逃离规训、抵抗压制、批判现实的工具。

第三节　嘲归何处？
——主流文化对"嘲谑文化"的吸收与转化

尽管主流文化对顽主文化玩世不恭的态度和它嘲弄理想、否定信仰、厌弃高尚，以及它消解人生意义、文化观念、道德规范的取向嗤之以鼻，但是顽主文化毕竟是从中国本土文化的土壤里生长出来的一枚畸形果实，它对京

---

① 罗静、刘洪波、韩浩月：《大话文化，游弋于褒贬之间》，《西部时报》，2006年1月13日。

味语言和京味文化的借鉴,它调侃、讽喻、反叛和消解的手段都是主流文化所了解和熟悉的,因此主流文化对顽主文化的吸收和转化存在一定的心理基础和文化基础,主流文化虽然不能认同其存在的价值,但却能比较容易地接受其存在的事实。嘲谑文化不同,它因周星驰的无厘头电影而得名,而周星驰无厘头电影是以港粤文化为基础的,港粤文化虽然与内地文化血脉相连,但由于中国香港的开放性和独特性,使得港粤文化与内地文化之间必然存在很多差异。因此,当以周星驰无厘头电影为承载的嘲谑文化在青年群体,尤其是在青年大学生群体中引起近乎疯狂的膜拜时,主流文化的心态是难以言表的愕然。

在主流文化看来,嘲谑文化就像外星人突然降临地球一般,让自己完全猝不及防。如果说嘲谑文化所使用的完全陌生的话语体系和思维逻辑,让自己感到茫然,那么让主流文化感到茫然的话语体系和思维逻辑竟然让受自己滋养起来的青年一代奉为圭臬,则让主流文化感到万分惶恐。它惶恐的是自己与青年人之间的关系是否出现了断裂? 自己与社会的发展是否出现了脱节? 一时间主流文化对以周星驰无厘头电影为承载的嘲谑文化的研究可谓是铺天盖地、如火如荼,从电影台词到电影画面,从拍摄技巧到人物设计,从审美取向到价值取向,主流文化的学术精英们从不同的切入点走近和了解周星驰无厘头电影及其所负载的嘲谑文化。经过研究,他们从后现代主义思潮那里找到了周星驰无厘头电影及其所负载的嘲谑文化的"命脉",并基于后现代主义的思想内核,对周星驰的无厘头电影及其所负载的嘲谑文化进行了或褒或贬的解读、评论。褒奖者认为,嘲谑文化顺应了一元主导、多元共存的文化格局新态势,它以清新活泼的语言风格、新颖独特的思维逻辑、充满现实生活气息的叙事方式,以及对小人物的温情关怀,丰富了文化的表现样态,弥补了主流文化的一些不足;贬抑者则认为,嘲谑文化以媚俗、解构、无底线的自由和快乐为核心,以肤浅粗俗的装疯卖傻来解构权威，以游戏化和无深度的表现来拒绝规律、破坏秩序，是历史虚无主义和文化虚无主义的表现，任其发展将导致文化的断裂和文化的沙漠化。主流文化褒贬双方的各执己见及其相互争论，不仅没有成为周星驰无厘头电影及其所负载的嘲谑文化发展道路上的绊脚石，反而对其发展产生了一定的助力作用，客观上使无厘头的表现手法和嘲谑的精神气质在青年群体中更加深入人心。正是因为如此，才有了后来网络恶搞文化的甚嚣尘上。

在网络恶搞文化中，21世纪初青年的嘲谑之姿与周星驰的无厘头电影比起来可谓是有过之而无不及。相比于周星驰的无厘头电影，网络恶搞文化更加激进、更加肆无忌惮。在他们那里，人生意义、文化观念、道德规范、政治信仰无一例外地都成了嘲弄、戏谑、解构的对象，一些网络恶搞作品甚至以戏说英雄歪曲历史为乐，冲出了娱乐的范畴边界，承载着鲜明的政治意蕴，以一种狰狞的面目和一种完全"恶"的姿态，堂而皇之地站在主流意识形态的反面，严重冲击了社会的审美底线、道德底线、价值底线和国家的意识形态安全。[①] 在对红色经典作品、历史经典人物等真、善、美事物进行无底线解构的同时，网络恶搞作品对现实生活中伪、恶、丑等社会阴暗面的关注和批判却又是不足的。它们既缺乏由内而外的社会关怀意识，也缺乏成熟的理性批判精神，它们基于快乐的原则而非使命的原则，只追求感官的刺激和震撼，它们只满足于在网络丛林里打打文化游击战，啸聚而至，转眼间又一哄而散，因此很多网络恶搞行为都只是一种无意义的语言狂欢，是没有丰盈精神内涵的纯粹的情绪发泄。他们的恶搞、他们的批判都只是博君一笑的把戏，而非是对恶搞对象深刻而理性的思考，他们只是解构甚至摧毁了原本的事物，却并没有在解构和摧毁的基础上进行新形象的建构。因此，"恶搞

---

① 参见闫翠娟、平章起：《符号互动视域下"恶搞英雄"现象的意识形态解读》，《深圳大学学报》(人文社会科学版)，2015年第5期。

文化作为一种青年亚文化很大程度上都是没有多大攻击性的自娱娱人的游戏之作,没有多少反抗、离经叛道的成分,最多只是一种仪式的抵抗,一路向娱乐狂奔,它是对'善恶对立'二元模式的戏弄。你说是善意,它笑里藏刀;你说是恶意,它又嬉皮笑脸。善与恶之间存在着大片的灰色地带"①。

一言以蔽之,"嘲谑文化"作为21世纪初风格最鲜明的青年亚文化,以无厘头电影和网络恶搞为承载,展示了世纪跨越所带来的社会巨变及其对青年群体的心灵撞击。历经近二十载的发展变迁,嘲谑文化的文化指向和文化形式都发生了变化调整,正在由一个不知深浅、经常做出出格行为的"顽童",成长为一个有态度、有脾性,但又有节制、有规矩的"成熟少年"。

一、主流文化引领下嘲谑文化底线思维的确立和理性精神的回归

嘲谑文化的横空出世、完全陌生的话语体系和思维逻辑、青年一代对嘲谑文化的趋之若鹜,让主流文化感到茫然而惶恐。面对嘲谑文化的汹涌浪潮,主流文化首先要做的不是评价、批判,而是走近、读懂。主流文化从后现代主义思潮出发,对嘲谑文化的呈现方式、审美取向、价值追求进行深入解读,并对其做出一分为二的综合评判。

一方面,主流文化肯定嘲谑文化以新颖独特的思维逻辑、充满现实生活气息的叙事方式,以及对小人物的温情关怀,丰富了文化的表现样态,顺应了一元主导、多元共存的文化格局新态势;另一方面,批评嘲谑文化以媚俗、解构、无底线的自由和快乐为核心,以游戏化和无深度的表现来拒绝崇高、破坏秩序,是滑向历史虚无主义和文化虚无主义深渊的一种表现。

---

① 朱大可:《肉身、精神、娱乐叙事》,《南方文坛》,2006年第3期。

基于对嘲谑文化正反两方面的评判，主流文化对嘲谑文化的关照、引领亦是从两方面进行。第一，积极保护嘲谑文化活泼的表现形式、独特创新的思维逻辑，并在此基础上，号召青年群体建立高雅的审美取向和高尚的价值取向，引导其增强社会关怀意识和理性批判精神，为其注入更积极的人生目标和社会关切。第二，严格规范嘲谑文化对红色经典作品、历史经典人物等真、善、美事物的无底线解构，对那些以戏说英雄歪曲历史为乐，以一种完全"恶"的姿态站在主流意识形态对立面的嘲谑文化，严厉打击，绝不纵容。通过构建网络清朗空间，净化恶搞文化栖居的网络虚拟环境，清除网络恶搞文化畸趣和无内涵的源头因子，通过道德舆论层面的声讨和法律规范方面的惩戒，引导、督促嘲谑文化建立底线思维和理性批判话语，使之重新回到道德规范和法律法规许可的范围内。在主流文化的规范、约束和引导下，经过近二十年的成长发展，嘲谑文化既保留了自己独特的风格，同时又变得更加有理性、有节制、有分寸。

二、青年文化迭代发展中嘲谑文化表达形式的革新与精神气质的延续

随着时间的推移和"80后"群体逐渐退出青春舞台的中央，周星驰无厘头电影已经蜕变为"80后"群体对青春的一种私藏和独享的集体记忆，在"90后""00后"青年群体那里，再也掀不起浩大的情感波澜。而网络恶搞文化，虽依然活跃，但随着各种新型青年亚文化样态层出不穷地出现，以"90后""00后"为主体的新青年一代获得了更加丰富多元的表达途径，网络恶搞文化无法获得青年群体高度聚焦式的关注与追捧，也无法实现2005年前后那般的盛世辉煌。

尽管如此，嘲谑文化和青年群体的嘲谑气质并未随着时间的推移，也一

并散落在历史推进的滚滚红尘中,而是变换了承载形式和表达样式,继续诠释和传递着青年群体对自身及其与周围世界关系的理解。

(一)嘲谑的指向:从对外的影射戏讽到对内的自我解嘲

无论是周星驰癫狂戏谑的无厘头电影,还是网友们拼贴重构的网络恶搞作品,其或指向现实生活中的普通他人,或指向有话题价值的公众人物,又或指向历史人物、经典作品,以及社会发展进程中存在的这样或那样的问题。这些都是与文化创制者、文化传播者关联甚小或完全无关的"他者",在其中,文化创制者、文化传播者只是一个品头论足、影射戏讽的看客,并未真正将自身完全卷入其中。

随着时间的推移,嘲谑的指向发生了由外及内的转变,嘲谑文化的创制主体和传播主体逐渐与嘲谑对象合二为一,演变成了在青年群体中具有广泛影响力的"自黑文化"。"自黑"是相对于"黑他"或"他黑"而言的,通过自我调侃、自我解嘲、自我否定等方式,达到娱人娱己、化解矛盾冲突、改变不利处境的目的。自黑的内容有时指向自己的身材、外貌等生理特征,有时指向自己的学习、生活、工作等外在状态,而自黑的方式则往往是对图片、音频、视频、文字的综合运用。例如,在以晒美食、美景、美颜等美图为主要内容的微信朋友圈里,经常会看到有圈友以自黑的风格发美图——"拍了800遍,总算有一张稍微能看得过去了,人丑就是没办法"。"身体质量指数(BMI)23.3,一个胖子有史以来的峰值了。考虑要不要近期重新照张证件照。"——这种自黑风格的介绍与美图的展现相映成趣,常常令人莞尔一笑。除了这种以自己身材、外貌为嘲谑对象的自黑外,也有很多的自黑与特殊情景下的感受相关,如圈友调侃自己司法考试成绩不佳,在朋友圈贴出成绩单并配文如下:"你有什么悲伤的事情说出来让大家开心一下?""我考了359,然后吃完早饭学生卡里余额59.59。""不知道明年还要不要再战。怕秃。此天要亡我,非战之罪也。"诸如此类,不胜枚举。

可见,自黑正在成为青年自处以及处理自身与周围世界关系的一味"润滑剂"。与其说自黑是青年群体的一种搞笑幽默的自我呈现,不如说更像是青年群体的一种自我防御机制,即当青年群体面临挫折或冲突时,为减轻内心不安、恢复心理平衡的一种途径选择。对青年群体而言,自黑"既能彰显出自身的个性化,又能拉近自己与别人的距离"①,在某种程度上契合了青年群体的心理需求,正受到越来越多青年人的推崇,成为青年群体一种独特的表达方式、沟通方式和问题解决方式。

(二)嘲谑的形式:从对宏大叙事的解构到对日常生活体验的反思重组

在主流文化的引领下,原本热衷于对红色经典作品、历史经典人物等进行无底线解构的嘲谑文化逐渐确立起底线思维,回归到理性的轨道。如今的嘲谑文化已较少涉及对宏大议题、严肃叙事作品的解构,而是转向了对日常生活实践的关注,多围绕自身及周围人群的日常生活体验展开。

嘲谑文化这种对日常生活体验的关注和重组,最鲜明地体现于近几年甚嚣尘上的网络直播文化中。网络直播文化以抖音、快手、火山小视频等平台为载体,以动态写实的影像展示生活日常为主要内容,受到广大青年人的热情追捧,已经成为新时代青年群体网络社交的重要方式。以抖音为例,自2016年9月上线以来,发展迅猛,目前月活用户超过五亿。抖音已成为中国当下最具影响力的短视频平台之一,在很大程度上渗入了人们的日常生活中。②

---

① 马中红、杨长征主编:《新媒介·新青年·新文化——中国青少年网络流行文化现象研究》,清华大学出版社,2016年,第58-59页。
② 参见张钧涵:《弱联系的建构与强联系的削弱——抖音对青年群体社会交往的影响研究》,《中国青年研究》,2019年第3期。

抖音平台上展示的内容,可谓是无所不包,娱乐、才艺、搞笑、健康、美食、情感、文化等垂直品类的内容划分,全方位、无死角地展现着生活日常的方方面面。在这些品类内容的抖音视频中,具有搞笑风格和嘲谑气质的作品占了很大比例,在2018年抖音最热视频前十名排行榜中,可以划归到调侃、搞笑、嘲谑范畴的作品高达八个,其中,从主题到内容具有鲜明嘲谑品性的作品有两个,分别是排行第十位的《一看大爷年轻也风流过》(点赞1251.9万)和排行第八位的《健身过的和没健身过的,当然不一样了》(点赞1292.3万)。第一个视频展示的是一个大爷魔性的舞步,配文是"听到这首背景音乐(BGM)让我想起了酋长。大爷告辞！对不起我还是忘不了那个男人";第二个视频展示的是一只螳螂,正努力举着是自己身体很多倍的一个重物,配文是"不管你有多渺小,但是你总会有让人感动让人骄傲的地方,哪怕你是一个力大无穷的螳螂,喵喵喵???"这两个作品均是以生活中的见闻为素材,通过对生活日常带有嘲谑风味的解读,博人一笑,并让人有所思悟。

除了寄居在网络直播中的嘲谑文化,微信、微博中也常常充斥着嘲谑的话语。如"有时候,我多么希望,自己是条白素贞,孩子一出生,就被法海收走,雷峰塔里待到许仕林一路学成高考状元,就母子相认,老泪纵横,感人!"这是以嘲谑的口吻反映现实生活中母亲这一角色的不易。如"大家都不要熬夜了啊,经常熬夜会有以下危害:第一,会产生幻觉。第二,记忆力差。第四,不识数。第八,记忆力差。就以上这十点,晚安"这是对人们现实生活压力大的调侃。再如"春节减肥7天秘方！今天遇一老者在卖减肥膏药,一日一帖,起床即用,贴上神效,无效10倍退款,7天包瘦20公斤。回家后发现忘了问贴哪儿,打开说明书,见三个字:'贴嘴上'",这是对有减肥需要但无减肥毅力人的讥讽。愚人节来临,一条"自从有了美颜相机,愚人节每天都过"的图文在微信、微博广为转发,配图是手机屏幕内外身形反差很大的女性形象,通过这样的图文实现了对当前美颜风尚和现代人自欺欺人心态的嘲弄……

可见，这些颇具代表性的嘲谑文化片段都是深深地根植于人们的日常生活世界，是对人们日常生活体验的反思与重组。

综上所述，近二十年过去了，以周星驰无厘头电影和恶搞经典为承载的嘲谑风暴虽已平息，但嘲谑文化至今却仍然是影响青年人文化心态的重要因子。新的时代呼唤青年树立新的文化心态，形塑新的文化品格。嘲谑文化既包含了诸多神经质成分，也蕴藏着反思、创新等新时代亟须的时代品格，因此我们应该积极挖掘嘲谑文化中的向上因子，并积极化解其中的消极成分，引领当代青年人树立健康向上的文化心态，坚定中国特色社会主义道路自信、理论自信、制度自信、文化自信，勇做新时代的弄潮儿！

第六章　21世纪10年代:"虚拟一代"的"参与"文化

　　回望青年亚文化从20世纪80年代到21世纪初的历史足迹,我们看到每一个时代都有一种代表性的青年亚文化形态,鲜明而清晰地诠释出那个时代青年人独特的精神气质。而21世纪10年代的青年亚文化领域是如此纷繁复杂,似乎很难找到一种统领性的青年亚文化形态来诠释青年群体的整体文化心态。但是透过这些纷繁复杂的表象,我们依然可以发现在迥异的青年亚文化表达形态之下所掩藏的相似的精神密码,这种精神密码就是基于虚拟空间和互联网应用的参与品质。

　　参与文化(Participatory culture),又称为"参与式文化",最初由美国传播学家亨利·詹金斯(Henry Jenkins)于1992年在其名著《文本盗猎者》中提出。他指出,参与式文化是媒介技术构建的一种全新范式,其特点表现为"相对较低的艺术表现和公民参与的门槛;支持创造并与他人分享自己的创作;对新手而言,能通过一种非正式的学习获得经验;参与者认为自己的工作是有意义的;参与者感受到某种程度的社会联系,如某人会在意别人对他发布的东西做何评价"①。可见，参与文化首先是一种大众文化，个体只要具备较低的知识水平和媒介素养就可以参与到文化的创制和传播中来，成为意义的生产者和流通者，而其参与的方式就是在网络空间中对信息进行阅读、评论、挪用、转换和再传播。其次，参与文化是一种新媒介文化，它对网络新媒体技术有着很强的依赖性。其本质就是人们使用博客、播客、维基、掘客等新型媒介，创作媒介文本、传播和共享媒介内容的过程。再次，参与文化是一种互动文化。互联网的开放性和交互性极大地改善了信息传播中的单向传播、信息隔离和传播滞后的问题，实现了信息的即时、通畅和快捷传播，人们通过自由、平等地发帖、评论，表达和交流自己的思想，与意见相同者自动结盟为意见共同体，与意见相左者进行针锋相对的论辩，通过共同介入某一事件当中，影响和左右事件的发展方向。最后，参与文化是一种共享文化。在詹金斯看来，参与式文化其实是一个社会过程，强调协作和共同生产，个人的阐释经过与他人的讨论不断被巩固和塑造。② 在互联网中，信息传播不再受时空、容量和成本的限制，信息与信息之间、人与信息之间、人与人之间实现了高度的互联互通，在高度的互联互通中，人们共享信息、共享资源、共享思想，实现资源的整合和优势的互补，以更低的成本和更高的效率实现自我发展和社会进步。

而所谓"虚拟一代"的"参与"文化，是指以"90 后""00 后"为主体的青年人，借助网络的力量，在网络空间和现实空间当中，所采取的以改变为目的的信息传播、意愿表达和行为实践等活动。它具有如下特征：第一，"虚拟一代"的"参与"文化，虽主要依托于网络，但却不局限于网络，它既在网络中

---

① Henry Jenkins, *Confronting the Challenges of Participatory Culture: Media Education for the 21st Century*, The MITPress, 2009, p. 7.

② 参见别君华：《参与式文化：文本游牧与意义盗猎——以 bilibili 弹幕视频网为例》，《青年记者》，2016 年第 8 期。

展开,也在现实中展开,两大空间中的青年参与往往交相辉映,相互补充;第二,"虚拟一代"的"参与"文化以信息传播、意愿表达和行为实践为主要参与手段,是一种具有较高文化自觉性的参与行为;第三,"虚拟一代"的"参与"文化,不只是一种精神层面的提倡和导向,而是有着明确现实指向的行为实践,即围绕某一具体的社会现象或社会事件展开,并以改变这一社会现象或社会事件的发展态势为皈依采取实际的行动;第四,"虚拟一代"的"参与"文化,有着复杂的动因和多样的表现形式,是兼具娱乐性、批判性和建构性,由多种具体的青年亚文化形态组成的复杂的亚文化体系。

综上,"参与"已经成为21世纪10年代我国青年亚文化最重要的品格,"虚拟一代"的"参与"文化已经成为对21世纪10年代我国青年亚文化的最好概括,以"90后""00后"为主体的"虚拟一代"扎根于网络空间,通过各种形式的行动参与,深刻影响着经济、政治、社会、文化生活的方方面面,它所折射出的公共精神和公民美德的种子正在新青年群体中扎根发芽并将开出绚烂之花。

第一节　因何而参?
——"参与文化"对新媒体的吸纳与运用

参与文化的产生既与青年群体的自身变化紧密相关,也与社会宏观环境的变化紧密相关,是多种因素综合作用的结果,而网络新媒介技术的普遍应用是其中最重要的因素。因此,参与文化本质上就是由网络新媒体技术催生,并紧紧依托网络新媒体技术的一种青年亚文化类型。

一、青年亚文化地位上升为参与文化的产生提供了前提基础

在前网络时代,知识遵循着由年长者向年轻者的传播路径,因此青年亚文化在文化差序格局中始终处于弱势地位,是依附于成年主流文化而存在的,是名副其实的"亚"文化、"支流"文化和"弱势"文化。而网络新媒体的普遍应用,以及网络新媒体反等级、反权威的本质,打破了前网络时代以年龄为决定因素的文化差序格局,改变了青年人在前网络时代"沉默羔羊"的处境,极大地鼓励了青年群体的参与热情,增强了青年群体的参与能力,使青年摆脱了现实生活中各种权力的束缚,在感知世界、介入事件、表明态度、交流思想方面获得了前所未有的自主权。青年亚文化不断改变着自己的"亚地位",由文化格局的边缘向中心位移。

与此同时,经济全球化的纵深发展和我国社会转型时期经济体制的深刻变革、社会结构的深刻变动、利益格局的深刻调整、思想观念的深刻变化,使得文化领域呈现传统文化与现代文化并存、精英文化与大众文化共生、异质文化与本土文化共融、虚拟文化与现实文化共建的复杂态势。多种思潮的相互激荡,多种价值观念的相互碰撞,多元文化的冲突博弈和多种力量的此消彼长,也在一定程度上消解了主流文化至高无上的权威,缩小了弱势文化与优势文化的地位差距,主流文化的绝对优势地位不再显著,文化格局由众星捧月式的结构体转变为由一个主中心、多个次中心组成的复杂结构体。同时,在多元文化的冲击之下,主流文化以前那种不证自明的先在合法性被打破,它必须在与其他文化形态的竞争博弈中不断证明自己的优越性和先进性,通过不断增强自身的号召力和吸引力,以确保自己的合法性和主导性地位不动摇。同时,它也必须调整与其他文化的相处之道,转换原来不容置疑的威权姿态,转而建立更加亲和包容的姿态。主流文化地位的上述变化

传导到主流文化与青年亚文化的关系之中,突出表现为青年亚文化对主流文化依附程度的降低,一方面,青年亚文化在建构自身的过程中不再主要依赖从主流文化中寻求资源,而是采撷多元文化形态中的可用资源来建构自身;另一方面,青年亚文化也不再刻意标榜自己作为主流文化对立面的形象,主流文化作为青年亚文化"假想敌"的角色有所淡化,而与之相对,主流文化也不再把青年亚文化视为压制、改造和同化的对象,二者关系中的对立冲突因素减少,而合作互补的因素增加。

二、青年主体意识增强为参与文化的产生提供了内在动力

主体意识是个体对自身主体地位、能力、价值的一种自觉意识,是"人自我反思、自我批判、自我审视、自我否定的内在生命意识、生命精神"[1]。它既包括个体对自我的认识,也包括个体对自我与周围世界关系的认识。主体意识包括以下四个方面的内容:一是自主意识,即对自己的主客体关系中独立自主的主体地位、主体权利的认识;二是使命意识,是对自己作为所应完成的使命和应担负的责任和义务的认识;三是自强意识,是对自己自强不息的创造性活动、能力的认识;四是超前意识,是对事物发展方向和趋势有预见性的认识。[2]

改革开放以来,随着人们物质生活水平和文化素质水平的提高,人们的主体意识,尤其是青年的主体意识普遍觉醒,鲜明地表现在以下四个方面:

第一,对独立自我的执着追求。作为21世纪10年代青年亚文化主体的"90后""00后",他们对周围世界有着敏锐的感知和更加自主的观察,他们

---

[1] 李银笙:《三个"热词"引发的对青年大学生主体意识的再思考》,《中国青年研究》,2010年第5期。

[2] 参见李康平、吕昕阳:《青年的主体意识与当代德育的使命》,《求实》,1999年第5期。

不喜欢追随别人的脚步,不喜欢被他人的思想左右,而是把自我实现放在第一位,以"做自己的主人"为信条,具有较强的自主性和独立性。

第二,自信的人生态度。他们对自我的价值和能力有着积极的评估,思想活跃,具有强烈的探索精神,不迷信权威,不迷信传统,相信自己的判断,具有较强的成就动机和突出的创造性与能动性。

第三,明确的权利意识。青年具有明确的权利意识,是指青年群体对自己应该享有的权利、对自己权利与他人权利之间的界限有较为清晰的认知。按照马斯洛的需要层次理论,青年的权利包括生存的权利、安全的权利、社交的权利、尊重的权利、自我实现的权利五个层次,他们主张在道德和法律许可的范围内实现自身利益的最大化,对侵犯和损害自己权利的行为予以坚决抵制。

第四,明确的责任意识。责任意识是指社会成员对自己所应承担的社会职责、任务和使命的自觉意识。① 青年人是国家的未来、民族的希望,是社会上最富有创造活力的群体,青年人是否具有明确的责任意识关系伟大复兴中国梦的顺利实现。总体而言,当代青年人朝气蓬勃,能够自觉将自身发展与时代进步紧密融合起来,以国家富强、人民幸福为己任,胸怀理想、志存高远,自觉践行社会主义核心价值观,自觉弘扬爱国主义、集体主义精神,爱岗敬业、锐意进取、勇于创造,展现出了青年人应有的责任和情怀。

三、信息技术优势凸显为参与文化的产生提供了外在保障

互联网是属于青年人的,它由青年人创造,又主要由青年人使用,互联网本身就带有鲜明的青年特质。放眼世界,比尔·盖茨 20 岁创立微软公司,

---

① 参见雷丽平:《构建和谐社会与青年责任意识》,《北京青年政治学院学报》,2006 年第 4 期。

史蒂夫·乔布斯21岁创立苹果公司。回望国内,1997年,27岁的丁磊创办网易;1998年,27岁的马化腾创办腾讯;1999年,26岁的陈天桥创立盛大网络,31岁的李彦宏创办百度,34岁的张朝阳创办搜狐,35岁的马云开始开发阿里巴巴。他们创造了如今的一个个互联网帝国,让互联网思维深入人心,从娱乐通信、信息搜索、人际交往等各个层面改变了人们的生活。青年人是互联网产业从业者的主体,许多著名互联网企业员工的平均年龄都只有20多岁。因此,互联网是真正由"网络一代"所掌握的产业。① 互联网精英和互联网从业者主要由青年人构成,互联网用户也主要由青年人构成。《第38次中国互联网络发展状况统计报告》显示,10岁至39岁的人群在网民中的占比高达74.7%,其中20岁至29岁年龄段的网民占比最高,达到30.4%。②

互联网极大地改变了青年人的话语地位。由于青年人对以互联网为依托的新兴传播工具有着天然的敏锐直觉和强烈兴趣,相比于年长者,他们掌握着更全面的信息科学技术知识和更娴熟的计算机操作技能,有着更良好的信息素养,在自由运用互联网进行即时通信、网上冲浪、网上购物和娱乐等方面具有显著的优势。利用这些优势,青年人以前所未有的活跃状态参与到知识和文化的建构之中,成为互联网世界重要的信息生产者和信息传播者,实现了知识、文化、技能、规范由青年人向年长者的反哺式流动;他们借助互联网的开放性、平等性和互动性,往来穿梭于网络社会与现实社会之间,扮演着新观念、新思潮的宣传者和实践者的角色,发挥着现实社会矛盾的揭露者和调和者的功能,改变了自身在资源分配和话语权分配中的绝对边缘地位,重建了与成年社会的关系。

---

① 参见郗杰英:《深入研究"网络一代",促进青少年健康成长》,《中国青年研究》,2011年第2期。

② 参见中国网络互联信息中心:《第38次中国互联网络发展状况统计报告》,中国互联网络信息中心,http://www.cnnic.net.cn/hlwfzyj/hlwxzbg/hlwtjbg/201608/P020160803367337470363.pdf。

四、文化开放性增强为参与文化的产生提供了广阔空间

在报刊、广播、电视主导的时代，信息传播是信息由信息发出者向信息接收者的单向传递过程，信息发出者与信息接收者之间是单方面的"给予"和"接收"关系。尽管信息接收者可以基于自己的立场和需要对信息发出者所提供的信息进行选择和解码，但由于在信息发出者和信息接收者之间缺乏畅通的反馈机制和互动机制，这种注入信息接收者思想的信息并不能及时反馈给信息发出者，信息传播的效果也就无法实现信息发出者和信息接收者综合作用下的优化提升。在这种传播模式下，信息发出者和信息接收者之间始终处于相对隔离的状态，彼此之间无法建立信息分享的互动关系。而文化系统也是一个相对封闭的空间，在这个空间中文化领导权被少数专家、学者和媒体精英所掌握，而作为大多数的"大众"参与文化创作的空间非常狭小。这种状况在互联网发展初期并没有实质性的改变，因为发展初期的互联网只是为人们提供了更加海量的选择信息，并没有为人们赋予除浏览以外更多的权利。

这种状况随着互联网2.0时代的到来彻底改变了。互联网2.0时代的到来完全消弭了信息发出者和信息接收者的界限，信息传播由原来的单向线性结构变成了多向交织的网状结构。在互联空间当中，每一个个体都既是信息的接收者，也是信息的传播者和制造者；每一个文本都是可以被无限改写和续写的开放式文本，在文本改写和续写的过程中，每一个个体都具有平等的参与权，每一个个体的个性化解读和个体之间的交互式影响，共同左右着文本的意义走向。互联网2.0时代文化的这种开放性特征，让一直处于弱势地位的青年群体在文化的创制和传播领域获得了前所未有的主动权。他们利用论坛、博客、微博、微信等网络新媒体平台，自由地传播和接收信

息,积极地参与文本的意义解读和创造,充分表达和交流自我的价值诉求,基于相似的兴趣爱好构筑稳定的文化交往空间,聚合形成具有鲜明特征的青年亚文化群体,通过特定的亚文化意义生产机制,维系和巩固青年人的自我认同和群体认同,并在此基础上实现与主流文化的关联互动。因此,在传统社会里,"青年"是一个受到一定限制和制约的行为主体,而在网络社会里,网络给予了青年人一个更自由、更有影响力,也更复杂的新角色,这是一个在更大范畴内更有力推动青年人与社会"共赢"的角色。①

第二节 参欲何为?
——"参与文化"的价值诉求与现实功能

"参与"是21世纪10年代青年亚文化的核心品质,基于这种品质,青年亚文化正从震撼的风格表演演变为兼具风格表演特性,同时又能对宏观社会发展和微观日常生活实践产生实际影响和改变的"微观政治"。根据价值诉求的不同,"参与文化"划分为四种类型,从三个领域向主流文化输送着青年人的独特气质,对主流文化产生或直接或间接的现实影响,在与主流文化或紧张或缓和的关系中,共同描绘着文化的整体蓝图。

---

① 参见陆士桢、郑玲、王骁:《青年网络政治参与:一个社会与青年共赢的重要话题》,《青年探索》,2014年第6期。

一、参与文化的价值诉求与类型划分

(一)自我表达型的参与文化

自我表达型是参与文化的基础类型。青年人处在世界观、人生观、价值观确立的关键期,面临着升学、就业、婚恋等种种现实困惑,因而有着比其他群体更强烈的表达诉求,然而现实空间并不能很好地满足他们的需要,长辈对自己的不理解,同辈间的彼此不信任,使他们将视野投向广阔的虚拟空间,网络的匿名性让他们可以没有后顾之忧地袒露自我,而网络的无限关联性又可以让他们似乎在任何领域都能找到情投意合的"知音"。他们在网络中以虚构的名字、虚构的身份、虚构的性别、虚构的年龄、虚构的容貌……虚构的一切,向同样是一个完全陌生的虚构他者诉说着最真实的自我。这听起来似乎滑稽可笑,但却是互联网最真实的景象。青年人诉说的冲动,经过互联网的发酵,以一种猝不及防的方式颠覆了人们原本的生活,网络成了青年人最亲密的朋友,机器代替人成了青年人最忠诚的爱恋。通过信息浏览与转发,通过撰写日志、博文、微博,通过晒心情、晒图片、晒评论,青年人的诉说携带着他们的喜怒哀乐散向网络世界的各个角落,在这里或那里激起此起彼伏的回响。青年人就在这种表达—回应的无限关联中搭建起错综复杂的支持系统,这种支持系统既潜移默化地改变着青年人自身,也在无声无息地改变着青年人生活其中的周围世界。

(二)寻求归属型的参与文化

如果说自我表达型的参与文化是青年让自己苦闷的心灵在网络空间中得到释放,那么寻求归属型的参与文化就是青年人让自己漂泊无依的身份在网络空间中得到确认和妥善的安置。它是参与文化的主干类型。随着社会现代化程度越来越高,人与人之间基于情感和兴趣而产生的朴素联系,正在被各种现实利益包裹的理性联系所压制,现实中越来越多的人变得封闭而孤独。青年人处在个体情感最充沛的年龄阶段,有着最强烈的交往需求,他们希望在交往中获得他人的认可,确立自我存在的独特价值。"物以类聚,人以群分。"这一法则不仅在现实空间中适用,在网络虚拟空间中也同样适用。青年人基于共同的兴趣、情感、认知自发地聚合在一起,在网络空间中形成一个个亚文化社区。这些亚文化社区彼此独立,又相互关联,个体既可以高度忠诚于一个亚文化社区,也可以在不同的亚文化社区间流转往返。在同一亚文化社区中,青年人以正式或非正式的身份参与社区活动,共享社区资源,拥有共同的兴趣、价值、观念和逻辑,心照不宣地与外界保持着一定的距离,营造出一片自由、自在和自治的小天地。在这个小天地里,没有组织形式的硬性标准,社区成员依靠"一种趣味""一种气氛"建立起相对稳定的情感关联。

(三)利益诉求型的参与文化

伴随着青年主体意识和权利意识的觉醒,利益诉求型的参与文化已经成为参与文化不可或缺的重要组成部分。借助互联网络信息传播的开放性和互动性,以及互联网在信息、资源整合方面的强大功能,青年人获得了前所未有的话语能力和协作能力。他们以维护自身利益、他人利益或公共利益为指向,把现实空间中被压制的利益诉求搬到无限的网络空间中,充分运用微信、微博、论坛等网络新媒体平台,结合利益诉求设置议题,形成焦点,激发他者的情感共鸣,并在此基础上建立利益诉求共同体,从而促进利益诉求的快速合理解决。从利益诉求型参与文化的指向来看,它体现出较明显的利他性和公共性,即青年利益诉求型的参与经常以维护他人利益和公共利益而展开，个人私利的获取要么完全隐而不现，要么只是作为附属物和衍生物出现。当一些侵害他人利益或公共利益的事件发生以后，青年网民往往会以极大的热情投入到事件当中，通过对这些事件的聚焦、围观和深挖，以及为处于事件中心的当事人出谋划策，促进事件的解决。当这些事件涉及公共权力部门的执政行为或涉及社会民生问题时，青年人往往会投入更高的参与热情。

（四）社会公益型的参与文化

社会公益型的参与文化是青年参与文化的最高境界，是完全无私和利他的行为。作为 21 世纪 10 年代青年主体的"90 后""00 后"，都曾被指责为是缺乏责任和担当的一代，但他们用参与社会公益的热情让社会对他们有了重新的认识。在青年群体中，正在有越来越多的青年人将公益行为融入自己的生活，在参与社会公益的过程中践行着自己的理想和信念，释放着自己对他人和社会的正能量，担负起青年人应该承担的责任与使命。青年人社会公益型参与的形式多种多样，有时是针对贫困地区失学儿童进行的一次募捐，有时是针对环境污染、资源枯竭所进行的一次呼吁宣传，有时是在一些重要的会议、赛事中担任志愿者，有时是在一些自然灾害救助中挺身而出、自觉担当……从参与途径而言，青年社会公益型参与一般采取线上线下相结合、网上网下联动的机制，即依托网络进行宣传号召，聚集力量，商议讨论，形成方案，然后在现实中协同配合，实施推进，完成目标。从扶贫、救困、关注弱势群体，到抗灾、抢险、维护社会秩序，从倡导文明风尚、传承民族文化精髓，到保护环境、节约能源、实现社会可持续发展……可以说，青年社会公益型参与正在深入社会发展和社会生活的各个领域，成为促进社会发展重要而又可贵的力量。

二、参与文化在语言领域的现实功能

语言动态地存在于社会之中,既是人们思维的外在表现,也是人们交往的重要工具和文化的重要载体。现代语言学之父弗迪南·德·索绪尔认为,语言形成于能指、所指与符号三者的相互关系中,指出语言(langue)不同于言语(parole),言语是个体言说的方式和对语言的具体运用,而语言则是人们借以表达的系统、规范与惯例,①是社会约定俗成的表达观念的符号体系。语言作为人们长期交往过程中所形成的一种集体意识,一旦形成往往就具有较强的稳定性,这种稳定性既体现在它稳定的词汇域和语法结构上,也体现在每一个语言符号能指与所指之间、语言符号与人们生活实践之间稳定的意义关联上。然而随着社会后现代特质的凸显,语言的词汇域和语法结构、语言符号能指与所指的关联,以及语言符号与人们生活实践的关联都增加了诸多可变性,显得游弋不定。而青年群体在其中扮演了极其重要的角色,他们将现实世界中的语言符号与网络应用的特质创造性地结合,实现了对语言原有意义和形式的变异转换,并在网络无限的复制传播中将自己个体化的言语实践推广为具有普遍价值的语言规范。

(一)网络流行语:青年群体的语言创制实践

网络流行语是以青年为主体的网民在网络交流的过程中所形成的、在一定时期和范围内被广泛"复制"和"模仿"的一套别具风格的话语规范和话语体系,它投射出一定时期青年群体的情趣、心态、观念与价值,具有深刻的

---

① 参见[英]约翰·斯道雷:《文化理论与大众文化导论》,常江译,北京大学出版社,2010 年,第 138 页。

现实意蕴,展现出鲜明的亚文化特征。

遵循语言生成的一般机制,网络语言也是网络使用者在网络使用过程中自然选择、约定俗成的产物,其创制初衷主要是为提高聊天效率,增强聊天效果,多属于一种无意识的语言创制行为,其创制方式也比较简单,多是基于谐音、形似等特点,通过赋予字母组合、数字组合、表情符号以特殊的含义来实现网络语言的创制。随着以青年人为主体的网民语言创制热情的不断高涨,网络语言的创制由最初的无意识行为逐渐演变为具有潜在文化意图的文化实践,他们将隐喻、拼贴、同构等方式广泛应用到网络语言的创制过程中,创制出了大量语义更加丰富的网络语言,使网络语言作为一种特殊语言形态的地位进一步显现。网络语言地位进一步显现的一个重要标志就是,从 2004 年起各大网络媒体对网络流行语的年度盘点。网络流行语的年度盘点不仅清晰地反映出网络语言的发展趋势,也反映出由青年网民向社会各个阶层蔓延的整体社会心态特征(见表6-1)。

表6-1　2004—2016 年年度网络流行语集锦①

年度	网络流行语
2004	做人要厚道;沙发;汗;百度一下;潜水;顶;出来混,迟早都是要还的;强;偶稀饭
2005	博客;禽流感;××很生气,后果很严重;马甲;斑主;灌水;海选
2006	相当地;素质,注意你的素质;你侮辱我的人格,还侮辱我的智商;人不能无耻到……的地步;你不是一个人……;草根
2007	钱不是问题,问题是没钱;钻石恒久远,一颗就破产;水能载舟,亦能煮粥;烧香的不一定是和尚,还可能是熊猫;喝醉了我谁也不服,我就扶墙;我就像一只趴在玻璃上的苍蝇,前途光明,出路没有;问世间情为何物? 一物降一物
2008	打酱油;宅男、宅女;俯卧撑;叉腰肌;囧;槑(méi);雷倒、雷人;山寨

---

① 2004 年至 2014 年年度十大网络流行语转引自骆昌日、何婷婷:《近十年来我国网络流行语的演变及传播研究》,《河南大学学报》(社会科学版),2015 年第 2 期;2015 年十大网络流行语来自国家语言资源监测与研究中心对动态流通语料库数据的统计;2016 年十大网络流行语来自网易财经报道。

续表

年度	网络流行语
2009	不差钱;贾君鹏,你妈妈喊你回家吃饭呢;躲猫猫;70码;杯具;不要迷恋哥,哥只是个传说;哥吃的不是面,是寂寞
2010	神马都是浮云;给力;我爸是李刚;QQ群"观音哥"人人无奈人人见;鸭梨;非常艰难的决定;"蒜你狠";围脖;凡客体;老人头涂料堪比女人肤妆品
2011	我反正信了;有木有;伤不起;卖萌;坑爹、拼爹;悲催;普通青年、文艺青年
2012	中国好声音;元芳,你怎么看;高富帅、白富美;你幸福吗;躺着也中枪;逆袭;舌尖上的中国;最炫民族风
2013	中国大妈;高端大气上档次;爸爸去哪儿了;小伙伴们都惊呆了;待我长发及腰;喜大普奔;女汉子;土豪(金);摊上大事了
2014	且行且珍惜;你家里人知道吗;画面太美我不敢看;萌萌哒;现在整个人都不好了;也是醉了;我只想安静地做个美男子;买买买;现在问题来了;有钱,就是任性
2015	重要的事情说三遍;世界那么大,我想去看看;你们城里人真会玩;为国护盘;明明可以靠脸吃饭,却偏偏要靠才华;我想静静;吓死宝宝了;内心几乎是崩溃的;我妈是我妈;主要看气质
2016	蓝瘦香菇;小目标;老司机;一言不合就;洪荒之力;撩;宝宝;没想到你是这样的;狗带;友谊的小船

观察分析2004年至2016年的年度十大网络流行语,我们可以发现如下特点:

第一,网络语言的表现形式呈现由以字、词为主到以短语、句子、句式为主的变化。在2004年、2005年的十大网络流行语中,字、词形式的流行语占绝大多数,2004年句子式的流行语只有"做人要厚道""出来混,迟早都是要还的"两句,2005年句子式的流行语只有"××很生气,后果很严重"一句。从2006年开始,用句子、句式表达的流行语成为主流,尤其是2007年,年度十大网络流行语全是句子式的表达。相较于字、词,以句子、句式表达的网络流行语所承载的内涵更加丰富。

第二,网络语言的风格更加诙谐幽默,诙谐幽默中又透出种种复杂的现实情绪。无论是 2004 年十大网络流行语中的"沙发""潜水""顶""强"，还是 2005 年十大网络流行语中的"马甲""斑主""灌水"等，由于其表达方式都是字或词，因此所传达的信息十分有限，基本上都属于是对某种身份、某种行为的形象而客观的描述。而 2006 年以后的网络流行语，大多都采用幽默、诙谐、童真的表达。如"不要迷恋哥，哥只是个传说""吓死宝宝了""小伙伴们都惊呆了""现在整个人都不好了"等，都是以诙谐的风格传递出言语者的情绪。

第三，网络语言的创制方式更加多元化，青年网民综合运用象形、谐音、缩写、隐喻、拼贴、替换等各种手法，不断创制出语义丰富、形态多样的网络语言。"偶稀饭""斑主""围脖""蓝瘦香菇""神马都是浮云"等都是基于谐音创制。"囧""槑"，则是基于象形、拼贴创制。"囧"字，原意本指窗户通明，引申为光明之意，却因其字形与人郁闷尴尬的表情神似，因此被赋予了"尴尬窘迫"的新意；"槑"亦是如此，本意是光明，但因其字形由两个并列的"呆"字组成，因此其原有的词义被剥离，获得了"非常呆"的新意。此外，对人们耳熟能详的诗词名句、俗语谚语等的改编也是网络语言创制的重要方式。如"钻石恒久远，一颗就破产"，是对耳熟能详的广告词的改编；"问世间情为何物？一物降一物""水能载舟，亦能煮粥"，是对诗词名句的改编；"××很生气，后果很严重"是对电影台词的套用，这些改编往往是通过一个出人意料的结尾，以达到幽默、讽刺、颠覆的效果。

第四，网络语言的内容具有更强的现实指向性。早期的网络语言创制多是键盘语言的符号化创造，使用范围也主要局限于相对封闭的网络交流空间。而后期的网络语言创制往往与现实的社会事件相关联，是对现实的影射和隐喻。如"躲猫猫"隐喻的是 2009 年云南青年李乔明在看守所意外死亡的事件；"70 码"讽刺的是 2009 年杭州一起交通事故的不公处理；"我爸是李刚"指向 2010 年河北大学校园的一起撞人事件，嘲讽的是跋扈的"官二代"无视法纪的社会现象;"我妈是我妈"是对老百姓被各种奇葩证明所困的现实反讽。不仅仅是对公权力的质疑,网络流行语几乎指向现实生活的方方面面,"蒜你狠""且行且珍惜""世界那么大,我想去看看""小目标""洪荒之力"等都与某一现实事件相对应。

(二)多重属性:网络流行语的功能解读

网络流行语是青年群体现实生活的镜像,是青年群体集体意识的表征,折射出青年群体的社会认知、社会情绪和社会心态。

1. 网络流行语为青年群体提供了自治自洽的文化空间

网络语言是以青年人为主体的网民所创制的不同于通行语言规范的话语体系,它潜在地发挥着文化区隔功能,把青年群体与其他群体自然地区隔开来,形成一个相对封闭的文化空间。在这个空间里,青年群体在一定程度上摆脱了官方话语规范的约束,在对官方语法规则不断突破的过程中获得了巨大的精神愉悦感,在创造和生产属于自己语言的过程中获得了作为社会独立性存在的巨大成就感,在秘密分享共同语言规范的过程中获得了作为群体成员的集体归属感和相互认同感。在这个空间里,青年群体以外界所不懂的语言密码,自由自在地交流,无拘无束地狂欢,尽情释放着社会压力下的焦虑情绪,表达着对社会结构矛盾的批判和对生活的娱乐化调侃,呈现具有一定排他性的亚文化部落特征。

2. 网络语言为青年群体提供了权力诉求、权力对抗的重要机制

皮埃尔·布迪厄认为:"语言不仅是思维的工具,也是行动和权力的工具。"[①]因此,网络语言的创制与传播是青年群体对自身权力诉求的一种机

---

① [法]皮埃尔·布尔迪厄:《言语意味着什么——语言交换的经济》,褚思真等译,商务印书馆,2005 年,第 6 页。

制,是青年群体利用网络传播的力量而进行的一种话语权力扩张。青年群体利用一切可利用的官方语言资源,通过打破其原本的结构和意涵,创造新的语汇,形成新的语法,建构起与官方话语体系具有鲜明差别甚至对立的话语体系,实现对官方话语权威的挑战和对官方话语监控的反抗。同时,网络语言作为一种精神纽带,将青年群体更加紧密地联合在一起,为青年群体的集体行动创造了条件和空间。在与主流文化的交锋博弈中,青年群体以语言共同体的姿态,以更加有力的话语实践,参与到权力的争夺和主流文化的建构中来,在一定程度上改变了社会整体的权力分配格局。

3. 网络语言为青年群体提供了监督社会运行,参与社会发展的重要渠道

在网络语言的创制和传播过程中,青年群体不仅在文字游戏中获得了创造意义和流通意义的快感,获得了秘密分享一种语言符码、逃避官方话语规训的精神愉悦,同时还获得了监督权力运行、映射社会结构矛盾、影响社会事件进程的公共空间。网络流行语流露出青年群体浓厚的社会关怀意识,传递出青年群体参与社会发展进程的殷切希望。在网络流行语中,青年群体力求以诙谐幽默的形式表达深刻严肃的问题,如他们以"高富帅""白富美""屌丝""逆袭"等词汇,表达对社会分配不公、贫富差距过大的不满和对弱势群体改变命运的希冀;以"坑爹""拼爹""我爸是李刚"这些词汇映射社会竞争机制不公平的现象;以"我就像一只趴在玻璃上的苍蝇,前途光明,出路没有""钱不是问题,问题是没钱"等词汇表达青年群体对现实生活处境的不满和对未来的迷茫……可以说,网络语言已经由网络空间扩展到现实生活世界,成为青年群体民意表达的重要渠道和社会参与的重要空间。

4. 网络流行语作为一种语义紊乱机制扰乱了稳定的语言秩序

网络流行语作为个人言语,正在挑战当下的句法结构。[①] 其挑战表现在

---

① 参见陈桂琴、林如鹏:《主流媒体网络流行语的合理使用》,《重庆社会科学》,2012 年第 12 期。

三个方面：一是转换、颠覆了官方语言中诸多词汇的原本含义，造成了语义的紊乱。如沙发、马甲、潜水、灌水、围脖、鸭梨、囧、槑等网络流行语都是如此，青年网民所赋予这些词汇的新含义冲击并扰乱了其原本的含义，在语境不明的情形下会让人产生无所适从的困惑。二是挑战、冲击了官方语言的创制规范。汉语的造字以笔画为基本单位，造词以单个汉字为基本单位，造句要讲究主谓宾、定状补的语法结构；而网络语言的造字、造词、造句完全不受这种官方规范的约束，字母、数字、表情符号、汉字随意组合，任意摆放，如"偶稀饭""蓝瘦香菇"，都是将两个名词任意摆放在一起，缺少动词连接。网络语言中诸如此类的多样性、随意性表达都不同程度地破坏了现代汉语的规范性。三是挑战、冲击了语言的稳定性。语言是一个民族、一个群体集体意识的沉淀，应该具有一定的稳定性。但是网络语言多是以青年人为主体的网民带着一种游戏的心态所创制出的一种快餐文化，一种网络语言符号从创制到传播到流行再到消失往往只有很短的生命周期。昙花一现、此起彼伏的网络语言，不仅使语言的公信度大打折扣，同时也使语言领域乱象丛生。

5. 网络语言作为一种反哺更新机制，推动着主流语言不断向前发展

任何意义的背后都不存在牢不可破的潜在结构，语言既要保证相对的稳定性，也要紧跟社会发展不断创新。所以网络语言相对于官方语言而言，既是一种语义紊乱机制，也是一种必要的反哺更新机制。网络语言在经历了最初来自官方话语的强烈拒斥后，正在逐渐获得来自官方话语的接纳和尊重，近年来越来越多的网络语言被吸纳进官方话语体系获得了正统身份。最典型的代表莫过于2010年的网络流行语"给力"一词，不仅登上了《人民日报》头版头条，同时还被收录到《现代汉语词典》(第6版)中。同时还有2012年伦敦奥运会期间开始流行起来的"正能量"一词，该词以其积极健康、催人奋进的内涵，在青年群体和社会各类群体中得到了广泛流传。2013年3

月 6 日,习近平在参加十二届全国人大一次会议辽宁代表团审议时,将"正能量"一词应用到自己的讲话中,勉励辽宁代表团要充分发挥各方面英模人物的榜样作用,大力激发社会正能量,为实现中国梦提供强大精神动力。如今,"正能量"一词已经从网络流行语转化为人们的日常语言,成为主流话语体系的重要组成部分。

网络语言对主流语言的反哺更新不仅体现在大量的网络词汇进入主流话语体系,同时也体现在青年的话语风格正在对主流话语风格产生潜移默化的影响,其中,高校开学典礼或毕业典礼上校长发言风格的转变就是有力的佐证。近年来,各大高校校长在开学典礼或毕业典礼上的发言纷纷借鉴青年群体中流行的新词汇,最典型的代表当属华中科技大学校长李培根,他在对华中科技大学 2010 届毕业生的毕业寄语中,使用了"俯卧撑""躲猫猫""喝开水""打酱油"和"妈妈喊你回家吃饭"等一连串网络流行语,让毕业致辞充满了温情和幽默的气息,在青年大学生群体中引起了强烈的情感共鸣。

三、参与文化在休闲领域的现实功能

除了在语言领域的网络流行语创制实践,参与文化在休闲领域也有着非常活跃的表现。从网游文化到弹幕文化,从粉丝文化到角色扮演(Cosplay)文化,从拍客文化到快闪文化……当代青年基于互动共享的原则,在现实、虚拟两大空间,创制出种种风格各异、内容各异、旨趣各异的青年亚文化形态,既展现出青年对娱乐的诉求,也包裹着更深层的集体取向。

(一)角色扮演(Cosplay)文化:亦幻亦真的逃离抵抗

Cosplay,全称是"Costume Play",中文译为"角色扮演"或"服饰装扮",它是动画(Animation)、连环漫画(Comic)、电子游戏(Game)(简称 ACG 产业)

的重要衍生物。自1998年在中国兴起至今,角色扮演已经成为青少年群体中具有广泛影响力和号召力的亚文化类型。

角色扮演本质上是一种以动漫、游戏、影视角色为原型的视觉真人秀,是Coser综合运用服装、道具、化装等手段,扮演和再现动漫、游戏或影视角色的一种活动。戏剧性的人物扮演、易装和性别气质的颠覆、族群文化资本累积是Cosplay最为明显的文化表征。[1] 角色扮演既是青少年群体自娱自乐的载体,也是青少年群体逃离和抵抗成年主流文化的方式,无论对参与其中的青少年群体而言,还是对成年主流文化而言,都发挥着重要的意识形态功能。

首先,角色扮演为青少年构建理想自我和反思现实自我提供了渠道、空间。青少年在选择角色扮演的角色形象时,通常会受两方面因素的影响,其一是对角色的喜爱程度,其二是扮演的实际效果。而扮演者之所以喜欢一个角色,要么是自己与角色在外在和内在上具有较高的相似性,要么是具有较大的反差性。如果是前者,通过角色扮演的过程,扮演者对现实自我的认知得到进一步强化;如果是后者,角色扮演的过程就是扮演者对现实自我的反抗过程和对理想自我的塑造过程,通过角色扮演,扮演者在虚幻的想象空间中变成了理想的化身,获得了一种"梦想成真"的精神愉悦感和满足感。

其次,角色扮演为青少年提供了逃离和抵制成年主流文化的空间。在角色扮演的世界里,青年不再是成年主流文化规制的对象,而是成为自由自在的文化创造者,他们可以完全根据自己的审美和喜好去塑造一个个极尽唯美的角色形象,并在塑造角色形象的过程中释放现实中被压抑的情感和需求。在角色扮演的世界里,青年们也会暂时远离现实世界的烦恼,忘却现实世界的不尽人意,抛弃现实世界的真实身份及其所产生的地位差异,以平

---

① 参见马中红:《身份认同:Cosplay亚文化的实践意义》,《青年研究》,2011年第5期。

等的身份参与到各种角色的扮演中,并基于共同的兴趣建立起相互认同、彼此支持的情感关联,建立起对同一兴趣共同体的情感归属和身份认同,进而以联合的姿态与成年主流文化分庭抗礼,反抗其无处不在的权力规训。

(二)快闪文化:转瞬即逝的集体狂欢

快闪(Flash mob)最早出现于 2003 年的美国,之后传到世界各地,成为国际流行的青年嬉皮运动。快闪,如同其字面表述,是指一群人以出其不意的姿态,在极其短暂的时间内完成某种集体活动并迅速消失的过程。快闪通常被认为是年轻人自发进行的一种集体性恶搞和无厘头的表演。但本书认为,快闪承载了更丰富的社会意蕴,在游戏的外表下隐藏了青年的价值取向和现实诉求。快闪之所以受到青年人的推崇从而成为一种风格鲜明的青年亚文化,归结起来,是因为其满足了青年三方面的需求,发挥了三方面的功能。

首先,快闪满足了青年标榜个性、追求刺激的心理需求。青年群体总是热衷于追逐一切新鲜和新奇的事物,当快闪作为一种新生事物在美国出现后,青年把它作为流行时尚竞相追捧。在这种心理驱动下,他们追求的是一种冒险的体验和感官的刺激,他们要达到的目标是在集体做完一些无厘头动作或说完一些莫名其妙的话之后得到人们一脸茫然的回馈。他们不需要有什么意义,他们要的仅仅是感觉的纯粹,一种青春欲望的歇斯底里般的发泄。① 快闪作为青年调解平庸生活的一种新奇方式和标榜个性的手段,带给青年以极大的精神愉悦,这是青年参与快闪活动的最直接的原因。

其次,快闪满足了青年解构意义,挑战秩序的心理需求。快闪以出其不意为内核,它的出其不意既体现在它始于突然、止于突然的外在形式,也体

---

① 参见宗倩:《青春审美文化视野下的"快闪族"探析》,《电影评介》,2012 年第 23 期。

现在它目的与手段之间的错位,以及形式与内容之间的无关联。正是由于快闪活动的内容与形式之间缺少合理的逻辑连接,又或者是由于快闪活动根本就没有明确的意义指向,使快闪具有鲜明的后现代特征,快闪通过这种不合逻辑或无意义,消解了人们的思维定式和认知习惯,以无中心的平等关系对抗现实世界中基于各种身份的等级关系,构成了对人们思维世界和生活世界现实秩序的挑战。

最后,快闪满足了青年寻求社会认同,表达现实关切的心理需求。在现代社会中,人就像一个个孤立的原子,漂浮在虚无的世界里。而网络的普遍应用又进一步将人们区隔开来,使人与人之间的直接联系变得越来越稀缺。青年群体作为网络的主要使用者,虽然已经习惯了躲在电脑屏幕后方与周围的世界发生关联,但他们却时常感到孤独,因此他们需要以更直接的方式与周围的世界发生关联。快闪强调一群人共同完成某一项任务,需要人与人之间的团结协作,因此能让青年在参与过程中感受到集体的力量,在与他人的同质行动中强化自我的存在感和归属感,为青年提供了一种全新的社会交往空间。同时,快闪还为青年表达社会关切,承担社会责任提供了可依赖的手段。如2010年舟曲发生特大泥石流时,深圳快闪族以快闪方式为灾区哀悼;2013年"一二·九"运动78周年纪念日时,某高校学生以快闪形式进行纪念等。这些都是青年以快闪形式表达社会关切的积极尝试。

(三)粉丝文化:若即若离的集体沉迷

偶像崇拜在任何时候都是青年休闲生活中的重要组成部分,但成为一种独特的文化现象却并非是很久之前的事情。粉丝文化是伴随着广播、电视等大众媒介的产生而产生,并伴随着互联网的普遍应用而快速成长起来的。在我国,2005年是粉丝文化发展史上的重要转折点。这一年,"超级女声"选秀节目红遍大江南北,重新定义了明星的生产模式,并让"粉丝"这个词汇深入人心。2005年以来的粉丝群与2005年以前的追星族相比表现出诸多不同：2005年以前的追星族对偶像的喜爱是一种带有一定私密性和排他性的暗恋，是一种充满幻想的默默凝视，是一种爱在心头口难开的隐隐情愫，他们不喜欢与他人分享，即使分享也只是局限在很小的范围内，他们喜欢在与偶像想象的一对一关系中获得精神上的满足感；而粉丝群对偶像的喜爱则是一种公开的爱恋，他们不仅更加公开、更加直接地表达对偶像的狂热喜爱，而且把对偶像的喜爱作为标榜自身的一个重要标签，并带着这个标签四处寻找与他们志同道合的朋友，进而缔结成具有相同志趣爱好的共同体。同时，他们也不再满足于沉浸在幻想中对偶像的默默凝视，而是通过多种途径建立与偶像的直接联系，作为一种不可忽视的力量介入偶像的生活世界。

粉丝文化作为休闲领域一种典型的青年亚文化，主要从两个维度释放着它的功能价值：

首先，粉丝文化作为一种重要的力量，正在改变着偶像生产的权力格局。在粉丝文化作为一种力量崛起之前，偶像是媒体精英推行霸权的产物，是精英文化的代表，是一种遥不可及的完美化身和让人魂牵梦萦的神话。在偶像和普通大众之间，媒介精英刻意划出一条鸿沟，让普通民众只能对偶像远远观望，并借助偶像人为的神秘感和虚假的完美感吸引普通民众对偶像的迷恋。在偶像符号的生产与传播过程中，媒介精英具有绝对的主导权，而普通民众几乎没有任何影响力，他们只是作为纯粹的消费者，被动地消费媒介精英所提供的偶像产品。然而这种状况随着粉丝文化的崛起被彻底改变。在网络新媒体的助力下，横亘在粉丝与偶像之间的鸿沟被打破，偶像似乎变得触手可及，粉丝在偶像符号的生产和传播中获得了前所未有的参与权，成为与媒介精英相抗衡的重要力量。粉丝不仅能够介入偶像符号的传播过程，左右一个偶像符号的存活周期。同时，粉丝还能介入偶像符号的生产加工过程，决定哪些符号可以成为偶像符号。从芙蓉姐姐到犀利哥再到姜逸磊(papi 酱),粉丝的参与颠覆了偶像的生产传播机制,重新定义了偶像的内涵,并且改变了偶像的供方市场结构。

其次,粉丝文化所衍生出的粉丝虚拟社区,革新了青年群体人际交往的传统模式。在新媒体环境下,"群"是粉丝生存的基本单元。不同地域、不同身份的青年,基于对共同偶像符号的喜爱,在与相似者的持续互动中共同营造一个集体狂欢的天地,形成稳定而凝聚的粉丝虚拟社区。在社区里,他们分享交流关于偶像的信息资讯,合力提升偶像在偶像市场中的影响力,共同策划完成增进与偶像情感或提升偶像影响力的集体活动,集体对抗来自其他粉丝群的侵犯等。在社群动力的作用下,粉丝展现出了后现代的创造力——蕴藏在大众草根中的个体创造力和微型自助式生产社群的集体智慧。①

(四)拍客文化:无处不在的影像叙事

伴随着互联网的普及和数字技术的革新,图像符号的生产和传播变得简单易行,图像符号的表达功能和文化传播功能日益凸显,人们对图像符号的依赖越来越高。在这种情形下,拍客文化应运而生,可以说拍客文化是图像消费所催生出来的一种亚文化类型。拍客文化的精髓不在于拍摄画面的精雕细刻,也不在于拍摄主题的宏大深刻,而在于随时随地的拍摄精神和分享态度,因此拍客文化是一种典型的参与文化。不论是自拍还是他拍,不论是拍图像还是拍影像,不论是拍生活琐事还是拍社会热点、社会奇观,拍客文化是以青年为主体的拍客记录生活、表达思想、分享体验的一种机制,潜在地冲击着传统媒体的影像传播秩序和美学标准。

首先,拍客文化是青年群体自娱娱人的一种方式。发现快乐、记录快

---

① 参见陈彧:《从文本再生产到文化再生产——新媒体粉丝的后现代创造力》,《学术论坛》,2014 年第 2 期。

乐、传播快乐是拍客所遵循的一条重要法则,他们用手机、相机等设备随时随地记录身边发生的趣事,然后将图像、影像传到论坛、微博、社交网站、视频点播网站上,引起他人围观、转发、评论。在这个过程中,发布者和观看者都获得了精神愉悦的感觉。

其次,拍客文化是青年群体进行表达和交往的一种媒介。拍摄内容和拍摄风格都是拍客区别于其他影像生产者的重要标签,向外界传递着拍客的内在喜好和身份特质。在自拍中,青年对自我形象的包装、自拍的背景、自拍的风格都是青年进行自我言说的一种视觉传播。在他拍中,青年对拍摄内容的选择、对图像或影像的注解,也都透露出青年拍客的表达旨趣。表达需要反馈,表达的根本目的是为了获得他人的认可。因此,拍客文化本质上是青年拍客的一种交往方式。青年拍客以作品分享为纽带,不断寻求他人关注的目光,并与志同道合者建立持续的互动关系,进而建立相互支持的情感关联。

最后,拍客文化是青年群体挑战影像生产和传播秩序的一种实践。拍摄原本只是少数专业人士按照统一的美学标准,借助摆拍、虚构、渲染等拍摄手法生产图像和影像的行为。形式上对修饰美的追求,内容上对宏大崇高主题的偏爱,构成了传统影像生产和传播的主要特质。而拍客最大的冲击力在于打破了传统媒体影像传播的秩序——传统的传播体系中摄影师的摆布、影像内容的规定、栏目定位、配音的标准、版权制度,这些都被拍客重新定义了。① 拍客文化不再完全遵循传统的美学标准,新奇、荒诞,甚至丑陋的事物都可能成为拍客的拍摄对象;拍摄的过程也不再是标准化和程式化的,而是变得自由随意。拍客文化从"视觉奇观"的诱惑中跳脱出来,以平淡的风格记录身边的琐事,拾起传统影像叙事秩序下被忽视的角落,用拍摄的

---

① 参见陈一:《拍客炫目与自恋》,苏州大学出版社,2012 年,第 55 页。

行为向人们传递生活更完整和更真实的面貌。因此,作为影像文本的生产者,拍客本身就是对自己身体或者是外在世界的某种"冒犯",对意义和拥有创造意义权利的社会群体发起挑战,是确立亚文化身份和维系社会差异的重要部分。[①]

四、参与文化在政治领域的现实功能

从2001年的"陈自瑶"事件到2003年的"孙志刚"事件,从2006年的"虐猫女"事件到2007年的"周老虎"事件,从2008年的"抵制家乐福"事件到2009年的"躲猫猫"事件,从2010年的"李刚门"事件到2012年的"微笑局长"事件……青年政治参与的兴趣中心涉及国家时事动态、社会热点问题、国家政治改革、民生改革、国际政治关系、世界局势等各个方面。在网络这个公共空间中,青年以其敏锐的感知力、朴素的政治热情和自觉的参与精神,利用网络平台获取政治信息资源,以其不断生长的公民意识和不断提高的媒介素养,在表达政治诉求,发起政治运动,影响国家政治决策方面正发挥着越来越重要的影响力,已经成为我国网络政治参与中当之无愧的主体性力量。

透过近年来一些网络热点事件,我们看到青年网络政治参与一般在"四步走"的模式中发挥着参与改变的现实功能。

1.聚焦社会事件,确立参与中心

青年的网络政治参与始于网络信息浏览,通过网络信息浏览,青年不断筛选、聚焦,确立自己进行政治参与的兴趣中心。而一个事件要激发青年的参与兴趣,往往需要具备以下特点:第一,能够满足青年的猎奇心理。能够

---

① 参见陈一:《拍客炫目与自恋》,苏州大学出版社,2012年,第122~123页。

满足青年猎奇心理的事件主要包括两种类型:一种是突破了青年一般认知的新奇性事件,如"周老虎"事件就属于此类;另一种是突破了社会伦理道德的隐私性事件,如"艳照门事件"等。第二,不符合人们的一般心理预期,即这些事件要么不符合约定俗成的道德规范,要么不符合法律相关条文,要么不符合事件正常的发展逻辑。如"邓玉娇事件""罗彩霞事件""王帅事件"都属于此类。第三,与社会大众的现实利益密切相关。从目前来看,与社会大众现实利益密切相关的事件主要集中在教育、住房、医疗、社会保障、环境污染、食品安全等社会民生领域。第四,与社会的某些特殊群体密切相关。这些特殊群体包括政府官员、公众人物、"×二代"、弱势群体等。比较典型的事件如"微笑局长事件""郭美美事件"等都属于此类。第五,与国家的安全、发展、利益密切相关。主要包括涉及国际局势、国际关系、国家主权利益、国家大政方针政策、政治体制改革的重大事件,等等。

2. 选取参与阵地,形成舆论中心

时事论坛、博客、政府网站、百度贴吧、微博、微信等都是青年网络政治参与的重要阵地。论坛起步最早,1994 年国内就出现了第一个网络论坛——曙光 BBS 站。目前比较有影响力的论坛有天涯论坛、强国论坛、西祠胡同—强国之路、北大未名—时代论坛等。2016 年 6 月互联网论坛用户规模 10812 万,网民使用率为 15.2%,手机论坛用户规模 8462 万,网民使用率为 12.9%。[①]《2015 年中国青少年上网行为研究报告》显示,截至 2015 年 12 月,青少年网民论坛使用率为 18%,高于网民总体水平。[②] 2000 年博客进入中国,2004 年因"木子美事件"得以迅速流行。尽管近年来博客的影响力在

---

① 参见中国网络互联信息中心:《第 38 次中国互联网络发展状况统计报告》,中国互联网络信息中心,http://www.cnnic.net.cn/hlwfzyj/hlwxzbg/hlwtjbg/201608/P020160803367337470363.pdf.

② 参见中国网络互联信息中心:《2015 年中国青少年上网行为研究报告》,中国互联网络信息中心,http://www.cnnic.net.cn/hlwfzyj/hlwxzbg/qsnbg/201608/P020160812393489128332.pdf.

不断下降,但由于博客在信息容量、评论深度方面具有自身优势,博客目前仍是青年网民发表政治言论,分享、交流政治观点的重要载体。以中国博客的发源地和中国最具影响力的博客平台——博客中国为例,其"热门文章"栏目48小时排行榜第一位的文章阅读量达到1.7万人次,"热门评论"栏目48小时内评论排行前三的主题均为国际政治类(见表6-2),题目分别是"究竟谁是中国的'敌对势力'""美日选择性'失明'想继续'耍无赖'有用吗?""中国外交挫败,西方继续剪羊毛"。

表6-2 博客中国"热门评论"栏目48小时排行榜

主题类别	博文主题	评论量	阅读量
国际关系(7篇)	究竟谁是中国的"敌对势力"?	45	13500
	美日选择性"失明"想继续"耍无赖"有用吗?	42	4399
	中国外交挫败,西方继续剪羊毛	41	13800
	老徐时评:试探"一个中国"底线,特朗普到底要干什么?	25	5124
	中国的人权事业轮不到美国驻华大使指指点点	11	1828
	看看美国是如何对待穷人的?	11	3567
	特朗普再公然挑战一中底线 中美或陷冷对抗	10	5666
国内政治(2篇)	习近平这样把制度笼子越扎越紧	15	3381
	关心政治是一种稀有而高贵的情感	10	2992
经济(1篇)	中国入世15年究竟谁赢谁输?	15	14800
教育、文化(3篇)	陈丹青:人文素质低下是百年教育的"报应"	24	7052
	亚洲周刊:中国学术腐败将动摇国本	16	6376
	图源:在中国,有一种幼稚叫"讲理"	13	10000
城市生态(1篇)	中部整10个千万城市是一个超级馊主意	15	7530
社会热点(1篇)	聂树斌昭雪,帮他的警察却说自己活不长了	23	2688
历史钩沉(2篇)	纳粹党纲,其实很"左"!	12	4474
	40年前,总理濒危最后一句话	10	6214

续表

主题类别	博文主题	评论量	阅读量
情感、生活 (3篇)	我非常看不起熊飞骏和傅志彬	28	20800
	我的飞骏好兄弟,别来无恙乎	32	16700
	无题——献给飞骏	12	1656

(注:数据搜索时间为2016年12月13日20:00)

百度贴吧于2003年上线,凭借强大的搜索分类功能将人们按照相似性聚集在一起,形成一个个兴趣主题互动平台。贴吧具有互动性强但互动不深入的特点,从内容而言,贴吧主要以微观领域的休闲娱乐交友为主,相对缺乏宏观国际国内局势的分析评论。微博兴起于2010年,主打陌生人社交,比较好地平衡了传播速度和内容深度的矛盾,一度成为青年网民政治参与的首选,截至2016年6月,微博用户规模为2.42亿,使用率为34%。① 与微博主打陌生人社交恰恰相反,微信主打熟人社交,微信作为一种更快速的即时通信工具,于2011年推出后迅速成为最受青年青睐的网络应用,截至2016年6月,网民微信使用率为78.7%。此外,青年网民也会通过政府网站进行政治参与,截至2016年6月,在线政务服务用户规模17626万,使用率为24.8%。②

总体而言,上述网络应用的产生时间与其在青年政治参与中的影响力基本呈反比关系,即产生时间越晚,影响力越大,青年进行网络政治参与时,通常会选择一个主阵地,并同时依托多个阵地,通过不断的跟帖、转发、评论,在短时间内形成舆论中心,在获得广泛关注的基础上推动事件的解决进程。

---

①② 参见中国网络互联信息中心:《第38次中国互联网络发展状况统计报告》,中国互联网络信息中心,http://www.cnnic.net.cn/hlwfzyj/hlwxzbg/hlwtjbg/201608/P020160803367337470363.pdf。

3. 挖掘事件真相,形成舆论导向

通过不断的跟帖、转发、评论形成舆论中心之后,下一步就是将公众的注意力由事件表象引向事件背后,深挖事件发生发展的来龙去脉,深挖事件当事人的真实身份和事件背后错综复杂的利益关系。

在挖掘事件真相的过程中,我们看到青年网民往往会自发形成合作机制,并在其中扮演不同的角色——有摇旗呐喊、壮大声势的围观群众,也有出谋划策的智库人员,更有号令全局的意见领袖。意见领袖是那些在网络政治参与中热情最高,并且掌握着影响事件走向重要信息资源的人或团体,他们是挖掘事件真相的领头羊,也是维系临时性合作机制的黏合剂。

4. 施加集体压力,推动事件解决

语言层面的集体声讨和道德层面的集体谴责并不是青年网络政治参与的根本目标,当事件的真相浮出水面和针对事件的舆论导向形成以后,青年网络政治参与的重心将转向对事件现实解决途径的寻求。从青年网络政治参与开始作为一种话语力量介入公共决策的"孙志刚事件",到"乙肝事件""躲猫猫事件",再到 2016 年的"雷洋案""魏则西事件",无不体现出青年网民在虚拟空间中的参与行动所带来的现实改变。在 2003 年的"孙志刚事件"中,由于网民的普遍质疑和声讨,国务院废除了运行二十多年之久的"收容遣送制度",而代之以《城市生活无着的流浪乞讨人员救助管理办法》;在2003 年的"乙肝事件"中,青年网民和社会各界共同推动国家人事部、卫生部修改制定了《公务员录用体检通用标准(试行)》,把乙肝携带者大小三阳均列为合格;在"躲猫猫事件"中,网友组成"网友调查团"直接参与到事件的调查当中,使看守所民警及监管人员分别因玩忽职守罪和虐待被监管人罪得到相应的刑事处罚,并推动了看守所"侦押分离"司法体制的修正与完善;在"雷洋案"中,涉案警务人员在执法中因存在不当行为,被依法移送公诉部门审查;在"魏则西事件"中,武警北京总队第二医院停诊,两名负责人被撤,百度对搜索页面进行全面整改,中源协和收购上海柯莱逊生物技术有限公司夭折。这些实例都表明,以网络为空间,以参与为核心的当代青年亚文化已经不再是停留在风格层面的符号游戏或风格表演,它还是有复杂政治意蕴,能够对现实产生实际改变的重要行动力量和"微观政治"。

第三节　参归何处?
——主流文化对"参与文化"的吸收与转化

参与文化的价值诉求划分及其在语言领域、休闲领域、政治领域所发挥的现实功能表明,当前我国的青年亚文化既具有破坏性,又具有建构性;既具有娱乐性,又具有批判性;既包含风格的抵抗,又包含行动的改变;既有青年群体对内的自我关照,又有青年群体对外的社会关怀和政治责任承担。因此,主流文化对参与文化的吸收与转化也必然是复杂多元和灵活多变的。

一、在娱乐狂欢中放逐是参与文化的外在气质

无论是语言领域青年对网络流行语的创制,还是休闲领域青年所结成的一个个兴趣共同体,抑或是政治领域青年的网络政治参与,都内在地包含着青年对娱乐的诉求。而青年对娱乐的诉求绝不是当代青年亚文化才有的特质,它从芝加哥学派注意到青年亚文化现象时就内在地包含在青年亚文化之中了,只不过那时的研究焦点集中于青年亚文化对社会秩序的破坏性而忽视了其娱乐性而已。同样,伯明翰学派时期,从无赖青年到光头仔,从摩登族到朋克再到嬉皮士,这些青年亚文化形态也都内在地包含着娱乐性的一面,只不过是被伯明翰学派所赋予的阶级、权力、抵抗等特质所压制了。

　　而当今青年亚文化的娱乐性之所以如此鲜明地展现出来,以至于后亚文化学者只关注到它的娱乐性。一方面,是因为大众消费时代背景下包括青年在内的所有人正在越来越深刻地卷入到商品消费的大潮中,无限的商品供应为青年亚文化建构自身提供了充足的可借鉴资源,并且使青年亚文化与以娱乐、消费为特征的大众文化更加紧密地纠缠在一起,展现出越来越突出的娱乐性和消费性特质,以至于有学者指出:青年亚文化在当代的变化,突出地表现为抗争意识的弱化,取而代之的是以狂欢化的文化消费来抵制成年人文化。[①] 另一方面,是因为新媒介语境下青年亚文化的存在方式和传播方式发生了重大变化。网络为广大青少年提供了一个狂欢的舞台,青少年在其中集导演、演员、狂欢者于一身,参与网络空间文化的构建。[②] 网络空间去中心、无等级、开放性的特质,使青年亚文化不再局限于小规模人群中的封闭性流转,而实现了跨阶层、跨地域的传播,各种形态、各种风格、各种旨趣的青年亚文化在网络空间中各立门户,交叉并存,争奇斗艳,既有交流借鉴,也有对抗论战,使网络空间成为"互动匿名的'假面舞会'式的狂欢广场"[③],展现出众声喧哗的"泛娱乐化"特征。

(一)青年在娱乐狂欢中逃离主流文化的规制

　　在现实世界中,青年一方面要应对学习、生活、工作等各种现实压力,另一方面还要处处受到来自成年主流文化的约束,这些无处不在的压力和约束让他们感到焦虑和压抑,他们必须寻找合适的出口将这些焦虑和压抑释放出去,而青年亚文化为其提供了释放焦虑和压抑的合理渠道。他们可以选择成为粉丝群的一员,在对偶像狂热的追捧中释放过剩的青春荷尔蒙;他

---

① 参见张平功:《青年亚文化的形成及表现》,《青年探索》,2007年第4期。
② 参见任小夏:《浅析青少年"娱乐至死"式网络文化参与》,《新闻研究导刊》,2016年第14期。
③ 任小夏:《浅析青少年"娱乐至死"式网络文化参与》,《新闻研究导刊》,2016年第14期。

们也可以选择成为一名角色扮演玩家,在角色扮演的梦幻之境中触摸理想的自我;他们可以扎到网游的世界里,从现实中的失意者变成无所不能的赢家;他们也可以投入到弹幕的世界里,用文字嬉笑怒骂、指点江山……青年亚文化以其强大的包容性和娱乐性,为青年躲避现实的困扰和成年主流文化的规制提供了多样化的选择,使青年得到心理上的慰藉和情感上的宣泄,使青年的身体感官得到充分的释放,尤其是在匿名化的网络空间中,青年获得了前所未有的自由感和主宰感。他们披着隐形的外衣,往来穿梭于论坛、贴吧、网络社区等平台,利用文字、图片、影像等手段,进行着网络文本的生产和传播,在制造一个个网络热点的过程中,达到自娱娱人、集体狂欢的效果。"狂欢让人们暂时从普遍真理和既定秩序中解放出来;它标志着所有等级差别、特权、规范和禁令的暂时终止"①,"狂欢提供了打破日常生活的压抑的机会,提供了被压制者的声音在最大时可被听到的机会,提供了社会接受它通常所压制和否定的快乐的机会。狂欢的本质是它对规范着日常生活的规则的逆转;狂欢的必要性源自被压制者最终对屈服于社会规范的拒绝。所以狂欢的力量是从属者的日常生活中起压制和控制作用力量的对立面"②。在参与亚文化实践的过程中,青年不再是成年主流文化的规制对象,而成为自我命运的掌控者,他们在自娱娱人的过程中放纵自我,释放激情,颠覆常规,躲避并对抗社会的秩序、道德与规训,不断对自我的现实状态进行调整,并不断实现对成年主流文化的逃离。从这个意义上说,青年亚文化往往表现为反规训的娱乐文化。③

① [美]约翰·费斯克:《电视文化》,祁阿红、张鲲译,商务印书馆,2005 年,第 349 页。
② [美]约翰·费斯克:《解读大众文化》,杨全强译,南京大学出版社,2001 年,第 148 页。
③ 参见蒋原伦:《一切新文化都是青年亚文化》,《读书》,2012 年第 10 期。

(二)青年在娱乐狂欢中建立和不断强化自我身份认同

　　青年对自我、对世界都有着强烈的探索欲,他们乐于尝试新事物,但却也常常会在尝试新事物的过程中产生迷茫感和不确定感,他们迷茫和不确定的是自己的这种尝试是否有意义、是否属于正常。他们需要从他人那里得到确证,而确证的方法要么是从他人那里得到认可或赞赏的积极反馈,要么是发现他人与自己具有相同的选择,不论是前者或后者,都能对他们产生积极的心理强化效应,不断强化他们对自己身份的认同。正如布雷克所言:"作为一种尝试而产生的亚文化……产生了一种集体的认同方式,从这种认同中人们会获得并非是阶级、教育和职业中产生的个人认同。"①

　　物以类聚,人以群分。从根本上说,青年亚文化就是在某些方面具有相似性的青年个体自发聚集而成的一个空间及其弥散出的一种氛围。而青年个体在某些方面的相似性既可以体现为兴趣爱好的相似,也可以体现为价值理念的相似。从御宅族到粉丝群,从网游文化到黑客文化,从弹幕文化到拍客文化,在新媒体环境下,青年更加倚重自身的趣味来界定自己的文化空间和身份归属,"青年文化群可以被越来越多地看作是带有'共享观念'的文化群……年轻人从他们日常生活中的社会经济和文化束缚中解放出来,以跨地域的可交流的青年文化话语为基础,自由自在地结成新的联盟"②。借助网络空间的虚拟性和无限性,运用自己的信息技术优势,青年在现实空间和虚拟空间中不断搜寻跟自己具有相同兴趣爱好的人,与他们分享信息,交流情感,聚集成风格各异、旨趣各异的趣缘群体文化,形成一个个相互认同、

---

① Mike Brake, *Comparative Youth Culture: The Sociology of Youth Cultures and Youth Subcultures in America*, Taylor & Francis Group, 1990, p. ix.

② [英]安迪·班尼特:《虚拟亚文化? 青年、身份认同与互联网》,载[英]安迪·班尼特、基思·哈恩-哈里斯:《亚文化之后:对于当代青年文化的批判研究》,中国青年政治学院青年文化译介小组译,中国青年出版社,2012年,第195页。

彼此欣赏的兴趣共同体和情感共同体。在这些共同体里，没有利益的纠葛，也没有权力的压制，"没有我们熟悉的组织形式的硬性标准，它更多的是指一种气氛，一种意识状态"①，有的只是对某一事物的共同热爱。这种共同的热爱将身在其中的人们凝聚在一起，相互依偎，相互慰藉，远离了因对自己选择的不确定性所产生的孤独感和迷茫感。与此同时，他们在相互的依偎和慰藉中，不断彰显自己的族群特征，寻求其他亚文化族群和主流文化的认可，并在此过程中进一步强化对族群的热爱和对自己族群身份的认同。

二、在批判抵抗中建构是参与文化的内在精神

参与文化的娱乐狂欢特质是如此鲜明，难免让人们产生青年亚文化的抵抗精神和批判精神已经消弭的错觉，产生当代的青年亚文化已经完全迷失在消费主义的大潮里，丧失了其应有的先锋品格、独立精神和创造能力，变成了波兹曼所预言的"娱乐至死的物种"的悲观论调。而事实上，当代青年亚文化的批判精神从未陨落，它只是变换了风格，变换了姿态，并且掩藏在青年亚文化厚重的娱乐狂欢表象之下让人们一时未参透。本书认为，当代青年亚文化作为一种更富内在张力的文化体系，正在以更加多元化的方式释放自己的批判价值，在批判中建构是当前我国青年亚文化的内在精神。

（一）为何说青年亚文化的批判精神从未陨落？

青年亚文化在任何时候都不是年轻人自娱自乐的一种游戏，而是如费斯克所言，是同身处社会与历史大结构中的某些社会群体所遭际的特殊地

---

① Michel Maffesoli, *The Time of the Tribes: The Decline of Individualism*, Sage Publications Ltd, 1996, p. 98.

位、暧昧状态与具体矛盾相应,是一种富于意味而别具一格的文化类型,是社会危机的症候和社会变迁的隐喻。否认青年亚文化的批判精神,其本质就是否认青年亚文化与社会宏观变迁之间的内在联系,肤浅地将青年亚文化理解为只是局限在青年人内部的事情,是青年人凭空创造的仅供消遣和娱乐的游戏,既不符合个体发展的一般规律,也不符合社会发展的一般规律。

青年时期是个体生命成长过程中的一个非常特殊的时期,身体发育基本成熟,人格塑造基本完成,自我意识基本建立,社会角色基本形成。相比于成年人,青年有着更加旺盛的精力,有着更加饱满的热情和突破常规的创造精神,他们都是理想主义者,习惯以追求完美的姿态看待自我以及自我与他人、与周围世界的关系。然而他们对完美状态的执着追求和对不完美状态较低限度的容忍,使他们很容易产生失望和不满的情绪,而失望和不满的情绪往往又会发展为对不完美状态的批判。与此同时,青年时期还是个体学习、生活和工作的重要变动期和各种矛盾、冲突的高发期。因此,青年时期独特的生理特点、心理特点,以及青年时期所对应的诸多现实问题,决定了青年更容易产生批判精神。所以对于青年群体而言,批判是一种常态,而不批判是一种非常态。当代青年在生理和心理特点上既没有展现出显著不同,在所面对的现实问题上也没有展现出显著不同,从个体发展的一般规律而言,似乎并找不到支持当代青年亚文化和当代青年缺乏批判精神的充分依据。

此外,批判源于对现实的不满,在一定程度上,批判的力度与社会发展的完善程度成反比关系,即社会发展越完善,批判的力度就越低;反之,社会发展中的矛盾越多,批判的力度就越高。尽管改革开放以来,我国经济持续快速增长,综合国力显著增强,人们的物质文化生活水平显著提高,但是我们现在仍处于结构转换、机制转轨、利益调整、观念转变的转型关键期和改革的"深水区",思想领域各种思潮相互激荡,意识形态斗争趋于激烈;经济领域经济增长方式转型升级缓慢,资源环境持续恶化;政治领域贪污腐败、权力寻租现象依然严重;社会领域教育、就业、医疗等民生问题依然突出。这些问题必然会传导到青年群体当中,激发青年群体的批判精神。从理论上说,只要批判源客观存在,青年的批判精神就不会陨落,青年的批判实践也不会消失,青年亚文化也不会只是追求感官娱乐的"娱乐文化"。

(二)当代青年亚文化的批判精神身在何处?

有学者曾对青年社会批判的形式做过类型区分,如王静将青年划分为怨恨社会型、逃避社会型、指责社会型和改造社会型①,申平华将青年划分为怨恨型、逃避型、指责型和破坏型②。不同类型的青年通常采取不同的社会批判形式。怨恨社会型的青年通常以发牢骚、泄怨气的方式表达对社会的批判,逃避社会型的青年则以自我封闭、躲避责任、拒绝合作的方式,表达对社会的批判;指责社会型的青年喜欢通过在言语层面指摘社会弊端,表达对社会的批判;改造社会型的青年则喜欢通过行动参与改变的方式,表达对社会的批判;而破坏型的青年通常以寻衅闹事等破坏性行为,表达对社会的批判。当代青年亚文化由众多风格各异、旨趣各异的青年亚文化形态构成,注定其批判姿态也是各有风格,在感性与理性、狂热与温和、宣泄与节制、极端与适度之间左右摇摆。

1. 从语言暴力到理性表达

美国学者克利福特·斯托尔指出:"网络是历史上存在的最接近真正的无政府主义状态的东西。"③埃瑟·戴森也指出,数字化世界是一片崭新的疆

---

① 参见王静:《青年对社会的批判》,《青年研究》,1987 年第 7 期。
② 参见申平华:《论青年的社会批判性及其引导》,《青年探索》,1990 年第 2 期。
③ [美]比尔·盖茨:《未来之路》,辜正坤译,北京大学出版社,1995 年,第 179 页。

土,可以释放出难以形容的生产量,但它也可能成为恐怖主义和江湖巨骗的工具,或是弥天大谎和恶意中伤的大本营。① 网络的开放性和平等性增强了青年群体的话语权,改善了青年在现实空间中的失语状态,这本是一种进步。但网络的匿名性和无政府性却常常让青年的话语权像脱缰的野马,在网络空间里任意驰骋,成为一不小心就会伤害无辜的暴力工具。青年有着极强的表达欲望和愤世嫉俗的天性,但却没有与之相匹配的自律能力和辨别能力,在一个缺乏规制的匿名空间中,所释放出的破坏力是巨大的。一些青年如同隐形的"键盘侠"穿梭于各类网络空间中,对他人进行人身攻击,对公权力部门进行情绪化谴责,对国家大政方针进行歪曲化理解,对颠覆政权的言论进行积极宣扬……他们将网络当作一个泄愤场,将批判当成一种谩骂,肆无忌惮地用言语对他人实施暴力。这些"网络喷子"就像猎犬一样,对腐烂的气息具有超强的嗅觉,他们总是能从微不足道的小瑕疵中发现大问题,将矛盾和问题放大到极致,他们还善于无中生有,为黑而黑,造谣生事。他们把网络变成了一个谩骂、谣言、霸凌满天飞的混乱之地,把"批判"异化为丢掉了反思品格的不负责任的暴力行为。

与此形成鲜明对比的是,也有大量的青年将批判精神建立在反思理性的基础之上,基于对自我和周围世界的充分认识,深入地思考,审慎地表达,合理地质疑,科学地批判。他们抛弃那种非理性的宣泄式表达,抛弃那种人云亦云的从众式批判,抛弃那种污言秽语的谩骂式攻击,转而采取一种温和却有力的批判方式,以高度的自律性和道德责任感,以无所畏、有所为的批判精神,尊重他人权利,尊重事实真相,通过合法有序的途径,娴熟运用各种网络手段,表达见解、阐述诉求,揭露社会阴暗面,抵制社会不良风气。于他

---

① 参见昝玉林、许文贤:《网络政治参与中的"群体极化"探析》,《思想·理论·教育》,2005年第10期。

们而言,批判只是手段,而非目的,其目的是借助批判引发大众对某一问题的集体思考,然后共同探寻问题解决的现实方案,进而针对问题做出建设性的改变。而要做到理性表达,首先要求批判主体要有独立思考的能力,有广博的知识和宽阔的视野,有坚定的理想信念和明确的价值判断,有果断、清晰的思维逻辑和言语表达。其次要求批判主体要有较高的媒介素养,能够自觉遵守传播伦理参与媒体内容的分享与传播,能够对不同来源信息的可靠性和可信性做出科学评价,能够对网络空间中的海量信息做出准确的监测和快速的反应,能够对媒介内容进行有意义的选择和再加工,能够顺畅有效地与他人共享知识、交换想法。

2. 从震惊的风格到务实的行动

伯明翰学派认为,每一种青年亚文化都对应着一种别样的风格,从爱穿改造爱德华服饰的无赖青年,到喜欢笨重靴子和吊带工装裤的光头仔,再到将衣物撕裂、将颜料涂抹在衣服上、把黑色垃圾塑料袋作为衬衫、以"陌生化"的方式来进行服饰风格表意实践的朋克。伯明翰学派将青年亚文化诠释为以震惊的风格对支配阶级霸权进行抵抗的文化样态。不可否认,伯明翰学派对青年亚文化风格的强调在今天依然具有它的现实价值。尽管当前我国青年亚文化领域各种文化形态交错林立,交叉并存,各种亚文化形态之间的界限不再截然分明,当代的青年亚文化群体也不再像伯明翰时代的青年亚文化群体那样注重对自己外在风格的打造,但是透过服饰、音乐、语言等符号,我们依然可以较为准确地识别某一青年亚文化形态的风格特质。角色扮演爱好者是当前青年亚文化谱系中最注重风格表征的亚文化群体,他们的批判精神全部体现在他们的服饰风格中;粉丝群虽然不像角色扮演爱好者那样热衷于服饰风格的打造,但是他们也非常注重用服饰风格展现自己的诉求,通常他们喜用与自己偶像有关的元素来装饰自己,表明自己的态度立场。此外,嘻哈族、快闪族、御宅族在服饰风格、音乐偏好、语言表达上也都展现出或多或少的差异。因此,用独特的风格特质来标榜自身并实现与周围世界的交流仍然是青年亚文化一个非常重要的特征。

但是我们也不可否认,当今我国青年亚文化的社会批判功能早已冲出风格层面,扩展到了行动领域,基于新媒体,贯通虚拟空间和现实空间的行动参与已经跃升为当今我国青年亚文化的主要批判方式。而青年亚文化的务实行动既体现在他们语言创制的行为实践当中,也体现在他们对休闲娱乐方式的改造实践当中,更体现在他们的志愿行动和网络政治参与当中。在近些年来的重要赛事、重要会议当中,在一些严重的自然灾害和安全事故当中,青年以高度的主人翁精神,投入到志愿者的行列,以无私的奉献精神和务实的行动推动社会进步;在近些年的一些重大公共事件当中,青年借助网络积极发声,形成舆论中心,挖掘事件真相,推动事件顺利解决。他们还通过网络投票、网络选举、网络签名等方式参与政策和法律的制定与执行,对我国的社会主义民主法制建设产生切实的影响,成为维护政治稳定的"晴雨表"。

三、弹性多元是主流文化对参与文化吸收转化的立场策略

参与文化在语言、休闲、政治领域所体现出来的以娱乐狂欢为表、以批判建构为里的功能特性,以及参与品质之下多种文化形态并存的结构特性,决定了主流文化对青年亚文化的吸收转化,只能是采取一种弹性多元的立场策略。

第一,对青年在语言领域的创造性实践,主流文化总体上持开放、包容、吸纳的态度。主流文化将网络流行语视为一种与官方话语相互映照、相互补充的新鲜元素,是一种促进青年之间互动交流的重要载体,是一种青年表达心声、参与文化变迁的重要途径,因此主流文化除了对极少数格调不高的

网络流行语不予提倡外,对绝大多数网络流行语基本上都是任其自由发展,主流文化既不以官方话语的权威来压制网络流行语的创制,也不以官方话语的规范来束缚网络流行语的发展,反而在一些时候会主动迎合青年的语言表达习惯,模仿青年的语言表达口吻,用青年亚文化中独特的语言元素来装点自身,从而拉近与青年群体的距离。对于网络流行语中的一些精华,主流文化也会积极地吸收,将其转化为自身的一部分。

第二,对青年在休闲领域的多元文化追求,主流文化总体上采取不鼓励也不限制的态度。无论是角色扮演文化、快闪文化,还是粉丝文化、拍客文化,抑或是本书没有专门提及但同样具有重要影响力的网游文化、御宅文化等,在主流文化看来,它们主要是青年休闲放松的一种方式,而并不太关涉诸如批判、抵抗的深层意涵。在这种认知的前提下,主流文化并不过多干涉这些青年亚文化形态的发展,而只有当这些青年亚文化形态触及一些敏感内容或者威胁公共的安全又或者不利于青年的健康发展时,主流文化才会出来干涉。譬如青年在角色扮演中扮演了一些负面人物形象并损害了公众的集体情感;青年的快闪活动演化为一种非正常的公共集会,并且危害到了公共的安全秩序;青年在粉丝文化中,因过度沉迷于对偶像的狂热追求,而使自己的生活完全处于混乱状态并且引发了负面的社会影响;青年在拍客文化中违反伦理道德规范,侵害了他人的隐私并且对他人造成了实际的伤害,等等。

第三,对政治领域青年的网络政治参与行为,主流文化总体上采取鼓励联合为主,规范引导为辅的态度立场。在主流文化看来,青年的网络政治参与行为是青年公民意识的重要体现,是调动社会活力和推动社会进步的重要力量。青年借助网络,参与民意表达、参与政策法律制定、参与政策执行和监督、参与投票选举,以青年的视角关注社会发展脉动,以青年的担当参与社会发展变革,聚焦社会热点,表达改革诉求,影响公共决策,对公权力而言无疑是一种重要的监督机制和补充力量。因此,主流文化对青年的网络政治参与行为总体上采取鼓励联合的态度。但是在保护青年参与热情的基础上,主流文化也会对青年网络政治参与中的一些无序因素和非理性因素进行积极引导,从而推动青年的公民意识进一步走向成熟。

此外,对当今我国青年亚文化以娱乐狂欢为表、以批判建构为里的功能特性,主流文化的认识还不够清晰,以至于它过于强调青年亚文化中的娱乐狂欢特质,而忽视了隐藏其中的批判建构特质。由于主流文化没有看到青年亚文化中娱乐本身的价值,并且低估了青年亚文化在娱乐表象之下所掩藏的批判精神和更务实的建构品格,使得主流文化在一定程度上对当代青年亚文化充满了失望之感。然而这种失望之感并非是一种客观存在,而是一种夸大其实的主观想象。因此,主流文化需要从这种负面的情绪中走出来,将精力由对青年的无端质疑转向对青年的积极引导,充分吸收青年亚文化中的积极因素,使青年亚文化成为自身的重要补充力量。

第七章 我国青年亚文化的历史流变与
时代内涵

在滚滚的历史红尘中,青年亚文化总是以其鲜明的风格成为串联人们时代记忆最闪亮的标记。每一个时代的青年亚文化领域都是五彩斑斓的,但在五彩斑斓之中总有一种色彩格外绚丽,折射出那个时代青年最鲜明的精神特质,成为我们触摸那个时代青年心灵的最佳入口。作为青年青春的写照和社会现实的映照,不同时代的青年亚文化既闪烁着独特的时代光泽,也共享着相似的精神密码,彼此相连,交错并存,替代推进,呈现一幕幕热血沸腾、波澜壮阔的历史图景。

第一节 改革开放以来我国青年亚文化
代际演进的逻辑理路

青年亚文化的四种典型形态提供了把握改革开放以来我国青年亚文化历史流变的关键点,以这些关键点为圆心向外推延,青年亚文化在内部结构、存在方式、传播方式、表达方式、气质类型五个维度上体现出鲜明的代际演进规律。

一、青年亚文化内部结构由相对同质到高度异质的变迁

任何时代,青年亚文化都不是铁板一块的同质体。但是在前网络时代,青年亚文化内部的统一性因素往往多于异质性因素,青年亚文化呈现多元并存、一元主导的总体态势。而互联网的出现和广泛应用改变了这种态势,它不断稀释着青年亚文化内部的统一性因素,使青年亚文化向着高度异质的结构体转变。

20世纪80年代,改革开放引发了青年亚文化领域的空前活跃,服饰的变革、娱乐休闲活动的丰富、思想观念的革新,种种变化交织在一起,重塑着青年的自我认知和公共形象。服饰是最先发生变革的领域,从以穿喇叭裤、戴蛤蟆镜、留长发为美到以白裤子配红衬衫为美,从军装的复苏、牛仔裤的流行到西服热、运动服热,从霍元甲式的"锅盖头"到"三抄头""钢丝头",其迭代更新就像川剧中的变脸一样,总是整齐划一地发生着变化。青年对娱乐休闲活动的选择也同样如此,从对邓丽君清婉柔美歌声的痴迷,到对李谷一"气声"唱法的热爱,青年群体步调一致地追随着流行音乐的流行趋势;从对《庐山恋》的热追到对《红高粱》的热捧,张瑜、巩俐成为一代青年的梦中情人;从《警察故事》到《英雄本色》,成龙、周润发、张国荣满足了一代青年的英雄幻想;从交谊舞到迪斯科再到霹雳舞,青年以相同的方式释放着自己被压抑的肢体和内心。在思想观念领域,各种思潮也如汹涌的潮汐一般,在一次次涨潮、退潮的周期性运动中,涤荡着青年的头脑。先是萨特的存在主义所宣扬的"人是绝对自由的""存在先于本质"等思想在青年人群中引起广泛回响,而后是弗洛伊德把追求性本能的释放与满足视为人行为真正动因的性

学思想对青年性观念产生重大冲击，再之后是尼采所倡导的"上帝死了""自己就是上帝""成为你自己""重估一切价值"等哲学思想成为青年崇尚的精神力量。在这些西方思潮的裹挟下，青年的自我意识不断觉醒，自我本位的价值观和生活方式逐渐确立，最典型的事例就是20世纪80年代初全国范围内的人生观大讨论和20世纪80年代中期开始的代沟讨论，这两大事件表明了20世纪80年代青年思想领域整体性的深刻变革。综上所述，无论是在服饰、娱乐休闲领域，还是在思想观念领域，青年亚文化在形式的多样化中始终存在着共同的基质。

进入20世纪90年代，经济领域内社会主义市场经济体制的确立，打破了社会主义和市场经济不能兼容的旧思维；政治领域内受东欧剧变、两极格局瓦解的影响，资产阶级自由化思潮开始抬头；文化领域内知识界的思想走向多元化；意识形态领域内"新社会主义""第三条道路"等思想甚嚣尘上；信息领域内人们对电视的依赖度进一步提高，互联网开始进入人们的生活……经济、政治、文化、意识形态、信息传播领域的这些深刻变化，以及社会结构由单一、同质的社会向多元、异质的社会转型，构成了青年亚文化发展的宏观背景。在这种宏观背景下，青年亚文化的同质性开始被瓦解，显现出越来越多的异质性特征。在服饰领域，相较于20世纪80年代，青年服饰的更新周期更加短暂，青年服饰的选择空间更加广阔，以至于一种潮流还没有形成几乎就面临着过时的尴尬。同时，服饰在青年自我表达方面的功能开始弱化，青年不再把服饰作为确立自身的首要手段，因此20世纪90年代除了"文化衫""吊带裙"大热以外，青年在服饰的选择上"千军万马挤独木桥"的盛况难以再现，表明青年的着装不再是简单、盲目地追随流行，而是开始转向了个性化和多元化。同样，在休闲娱乐领域，青年的选择也更加多样。20世纪90年代，中国流行乐坛歌手签约制度的建立和造星运动的兴起，使杨钰莹、毛宁、孙楠、那英等一大批流行歌手如雨后春笋般生产出来，他们使流行音乐变得更加丰富,却也使青年的音乐消费变得更加"快餐化",群雄逐鹿的音乐市场让每一位流行歌手都很难像 20 世纪 80 年代的邓丽君、崔健那样在青年群体中产生长期效应,很多歌手都是昙花一现就被无声无息地淘汰掉了。在思想观念领域,一方面,受实用主义思想的影响,20 世纪 90 年代的青年中很大一部分人信奉经济至上,将主要精力投向物质领域,而对精神领域的关注不断减少,对国家政治领域变革的关注也不再像 20 世纪 80 年代的青年那样充满热情;另一方面,随着户籍制和单位制的松动,青年身份的流动性和思维的流动性随之增强,使得青年对某种社会思潮的集体信奉变得愈发困难,青年思维方式和行为方式的趋同性被逐渐削弱,表现出更加明显的分化特征。

进入 21 世纪,互联网的普及改变了人们获取信息的方式,降低了人们信息传播的成本,消弭了信息传播的物理距离。在互联网的助力下,青年亚文化的线性发展模式被蔓状发展模式所取代,大话文化、恶搞文化、自黑文化、求虐文化,角色扮演、另类写作、网游文化、自拍文化、粉丝文化、快闪文化、嘻哈文化、愤青文化,纷繁多样的青年亚文化交叉并存、争奇斗艳,彻底改写了前网络时代青年亚文化领域一家独大的局面。

二、青年亚文化存在方式由现实化生存到数字化生存的变迁

回顾改革开放以来我国青年亚文化表现形态的代际演进,我们可以清晰地感受到我国青年亚文化存在方式由现实生活空间转向网络虚拟空间的发展轨迹。20 世纪 80 年代的愤青文化以摇滚乐为主要承载形式,其生成和传播完全植根于现实生活;进入 20 世纪 90 年代,以文学作品及其衍生的影视作品为主要承载形式的顽主文化开始逐渐与大众媒介融合,声音、文字、图像糅合在一起的超级文本逐渐上升为青年亚文化的主要表现形式,同时,

青年亚文化的视觉性特征开始凸显;而到了21世纪初,无厘头文化和恶搞文化的传播实践表明:青年亚文化与大众传播媒介的融合进一步加深,青年亚文化的视觉性特征进一步凸显,网络作为青年亚文化传播主阵地的地位逐渐确立。在网络空间中,青年个体可以以更加低廉的成本和更加平等的身份参与到青年亚文化的传播中来,他们不仅是亚文化的接收者和消费者,也是亚文化的传播者和生产者。同时,青年亚文化也由原来的封闭性文本转换为开放性文本,它不再是一种完成状态,而始终是一种暂时状态,永远处于被改写和不断生成的过程中。随着网络更深刻、更广泛地切入人们的日常生活,形形色色的青年亚文化无不把互联网作为发展的主阵地,数字化生存无疑已成为青年亚文化占绝对优势的生存方式。

数字化生存,由美国未来学家尼古拉斯·尼葛洛庞帝在其1996年出版的《数字化生存》一书中最早提出,意指人们应用数字技术,在虚拟的数字化空间中从事生产、生活、学习、工作、交往的思维方式和行为方式的总和,它既是对现实生存的模拟,更是对现实生存的延伸与超越。[①] 在尼葛洛庞帝看来,数字化生存有四个强有力的特质,即分散权力、全球化、追求和谐和赋予权力。[②]

所谓分散权力,是指在互联网世界中,传统的中央集权式的生活观念逐渐被摆脱,信息传播的等级制被打破,单中心放射状的传播体系被多中心的网状传播体系所代替。

而全球化则与互联网的无界性紧密关联,互联网作为一个脱离了时间和空间限制的、没有壁垒阻隔的无限空间,人们可以在其中进行跨地域、跨文化和跨社会制度的人际交往与信息传播,可以自由地获取用于自身全面

---

① 参见张立新:《两种世界两种课堂》,《中国电化教育》,2009年第6期。
② 参见[美]尼古拉斯·尼葛洛庞帝:《数字化生存》,胡泳、范海燕译,海南出版社,1997年,第269页。

发展的物质资源和精神资源,从而建构和体验各种超越现实空间拘囿的生存状态。因此,在数字社会时代,信息技术的进步及全球化秩序的兴起,把整个的人类社区结为一体,使得生活在地球上的人所面临的生活世界均具有了相似的特点。①

追求和谐意指对某种稳定有序状态的探寻,既包括对人自身和谐人格的探寻,也包括对人与人之间和谐关系的探寻。网络的虚拟性、开放性和平等性,为人们表达意志、重塑自我、彰显个性和多样化发展提供了广阔的空间。在网络中,个体得以隐去自己的真实身份,摈弃自身的物质属性,从现实的种种束缚中解脱出来,释放被压抑的个性,呈现最真实的自我。同时,网络中的人际关系由于抛开了世俗的等级观念,更多地基于纯粹的兴趣分享和情感交流,因而更接近和谐关系的本质,一如尼葛洛庞帝所言:"在广大浩瀚的宇宙中,数字化生存能使每个人变得更容易接近,让弱小孤寂者也发出他们的心声。"②

赋予权力与分散权力乃是一体两面,它试图表明人们在网络中更加自由自主的状态。一方面,人们在信息面前获得了更大的自主权,信息不再被"推给"(push)消费者,相反,人们将所需要的信息"拉出来"(pull),并参与到创造信息的活动中。③ 另一方面,人们在选择如何应用网络方面具有很大的自主权,人们可以用它来浏览和查找自己所需要的信息,也可以通过各种网络工具与人进行互动交流,或者通过网络游戏达到休闲娱乐的目的。总之,数字化生存代表了一种以信息技术为基础的新的生存方式、生活态度、生活模式、价值观念与意识形态。

---

① 参见刘仲蓓、颜亮、陈明亮:《数字化生存的人文价值与后人类中心主义》,《自然辩证法研究》,2003 年第 4 期。

② [美]尼古拉斯·尼葛洛庞帝:《数字化生存》,胡泳、范海燕译,海南出版社,1997 年,第 7 页。

③ 参见[美]尼古拉斯·尼葛洛庞帝:《数字化生存》,胡泳、范海燕译,海南出版社,1997 年,第 4 页。

在我国,从1994年我国互联网商业化运行正式开启,到2015年《国务院关于积极推进"互联网+"行动的指导意见》中一种全新经济社会发展形态的提出,互联网与经济社会发展的联系越来越紧密,对人们日常生活的影响越来越深入,它的触角几乎可以到达人们生活的各个角落。它改变了社会的产业形态、经济格局,也改变了人们的生活样态和思维模式,毫无疑问,尼葛洛庞帝所预言的"数字化生存"社会已经到来。根据2016年8月发布的《第38次中国互联网络发展状况统计报告》,截至2016年6月,中国网民规模已达7.10亿,互联网普及率达到51.7%,其中手机网民规模达6.56亿,占网民总数的92.5%。从性别结构看,中国网民男女比例为53∶47,男性稍多于女性,网民性别结构总体均衡,并与同期全国人口性别比例基本保持一致。从年龄结构来看,10岁至39岁的人群在网民中的占比高达74.7%,其中20岁至29岁年龄段的网民占比最高,达到30.4%,青年是网民的主力军。从上网时长来看,中国网民的人均周上网时长为26.5小时,平均每天上网时长3.8小时。[1] 上述数据表明,无论是从互联网覆盖的广度而言,还是从人们对互联网依赖的深度而言,互联网都已经成为人们生活的必需品,"数字化生存"已经成为大多数人的基本生存方式。2016年4月,习近平在网络安全和信息化工作座谈会上提出"要推动我国网信事业发展,让互联网更好造福人民",预示着互联网将进一步对我国政治、经济、文化、社会等领域的发展,以及人们的日常生活产生更加深刻的影响,预示着"数字化生存"将成为更多人的生存方式选择。而青年作为互联网使用的主力军,无疑是"数字化生存"的最佳代言人,从学习到工作,从通信到娱乐,他们尝试将自己生活的全部转移到互联网上;从网游族到自拍族,从御宅族到恶搞族,各

---

[1]　参见中国网络互联信息中心:《第38次中国互联网络发展状况统计报告》,中国互联网络信息中心,http://www.cnnic.net.cn/hlwfzyj/hlwxzbg/hlwtjbg/201608/P020160803367337470363.pdf。

种青年亚文化群体都把互联网作为大本营,各展其长,各领风骚。以网络文学和网络游戏为例,截至2016年6月,网络文学和网络游戏的用户规模分别达到3.08亿和3.91亿,而其中有74.7%和30.4%的用户分别为10岁至39岁和20岁至29岁的人群。可见,伴随着互联网的发展,青年亚文化越来越深地扎根于广阔的互联空间当中,从现实化的生存转向了数字化的生存。

三、青年亚文化传播方式由小众化传播到大众化传播的变迁

传播是人与人之间、人与社会之间,通过有意义的符号进行信息传递、信息接收或信息反馈活动的总称,"是一种现实得以生产、维系、修正和转变的符号过程"①。传播不仅限于"运输"的意涵,而且具有"仪式"的价值,在传播这种人们交往的仪式中,人们参与某种和多种符号的处理与创作,以此来确立社会的关系和秩序,确认与其他人共享的观念和信念。② 传播的方式包括人际传播和大众传播两种最基本的方式。人际传播是指两者或多者之间进行的面对面的信息交流活动,或是借助电话、书信等非大众传媒手段进行的信息交流活动。它具有直接、随意、反馈迅速、互动性强、承载信息意义丰富的优点,但人际传播的速度慢、覆盖面窄,信息在人际传播的过程中容易丢失、变形。而大众传播是社会媒介组织通过报纸刊物、广播、电视、电子网络等大众传播媒介,向社会大众进行信息传递的过程。其中,以报纸刊物、广播、电视为媒介的大众传播主要是单向的信息传递,受众直接参与信息传播过程的空间非常有限;以电子网络为媒介的大众传播具有较强的交互性,在信息传播过程中信息发出者和信息接收者之间并没有完全清晰的

---

① ［美］詹姆斯·凯瑞:《作为文化的传播》,丁未译,华夏出版社,2005年,第12页。

② 参见陈霖:《新媒介空间与青年亚文化传播》,《江苏社会科学》,2016年第4期。

身份界限,个体拥有参与和控制传播过程的广阔空间。与人际传播相比,大众传播具有组织性强、传播速度快、辐射范围广的优势,尤其是以互联网为中介的大众传播,使信息传播展现出全时、全域、全民、全速的显著特点。

从 20 世纪 80 年代的愤青文化到 20 世纪 90 年代的顽主文化,再到 21 世纪初的嘲谑文化,及至 21 世纪 10 年代的参与文化,青年亚文化的传播方式经历了从人际传播到大众传播再到互联网传播和移动互联网传播的发展变迁。换言之,其经历了从局限于青年群体内部的小众化传播到冲出青年群体边界的大众化传播的发展变迁。

20 世纪 80 年代,以崔健摇滚乐为承载的愤青文化,其传播非常依赖有形的物理空间,即非常依赖演唱会现场所形成的那种集体氛围。然而那种集体氛围往往非常短暂,一旦轰鸣的音乐戛然而止,人们的情绪就会从高度投入恢复到波澜不惊。同时,演唱会所营造出的那种集体氛围,所裹挟的也只是演唱会中的人们,信息在听者与歌者之间传递,情感在听者彼此之间蔓延,他们就好像是一个无形的回路,让愤青的呐喊和愤青的情绪只在他们内部盘旋、流转,而不能向外部散去。

20 世纪 90 年代的顽主文化以文学印刷品和影视作品为承载方式,摆脱了对物理空间的依赖,不管是王朔的小说还是基于王朔小说改编的影视剧作品,它们可以被无限复制,被循环阅读和观看,因而它们与阅读者、观看者之间的关联不仅可以更容易地建立起来,并且可以辐射更广泛的人群。但是顽主文化的传播模式是一种类似蒲公英式的结构体,即顽主文化的传播主要是顽主文化生产者向多个消费者的一种单向文化传递运动。在这种传播模式中,顽主文化消费者很难将自己的情感体验反馈到顽主文化生产者那里,同时,不同顽主文化消费者之间的交流互动也非常有限,缺乏通畅和便利的交流机制。

21 世纪初的嘲谑文化,虽然其承载方式仍以影视作品为主,但其传播方式却拓展到了网络虚拟空间。无论是观看还是观看后的交流,既在现实空间中展开,也在网络虚拟空间中展开,线上线下交相辉映,使周星驰和以他的《大话西游》为代表的无厘头文化在 20 世纪 90 年代末至 21 世纪初风靡一时,成为一代青年膜拜的文化图腾。而其中文化生产者的创意表达固然重要,但文化消费者的开放式解读也功不可没。从 1995 年在内地影院上映时的惨淡境况,到 1997 年在北京各大高校校园掀起一股强烈旋风,正是青年群体的共情式解读让《大话西游》及其代表的无厘头文化起死回生,获得了蓬勃发展的生命力,所以 20 世纪 90 年代末至 21 世纪初的周星驰现象和无厘头文化的盛行,可以说是周星驰和以内地高校大学生为主体的青年文化消费者所共同创造的。如果说无厘头文化的传播还是"两栖模式"的话,那么恶搞文化就几乎完全转向了网络。2006 年,胡戈开网络恶搞之先河,他恶搞电影《无极》所创作的《一个馒头引发的血案》,在各大视频网站上传两天的时间,点击量就超过了几十万次,其受欢迎程度远远超越了电影原版。其后,网络恶搞成为风尚,音乐、文学、普通人、名人、英雄……似乎一切都成了恶搞的对象。

借助开放的互联网络,恶搞文化以比特的速度传播出去,在短时间内所形成的强大集聚效应,是之前任何一种青年亚文化都无法企及的。自此,借助网络传播的无界性和公开性,青年亚文化不再是仅在青年群体内部流转的文化实践,而是成为以青年群体为中心向各个阶层辐射的文化现象,青年亚文化的先锋特质和另类表征因此也获得了更广泛群体的关注,并潜移默化地影响和改变着人们的思想与行为方式。

四、青年亚文化表达方式由装饰性符号的单一运用到多种符号综合运用的变迁

伯明翰学派将青年亚文化定义为一种"风格文化",从 20 世纪 50 年代

的泰迪男孩(Teddy Boy)，到 20 世纪 60 年代的摩登族(Mods)、嬉皮士(Hippies)，再到 20 世纪 80 年代的朋克(Punk)、雅皮士(Yuppies)，及至 20 世纪 90 年代的布波族(Bobos)，每一种青年亚文化都有着独特的风格表征。青年亚文化实践者借助这些风格表征来定义自身、表达诉求，而青年亚文化的外围人群则透过这些风格表征来识别青年亚文化的归属与意图。"风格是亚文化的第二皮肤，是亚文化群体部落的'图腾'，既是亚文化群体内部最具吸引力的符号，也是他们区别彼此的标志，同时也是大众媒体据以报道和再现的焦点所在"①，"青年人对风格的追求是对意义和生活模式的认同中的更深的追求的真实部分"②。

菲尔·科恩在《亚文化与工人阶级社区》中指出，亚文化的风格主要由形象、品行、行话三种元素构成。③ 而在伯明翰学派的研究视野中，由服装、发型、珠宝饰物、手工制品等物质符号构成的形象尤疑是凸显青年亚文化风格的首要因素，因此伯明翰学派的学者们不惜笔墨去描摹青年亚文化的形象特征。如斯图亚特·霍尔和托尼·杰斐逊对泰迪男孩的形象特征进行了生动刻画——"打滚的瀑布般的发型，拜物教的衣服，长夹克，丝绒领，厚底鞋，以及一系列装备——带有银奖章的串珠领结，长长的钥匙链，缀满装饰的腰带"④，对改造后的爱德华七世服装的钟爱、对贵族生活方式的崇尚构成了泰迪男孩的形象名片；而摩登族则喜好裁剪极佳的意大利西装和针织领带，偏好时髦的法式平头(French crow)；与泰迪男孩的华丽装扮和摩登族的一丝不苟截然不同，嬉皮士对"贫穷"风格情有独钟——凌乱的长发，没有修饰的大胡子，稀奇古怪且又脏又破的服装，配上印第安风格的铃铛、念珠、头

① Dick Hebdige,Subculture:The Meaning of Style,Methuen,1979,p. 3.
② Stuart Hall,Paddy Whannel,The Popular Arts,Beacon Press,Pantheon Books,1967,p. 278.
③ See Phil Cohen, Subcultural Conflict and Working - class Community, S. Hall (eds.), Culture, Media,Language:Working Papers in Cultural Studies(1972—1979),Hutchinson,1980,p. 83.
④ Stuart Hall,Paddy Whannel,The Popular Arts,Beacon Press,Pantheon Books,1967,p. 283.

饰等;而朋克最显著的形象特征则是惊世骇俗,一些最不起眼和最不合时宜的物品——大头针、塑胶衣夹、电视机的零件、刮胡刀片、止血塞——都可以纳入朋克(Punk)时髦对象的清单,①被朋克以"切割重组"(cut - ups)的方式颠覆性地拼贴在一起,从而表达出一种与传统决裂的独特气质。

不仅伯明翰学派视野中的英国青年亚文化具有鲜明的形象特征,20世纪80年代伴随我国改革开放形成的第一代本土化青年亚文化,即愤青文化亦有着鲜明的形象特征,服饰等物质符号亦是其表达自身风格的主要手段,因此愤青文化沉淀在人们记忆中的不仅是其呐喊式的音乐表达,同时还有崔健那一套醒目的行头——红色五角星帽子和绿色旧军装。因此,对20世纪80年代及其以前的青年亚文化的识别,通过装饰性的物质符号即可一目了然。然而随着大众传媒时代的到来,尤其是互联网的广泛应用,以服饰为代表的物质符号在凸显青年亚文化风格中的重要地位逐渐削弱,青年亚文化传递风格的方式变得更加多元化,对装饰性物质符号、语言符号、媒介符号和技术符号的综合运用成为青年亚文化表达自我风格的主要方式。

讲同一种语言的人能够进行有意义的沟通并且因此容易了解和经历同样的历史,他们共同形成了一个"语言的记忆性社群"②。因此,语言始终是划分青年亚文化群体的重要标准。随着网络的应用,青年亚文化对语言符号的创新变得空前活跃,语言符号在传递青年亚文化风格中的作用更加凸显。为了适应网络交流的需要,青年不断挑战和打破约定俗成的语言表达规范和文字书写规范,将字母、数字、符号、文字杂糅在一起,利用谐音、形近、隐喻、拼贴、同构等多种手法创制了大量的"火星文"和网络流行语。

---

① 参见[美]迪克·赫伯迪格:《亚文化:风格的意义》,陆道夫、胡疆锋译,北京大学出版社,2009年,第133页。

② [美]丹尼尔·贝尔:《社群主义及其批评者》,李琨译,生活·读书·新知三联书店,2002年,第169页。

"886""7456""冲浪""灌水""雷""囧""打酱油""见光死""喜大普奔"等都是在网络空间中出现的词汇，这些词汇以青年网民为主要创制主体，从最初主要在青年网民的网络交流中使用，逐渐扩展到现实世界中更广泛的人群。除了这些相对普适性的网络用语外，青年还创制了更具区隔性的语言符号，借助这些语言符号他们识别跟自己具有相同兴趣爱好的人，并聚合在一起形成具有一定排他性的亚文化部落。例如，在粉丝文化中，粉丝用"应援"表示为喜爱的偶像加油助威；用"爬墙"表示从"粉"一个明星转而去"粉"另一个明星；用"人参""酸菜"表示对明星的人身攻击和不客观的恶意评价，如果不是一个资深粉丝，对这些词汇必定是茫然无知。

除了语言符号，青年亚文化对各种媒介技术手段和表意策略的依赖程度也越来越深。例如，恶搞文化的核心就是通过将既有的多媒体文本进行挪用、拼贴、窜改，从而产生颠覆意义、解构传统的现实功能，而这往往需要具备一定的技术前提，如图像处理技术、影像剪辑技术、动画制作技术、影视编剧技术等，对这些技术的掌握程度和应用程度，往往可以决定恶搞作品所能引发的轰动效应，被视为影像恶搞文化"经典"的《一个馒头的血案》《闪闪的红星之潘冬子参赛记》《大史记》等，无不是具有较高技术水准的作品。对各种媒介技术手段的应用和对各种大众文化产品的挪用，使青年亚文化显现出更加鲜明的媒介风格，同时也使青年亚文化由原来的"形象控"变成了"技术控"。在这种情形下，人们很难从一个个体的形象表征去准确判断他的亚文化归属，如一个网络恶搞者与一个网游爱好者在形象上也许并没有显著的区别，一个网络愤青在现实生活中也许就是泯然众人矣。

五、青年亚文化气质类型由激进、愤怒、对抗到温和、讽喻、"微改变"的变迁

20世纪80年代的青年亚文化无疑具有激进和愤怒的气质,"激进"传递出20世纪80年代的青年急于改变的心态,"愤怒"是因为20世纪80年代的青年内心中积聚了太多的压抑与愤懑。对新事物的好奇与尝试,对"文革"时期"左倾"思潮的否定与拒斥,构成了那个时代青年亚文化的精神内核。留长发、穿喇叭裤,尝试一切被主流视为"奇装异服"的服饰,听流行音乐、跳交谊舞、跳迪斯科,尝试一切被主流视为"腐朽堕落"的娱乐生活方式,青年以激进的姿态从形象层面和生活方式层面践行着对传统观念和主流价值的对抗。他们借助摇滚乐抒发新旧时代更迭所引发的心灵迷失,对自我的关照、对社会的关切通过愤怒的表达喷涌而出,使20世纪80代的青年亚文化带上了浓厚的理想主义的政治意蕴。

进入20世纪90年代,社会变革逐渐步入平稳,主流文化变得更加包容,青年面对改革的心态变得更加平和,社会宏观领域内经济发展的重要性更加凸显。在这些因素的综合作用下,20世纪90年代的青年不再像20世纪80年代的青年那样,在文化的选择上表现出强烈的批判精神和革命精神,青年亚文化对社会的高度关切被自我的个性张扬所取代,青年亚文化的发展引擎也由原来的政治驱动演变为消费驱动。"后革命"时代,人们天性中的狂热从政治领域转为个人感性的领域,对青年来说,最突出的表现是过去时代的革命狂欢转换为消费的激情。① 顽主文化作为20世纪90年代青年亚

---

① 参见田杰:《关于青年研究代际更替问题的几点思考》,《中国青年政治学院学报》,2012年第1期。

文化的典型，其气质类型已经与愤青文化相去甚远，赤裸裸的激愤被温和外表包裹下的揶揄和讽刺所取代，理想主义的浪漫想象被现实主义的圆滑世故所取代。

21世纪初的无厘头文化和网络恶搞文化，通过对拼贴、同构手法的大量运用，借助嬉戏、调侃和夸张化的表达，实现对语言规范和意义系统的颠覆性破坏，从而将讽刺、揶揄的气质发挥到极致。不论是无厘头文化还是网络恶搞文化，其玩世不恭和嬉笑怒骂的表象之下，所蕴含的是跳跃的思维、观念的反转及其对现实秩序的解构性批判和后现代重构。如果说顽主文化是温和外表包裹下的揶揄与讽刺，那么无厘头文化和网络恶搞文化就是疯癫外表掩盖下的揶揄与讽刺，表达手法虽有不同，其精神气质却一脉相通。同时，无厘头文化和网络恶搞文化具有极高的娱乐性，但这并不代表无厘头文化和网络恶搞文化就是纯粹的娱乐文化，娱乐只是其表，影射现实才是其目的。因此，与愤青文化以愤激为表里所不同，无厘头文化和网络恶搞文化表现出精神分裂式的表里不一特质。同时，尽管它们的外在极尽戏谑调侃，但它们遵循的却是一种"微改变"策略，即它们希望通过潜移默化的影响来改变一些根深蒂固的观念。

如果说无厘头文化和网络恶搞文化的"微改变"效应主要是作为体验性娱乐的附属物体现出来，那么虚拟一代的参与文化则是以改变为目的、主客观相统一的青年亚文化形态。虚拟一代不再满足于感官的刺激与享受，不再满足于将青年亚文化的功能局限于风格表演层面，而是希望通过实际的参与改变现实，通过提倡新的价值观和生活方式来参与社会的变革。因此，虚拟一代具有非常强烈的参与意愿和参与精神：一方面，他们借助网络开放的参与环境，充分利用自己在网络应用中的优势，在网络空间中通过对一些社会问题的持续关注和积极发声，以影响和改变对这些社会问题解决的效率、方式与结果；另一方面，他们在现实空间中也展现出较强的参与精神，他们通过社会实践、志愿服务、参政议政等方式不断确立自身的社会价值。可以说,参与式改变已经成为21世纪10年代虚拟一代青年亚文化的重要品格,虚拟一代的青年亚文化正在从震撼的风格表演演变为兼具风格表演特性,同时又能够对宏观社会环境和微观日常生活都产生实际影响和改变的"微观政治",即通过在审美、休闲、政治等领域进行破立结合的参与式改变,不断向主流文化输出青年的独特气质。

第二节　改革开放以来我国青年亚文化代际演进的本质属性

尽管改革开放以来我国青年亚文化在内部结构、存在方式、传播方式、表达方式、气质类型五个维度上都发生了鲜明的代际变迁,但是在这些鲜明的代际变迁背后,依然有些东西是相对稳定的。这些相对稳定的东西就是不同青年亚文化形态所共享的精神密码,抑或称之为青年亚文化的本质属性。

一、内涵本质:变动的时代风格与稳定的青年气质交相辉映

改革开放以来四种典型的青年亚文化形态都是变动的时代风格与稳定的青年气质的有机结合,传递出青年群体在理想与现实、崇高与庸俗、责任与享乐、服从与反叛、解构与建构、继承与创新面前纠结而冲突的内心世界。

愤青文化以泣血般的呐喊、海啸般的愤怒、赤裸裸的批判和堂·吉诃德式的英雄情怀来标榜自己,顽主文化以诙谐调侃、讽刺揶揄、放纵颓废、荒诞不经来定义自己,嘲谑文化以夸张的自嘲与戏谑、毫无逻辑的破坏与颠覆、神经质般的叙事与表达来确立自己,参与文化以互联空间的信息共享、线上

线下的互动融合和集娱乐、批判、建构于一身的参与协商与行动改变来彰显自己。

尽管它们风格各异，但却精神相通。它们都是青年群体所共享的一种观念体系，是青年与周围世界关系的一种意识形态反映。它们都为青年群体提供了自治自洽的文化空间，在这个文化空间里，青年群体远离了现实世界的烦恼，逃离了现实世界的规训，获得了作为独立性存在的巨大自由；它们都精准表达了青年的现实处境和精神困顿，为青年提供了认识世界和改造世界的解释框架，为青年提供了心灵归属和惺惺相惜的精神家园；它们都包含了青年试图摆脱父辈意志与路向的愿望与决心，是青年群体在主流文化低沉厚重的声音中所发出的嘹亮高亢的旋律，是青年群体希望自己的人生自己做主，活出不一样精彩的积极尝试。

二、生成机理：微观内心世界的表达与宏观社会变迁的回应交互作用

"青年文化最能反映社会变化的本质特征。"[1]因此，青年亚文化在任何时候都不是年轻人自娱自乐的一种游戏，而是如费斯克所言，是社会危机的症候和社会变迁的隐喻。从愤青文化到顽主文化，再到嘲谑文化和网络参与文化，它们深深植根于所处的社会现实土壤之中，都是社会宏观变革发展作用于青年群体的产物，是社会整体变迁的缩影，如果认识不到这一点，就无法真正读懂青年亚文化的精神内涵。

愤青文化的产生源于对"左倾"思潮的消解与对抗。20 世纪 80 年代新

---

① Stuart Hall, Tony Jefferson (eds.), *Resistance Through Rituals: Youth Subcultures in Post - war Britain*, Routledge, 1976, p. 27.

旧时代交替给青年带来的集体性心理焦虑是愤青文化产生的土壤,青年参与社会改革发展的热情则构成了愤青文化产生的内在动力。而顽主文化产生的根源则是对功利主义的接受与反叛。计划经济向市场经济的转轨、贫富分化的现实、功利主义思想的蔓延、极端个人主义和享乐主义的出现、传统价值观念体系的解体,这一系列因素构成了顽主文化盛行于 20 世纪 90 年代的社会背景。嘲谑文化的盛行以对商品文化的吸纳与反叛为指向;而参与文化的兴盛则离不开对新媒体的吸纳和运用,其本质就是由网络新媒体技术催生并紧紧依托网络新媒体技术的一种青年亚文化类型。

改革开放四十多年来,社会急剧变革,经济快速发展,结构深刻调整,多元文化高度交融,在青年群体身上留下了最鲜明的印记。从对社会宏观改革的政治关怀到对自身微观生存环境的关注,再到对社会具体问题的参与式改变的变迁,青年亚文化始终是社会变革作用于青年群体的产物,它就如同放大镜一般,一直为我们透视社会变迁与社会发展提供着最佳视野。

三、动态结构:混杂共生与条理分层交叉并存

综观改革开放四十多年来我国青年亚文化的发展历程,尽管每个时代的青年群体都依托一种典型的青年亚文化形态诠释和表达自身的精神诉求,但是青年亚文化的发展却并非是完全遵循伯明翰学派所描述的"你方唱罢我登场"的线性发展模式,每个时代的青年亚文化领域都是相互交叉、共生共存的众声喧哗之态。例如,以崔健摇滚乐为承载的愤青文化,在经历了20 世纪 80 年代的辉煌鼎盛之后,并未随着时代的发展彻底消失,而是变换了表达形式,以一种新的形态继续存在,即从显性的风格化表演转变为隐性的日常化表达,从根植于现实世界的个性化诠释转变为扎根网络世界的群

体化发声,从自身投向的情绪抒发转变为社会关切的价值传递。① 顽主文化、嘲谑文化亦是如此,如果我们悉心观察比较,就会发现在当今青年亚文化领域极具号召力的吐槽文化、佛系文化等中都隐藏着当年顽主文化、嘲谑文化的精神特质和表达风格。

同时,虽然青年亚文化领域总是呈现多种青年亚文化形态相互交叉、共生共存的状态,但是青年亚文化也并非如后亚文化学者所信奉的那样,是"不再与周围的阶层结构、性别或种族铰链"的个人选择式狂欢或"无阶层文化"。青年亚文化作为青年自身与周围世界关系的一种意识形态反映,它始终关注和传达出阶级/阶层、民族、种族、性别等关系。青年投入到某种青年亚文化之中依然要受到诸如家庭背景、职业背景、地域来源、性别、性格、学识、阅历等客观因素的影响。

四、功能价值:解构与建构、偏离与一致交汇融合

既然青年亚文化的内涵本质是青年群体所共享的一种观念体系,是青年与周围世界关系的一种意识形态反映,那么综观改革开放以来青年亚文化的发展历程,我们可以清晰地看到每个时代的青年亚文化都是在充分吸收主流文化规则和资源的基础上,在与主流文化的关联互动中,形成自己的独特风格,并又反过来形塑和改变主流文化和社会结构。

相对于主流文化而言,青年亚文化既不是芝加哥学派视野中"对社会秩序具有实际破坏能力的反文化",也不完全是伯明翰学派视野中"对主流意识形态进行风格抵抗的附属文化",同时也不完全是后亚文化学者视野中

---

① 参见闫翠娟:《"愤青文化"的历史追思与当代启示——以"摇滚愤青"崔健为观察视角》,《中国青年研究》,2018 年第 8 期。

"无关政治、远离主流意识形态的纯娱乐文化"，它与主流文化之间有对抗有协商，有争锋有合作；它具有破坏性也具有建构性，具有娱乐性也具有批判性，它在与主流文化彼此勾连的复杂关系中交错发挥着解构与建构的功能，折射出社会发展进程中纵横交错的问题与困境。

同时，无论改革开放以来我国青年亚文化的风格是激进、讽喻，还是嘲谑、参与，其价值功能并不像欧美等西方社会中的青年亚文化那样，内在地包含着阶级对立、权力压制和冲突对抗，与主流文化存在着复杂的，甚至是严重的矛盾冲突关系。在我国，尤其是在社会主义社会中，主流文化反映的是包括青年在内的最广大人民的根本利益，代表的是中国先进文化的前进方向，因此青年亚文化与主流文化之间并不存在根本的对抗关系，不管青年亚文化的表现形态如何，青年亚文化始终在主流文化的框架之内活动，始终与主流文化保持着方向上的一致。

第三节　分层视域下当前我国青年亚文化的结构图谱

尽管当前我国青年亚文化领域呈现前所未有的混杂性、松散性和流变性，但本书认为，青年投入到某种青年亚文化之中并不是完全任意的，青年的文化选择和文化偏好依然受到一些客观因素的影响，而这些因素既包括青年的家庭背景、职业背景、地域来源，也包括青年的性别、性格、学识和阅历。本书把受教育程度、性别、地域来源作为厘清青年亚文化结构的主要脉络，通过对比不同受教育程度、不同性别、不同地域来源的青年子群体在服饰风格、音乐偏好、影视偏好、阅读偏好、网络表达、志愿者行动、亚文化团体归属七个方面的差异，以展现当前青年群体的文化偏好，以及青年亚文化的时代内涵。①

一、基于教育分层的青年亚文化结构图谱

本书将青年群体区分为受过高等教育的青年和未受过高等教育的青年两大类别,并在此基础上探讨青年亚文化基于教育分层的结构图谱。由于所调查的 297 名青年务工人员的受教育程度都在高中/中专及以下,因此教育分层视域下对青年亚文化结构图谱的探讨,就转化成对青年大学生群体和青年务工群体文化选择和文化偏好的分析。

(一)服饰风格

调查显示,青年务工群体对服饰风格的选择展现出高度的同质性,而青年大学生群体对服饰风格的选择展现出更突出的多样性;青年务工群体明显偏爱运动风格服饰,而青年大学生群体在偏爱运动风格的同时,也偏爱文艺风格和复古风格服饰;青年务工群体最不喜欢"萌"风格服饰,而青年大学生群体最不喜欢"嘻哈"风格服饰。此外,青年大学生群体对服饰潮流的敏感度更强,表示引领服饰时尚的受访者在两大群体中的比例相差近 10 个百分点。卡方检验表明,两大群体在服饰风格选择偏好方面的上述差异具有

---

① 问卷调查包括两部分:一是针对青年在校大学生的问卷调查,调查以地区分布、学校层次为抽样标准,在全国范围内共抽取 12 所高校。在地区分布上,华北地区共抽取 4 所高校,华东地区和西北地区各抽取 2 所高校,东北、华中、西南、华南各抽取 1 所高校,在学校层次上,985 高校、211 高校、普通本科院校各抽取 4 所。共发放问卷 1200 份,回收有效问卷 896 份,有效回收率约为 74.7%。二是针对天津外来务工青年的问卷调查,以天津经济技术开发区外来务工人员聚居区为调查区域,共发放问卷 600 份,回收有效问卷 297 份,有效回收率为 49.5%。调查对象的年龄都在 18 岁到 28 岁之间,学生群体的平均年龄为 21.4 岁,20 岁至 23 岁的学生占比最高,达到受访学生总数的 67.1%,天津外来务工青年群体的平均年龄为 26 岁,25 岁至 28 岁的务工青年占比最高,达到受访务工青年总数的 71.4%。

显著性。

表7-1　教育程度与服饰风格的卡方检验

	值	df	渐进 Sig.（双侧）	Monte Carlo Sig.（双侧）			Monte Carlo Sig.（单侧）		
				Sig.	95%置信区间		Sig.	95%置信区间	
					下限	上限		下限	上限
Pearson 卡方	120.295a	7	.000	.000b	.000	.000			
有效案例中的 N	1190								

a. 0 单元格（.0%）的期望计数少于 5。最小期望计数为 5.74。

b. 基于 10000 采样表，启动种子为 624387341。

表7-2　教育程度与时尚敏感度的卡方检验

	值	df	渐进 Sig.（双侧）	Monte Carlo Sig.（双侧）			Monte Carlo Sig.（单侧）		
				Sig.	95%置信区间		Sig.	95%置信区间	
					下限	上限		下限	上限
Pearson 卡方	43.834a	3	.000	.000b	.000	.000			
有效案例中的 N	1153								

a. 0 单元格（.0%）的期望计数少于 5。最小期望计数为 21.90。

b. 基于 10000 采样表，启动种子为 957002199。

（二）音乐偏好

在音乐类型的选择偏好上，青年大学生群体对七种音乐类型的喜爱由高到低依次是民谣（31.8%）、流行（28.5%）、爵士（12.9%）、摇滚（11.8%）、嘻哈（10.0%）、戏曲（1.7%）、儿歌（0.8%）；而青年务工群体对七种音乐类型的喜爱由高到低依次是流行（55.6%）、民谣（18.5%）、摇滚（11.1%）、爵士（7.4%）、嘻哈（3.7%）、戏曲（0.0%）、儿歌（0.0%）。民谣和流行音乐是青年大学生群体和青年务工群体最喜欢的两种音乐类型，但青年大学生群体对音乐类型的偏好更加均衡，而青年务工群体则相对集中；与青年务工群体相比，青年大学生群体对民谣、爵士、嘻哈具有比较明显的偏爱。卡方检验表明,上述差异具有显著性(Pearson 卡方 = 85.274, P = 0.000 < 0.05)。

表7-3　教育程度与音乐类型偏好的卡方检验

	值	df	渐进 Sig.（双侧）	Monte Carlo Sig.（双侧）			Monte Carlo Sig.（单侧）		
				Sig.	95% 置信区间		Sig.	95% 置信区间	
					下限	上限		下限	上限
Pearson 卡方	85.274a	7	.000	.000[b]	.000	.000			
有效案例中的 N	1186								

a. 2 单元格(12.5%)的期望计数少于 5。最小期望计数为 1.75。

b. 基于 10000 采样表,启动种子为 2000000。

在音乐风格的选择偏好上,青年大学生群体对舒缓音乐风格的偏爱程度更高,有 47.1% 的青年大学生表示喜欢舒缓音乐风格,比青年务工群体高出 7.1 个百分点;而青年务工群体对激情音乐风格的偏爱程度更高,比青年大学生群体高出 10.5 个百分点。卡方检验表明,两大群体在音乐风格选择偏好方面的上述差异具有显著性(Pearson 卡方 = 27.473, P = 0.000 < 0.05)。

表7-4　教育程度与音乐风格偏好的卡方检验

	值	df	渐进 Sig.（双侧）	Monte Carlo Sig.（双侧）			Monte Carlo Sig.（单侧）		
				Sig.	95% 置信区间		Sig.	95% 置信区间	
					下限	上限		下限	上限
Pearson 卡方	27.473a	5	.000	.000[b]	.000	.000			
有效案例中的 N	1163								

a. 0 单元格(.0%)的期望计数少于 5。最小期望计数为 8.51。

b. 基于 10000 采样表,启动种子为 2000000。

在音乐主题的选择偏好上,最受青年群体喜欢的音乐主题是爱情主题,最不受欢迎的音乐主题是红色主题。但青年大学生群体对爱情主题音乐的偏爱度更高,高出青年务工群体16.3个百分点;而青年务工群体对励志主题音乐的偏爱程度更高,高出青年大学生群体10个百分点。同时,相较于青年大学生群体,青年务工群体对军旅主题的音乐具有更高的偏爱。卡方检验结果显示,当显著性水平α为0.05时,两大群体在音乐主题选择上的样本差异具有显著性(Pearson 卡方 = 38.867,P = 0.000 < 0.05)。

表7-5　教育程度与音乐主题偏好的卡方检验

	值	df	渐进 Sig.（双侧）	Monte Carlo Sig.（双侧）			Monte Carlo Sig.（单侧）		
				Sig.	95% 置信区间		Sig.	95% 置信区间	
					下限	上限		下限	上限
Pearson 卡方	38.867a	4	.000	.000b	.000	.000			
有效案例中的 N	1133								

a. 0 单元格(.0%)的期望计数少于5。最小期望计数为14.21。
b. 基于10000采样表,启动种子为2000000。

(三)影视偏好

在影视类型的选择偏好上,美剧、大陆剧、韩剧是青年群体最喜欢的三种影视类型。青年大学生群体对美剧的偏好程度最高,有39.6%的青年大学生受访者表示自己最喜欢美剧,高出青年务工群体14.6个百分点;而青年务工群体对大陆剧的偏好程度最高,有53.6%的青年务工受访者表示自己最喜欢大陆剧,高出青年大学生群体35.9个百分点。此外,大学生群体对韩剧、日剧的偏爱程度也明显高于青年务工群体,分别高出7.8个百分点和7.1个百分点。卡方检验表明,两大群体在影视类型选择偏好方面的上述差异具有显著性(Pearson 卡方 = 155.281,P = 0.000 < 0.05)。可见,青年大学生群体受外来影视文化的影响程度更深。

表7-6 教育程度与影视类型偏好的卡方检验

	值	df	渐进 Sig.（双侧）	Monte Carlo Sig.（双侧）			Monte Carlo Sig.（单侧）		
				Sig.	95%置信区间		Sig.	95%置信区间	
					下限	上限		下限	上限
Pearson 卡方	155.281a	5	.000	.000b	.000	.000			
有效案例中的 N	1194								

　　a.0 单元格（.0%）的期望计数少于5。最小期望计数为5.93。

　　b.基于10000 采样表,启动种子为92208573。

　　在影视主题的选择偏好上,青年大学生群体最喜欢的影视主题前五位依次是科幻（22.3%）、武侠（19.7%）、文艺（18.2%）、警匪（17.4%）、爱情（12.4%）;而青年务工群体最喜欢的影视主题前五位是科幻（23.1%）、警匪（19.2%）、武侠（15.4%）、文艺（15.4%）、历史（15.4%）。科幻主题的影视作品是两大群体的最爱,反映出年轻人爱想象的心理特质。居于第二位的影视主题在青年大学生群体和青年务工群体中分别是武侠主题和警匪主题,反映出年轻人浓厚的英雄情结,所不同的是青年大学生群体将自己的英雄情结投向虚幻的武侠世界,而青年务工群体将自己的英雄情结植根于现实生活。在显著性水平为0.05的情况下,两大群体在影视主题选择偏好方面的上述差异具有显著性(Pearson 卡方 =64.880,P =0.000 <0.05)。

表7-7 教育程度与影视主题偏好的卡方检验

	值	df	渐进 Sig.（双侧）	Monte Carlo Sig.（双侧）			Monte Carlo Sig.（单侧）		
				Sig.	95%置信区间		Sig.	95%置信区间	
					下限	上限		下限	上限
Pearson 卡方	64.880a	8	.000	.000b	.000	.000			
有效案例中的 N	1160								

　　a.1 单元格（5.6%）的期望计数少于5。最小期望计数为4.19。

　　b.基于10000 采样表,启动种子为92208573。

（四）阅读偏好

在图书类型的选择偏好上，两大群体都表现出对诗歌散文类、小说类和历史类图书的明显偏爱；所不同的是，青年大学生群体最偏爱的是诗歌散文类图书，而青年务工群体最偏爱的是小说类图书，青年务工群体对历史类图书的偏好程度明显高于青年大学生群体，高出12.2个百分点。卡方检验表明，两大群体在图书类型选择偏好方面的上述差异具有显著性（Pearson卡方＝94.901，P＝0.000＜0.05）。

表7-8　教育程度与图书类型偏好的卡方检验

	值	df	渐进 Sig.（双侧）	Monte Carlo Sig.（双侧）			Monte Carlo Sig.（单侧）		
				Sig.	95%置信区间		Sig.	95%置信区间	
					下限	上限		下限	上限
Pearson 卡方	94.901a	11	.000	.000b	.000	.000			
有效案例中的 N	1171								

a. 6 单元格（25.0%）的期望计数少于5。最小期望计数为1.47。
b. 基于10000采样表，启动种子为79654295。

在阅读时间上，青年大学生群体和青年务工群体每天的平均阅读时间分别为2.01小时和1.58小时，青年大学生群体每天的平均阅读时间要比青年务工群体长0.43小时，同时，青年大学生群体在每天看书时间上的差异要比青年务工群体大。对上述差异进行独立样本T检验，由于方差齐性检验F＝6.300，对应的P值为0.012，小于显著性水平α值0.05，两总体方差存在显著差异，所对应的t统计量观测值为8.252，P值为0.000，小于显著性水平0.05，因此可以认为两大群体在阅读时间上存在显著差异。

表7-9　教育程度与阅读时间的独立样本检验

	方差方程的 Levene 检验		均值方程的 t 检验					差分的 95% 置信区间	
	F	Sig.	t	df	Sig.（双侧）	均值差值	标准误差值	下限	上限
假设方差相等	6.300	.012	6.472	1151	.000	.43241	.06682	.30132	.56351
假设方差不相等			8.252	696.981	.000	.43241	.05240	.32953	.53530

（五）网络表达

在利用网络关注国家发展动态方面,青年群体表现出较高的关注度,共有67.3%的受访者表示非常关注及比较关注国家领导人的讲话和时政新闻。按照关注度由低到高依次赋值1—5分,青年大学生群体对国家领导人讲话和时政新闻关注度的平均得分为3.8026分,标准差0.91588;而青年务工群体的平均得分为3.6538分,标准差1.10934,青年大学生群体对国家领导人讲话和时政新闻的关注度更高。独立样本 T 检验显示,在95%的置信水平下,两大群体对国家领导人讲话和时政新闻的关注度具有显著差异（$t = 2.043$,Sig. $= 0.042 < 0.05$）。

表7-10　教育程度与对国家领导人讲话及时政新闻关注度的独立样本检验

	方差方程的 Levene 检验		均值方程的 t 检验					差分的 95% 置信区间	
	F	Sig.	t	df	Sig.（双侧）	均值差值	标准误差值	下限	上限
假设方差相等	11.914	.001	2.242	1120	.025	.14879	.06636	.01857	.27900
假设方差不相等			2.043	425.519	.042	.14879	.07284	.00561	.29197

在利用网络进行评论方面,青年大学生群体表现出更强的偏好。在青年大学生群体中,表示非常喜欢和比较喜欢进行网络评论的占比分别为16.6%和28.8%,而在青年务工群体中所对应的比例则分别只有4.2%和16.7%,比青年大学生群体分别低12.4个百分点和12.1个百分点。按照"非常喜欢""比较喜欢""不太喜欢""非常不喜欢"依次赋4分、3分、2分、1分,青年大学生群体对网上评论的喜爱度平均得分为2.5389分,而青年务工群体的平均得分为2.1667分。独立样本T检验结果显示,t=7.668,Sig.=0.000<0.05,表明在95%的置信水平下,两大群体在网络评论偏好方面具有显著差异。

在利用网络进行吐槽方面,青年大学生群体也表现出更强的偏好。在青年大学生群体中,表示经常进行网络吐槽的占比18.2%,而在青年务工群体中只有4.2%。按照"经常吐槽"赋4分,"偶尔吐槽"赋3分,"从不吐槽"赋2分,"懒得关注"赋1分的赋分方式,青年大学生群体网上吐槽的平均得分是2.7337分,而青年务工群体的平均得分是2.5833分。独立样本T检验结果显示,t=2.897,Sig.=0.004<0.05,表明在95%的置信水平下,两大群体在网络吐槽方面具有显著差异。

表7-11　教育程度与网络评论、网络吐槽的独立样本检验

		方差方程的Levene 检验		均值方程的t检验						
		F	Sig.	t	df	Sig.(双侧)	均值差值	标准误差值	差分的95% 置信区间	
									下限	上限
网络评论	假设方差相等	111.607	.000	6.498	1110	.000	.37225	.05729	.25985	.48465
	假设方差不相等			7.668	602.180	.000	.37225	.04855	.27691	.46759

		方差方程的 Levene 检验		均值方程的 t 检验						
		F	Sig.	t	df	Sig.（双侧）	均值差值	标准误差值	差分的95% 置信区间	
									下限	上限
网络吐槽	假设方差相等	8.358	.004	2.654	1107	.008	.15039	.05668	.03919	.26160
	假设方差不相等			2.897	512.936	.004	.15039	.05191	.04840	.25239

（六）志愿者行动

在参与志愿者活动方面,青年大学生群体的参与度更高。表示经常参加志愿者活动的受访者在青年大学生群体中占17.6%,而在青年务工群体中占11.5%,比青年大学生群体低6.1个百分点。卡方检验表明,显著性水平为0.05的情况下,两大群体在参加志愿者活动方面的上述差异具有显著性(Pearson卡方 = 16.499,Sig. = 0.000 < 0.05)。但是考察两大群体参加志愿者活动的动机发现,青年大学生群体参加志愿者活动受利己性因素的影响较大,而青年务工群体则体现出更强的利他精神。"增加人生体验"是两大群体参加志愿者活动的首位原因,而第二位的原因在青年大学生群体和青年务工群体中分别是"提高自身能力"和"奉献一份力量",把"奉献一份力量"作为参加志愿者活动原因的受访者在青年务工群体中占32%,高出青年大学生群体14.1个百分点。

表 7 -12　教育程度与志愿者活动参与度的卡方检验

	值	df	渐进 Sig.（双侧）
Pearson 卡方	16.499[a]	2	.000
有效案例中的 N	1144		

a.0 单元格(.0%)的期望计数少于5。最小期望计数为46.00。

（七）亚文化团体归属

首先,我们考察了两大群体对当前我国青年亚文化领域影响较大的十种青年亚文化类型的了解程度,按照"非常了解"赋5分、"比较了解"赋4分,"基本了解"赋3分,"基本不了解"赋2分,"完全不了解"赋1分的赋值方式,计算两大群体对十种青年亚文化类型了解程度的平均得分,按照平均得分由高到低进行排序,青年大学生群体中对十种青年亚文化类型了解程度由高到低依次是自拍+晒晒文化(均值=3.1544分)、网络写作(均值=2.9511分)、网游文化(均值=2.8497分)、动漫文化(均值=2.8016分)、粉丝文化(均值=2.7731分)、恶搞文化(均值=2.6859分)、人肉搜索(均值=2.6466分)、愤青文化(均值=2.5679分)、角色扮演文化(均值=2.5429分)、御宅文化(均值=2.4904分);而青年务工群体对十种青年亚文化类型的了解程度由高到低是网游文化(均值=3.4762分)、自拍+晒晒文化(均值=3.0000分)、网络写作(均值=3.0000分)、动漫文化(均值=2.8500分)、粉丝文化(均值=2.8095分)、御宅文化(均值=2.6316分)、恶搞文化(均值=2.6190分)、愤青文化(均值=2.4211分)、角色扮演文化(均值=2.1579分)、人肉搜索(均值=2.1000分)。对比发现,青年大学生群体对角色扮演文化、愤青文化、恶搞文化、人肉搜索、自拍+晒晒文化的了解程度更高,而青年务工群体对网游文化、粉丝文化、动漫文化、御宅文化、网络写作的了解程度更高。对上述差异进行独立样本T检验,发现两大群体只在对网游文化、角色扮演文化、人肉搜索的了解上存在显著差异。

表7-13 教育程度与对十种青年亚文化了解程度的独立样本检验

		方差方程的 Levene 检验		均值方程的 t 检验						
		F	Sig.	t	df	Sig.(双侧)	均值差值	标准误差值	差分的 95% 置信区间	
									下限	上限
网游文化	假设方差相等	5.240	.022	-6.961	1114	.000	-.62647	.08999	-.80304	-.44990
	假设方差不相等			-7.497	399.001	.000	-.62647	.08356	-.79075	-.46219
角色扮演(Cosplay)文化	假设方差相等	2.164	.142	4.418	1093	.000	.38499	.08714	.21401	.55598
	假设方差不相等			4.401	312.240	.000	.38499	.08748	.21288	.55711
人肉搜索	假设方差相等	1.346	.246	6.165	1098	.000	.54659	.08866	.37264	.72054
	假设方差不相等			6.144	335.492	.000	.54659	.08897	.37159	.72160

其次,我们考察了两大群体对十种青年亚文化形态的归属情况。结果显示,青年大学生群体对十种青年亚文化形态的归属明显高于青年务工群体,有47.9%的青年大学生受访者表示归属于一个或多个青年亚文化团体,比青年务工群体高9.4个百分点。在亚文化团体归属类型上,两大群体也存在一定差别,青年务工群体中网游族、粉丝群、自拍+晒晒族更多,分别比青年大学生群体高8.3个百分点、4.9个百分点、3.1个百分点;而青年大学生群体中动漫迷、愤青族、御宅族的比例明显高于青年务工群体,分别高出5.5个百分点、4.1个百分点、5.3个百分点。

表7-14 教育程度与对十种青年亚文化团体归属情况的列联表分析

			亚文化团体类型（多选）										参与人数
			网游族	角色扮演（Cosplay）爱好者	粉丝群	动漫迷	自拍+晒晒族	恶搞族	愤青族	网络写作族	人肉搜索族	御宅族	都不是	
身份	大学生	计数	126	45	89	112	71	20	35	49	19	45	407	849
		%	14.8%	5.3%	10.5%	13.2%	8.4%	2.4%	4.1%	5.8%	2.2%	5.3%	47.9%	
	务工青年	计数	66	22	44	22	33	11	0	11	0	0	110	286
		%	23.1%	7.7%	15.4%	7.7%	11.5%	3.8%	0%	3.8%	0%	0%	38.5%	
合计		计数	192	67	133	134	104	31	35	60	19	45	517	1135
		%	16.9%	5.9%	11.7%	11.8%	9.2%	2.7%	3.1%	5.3%	1.7%	4.0%	45.6%	

二、基于性别分层的青年亚文化结构图谱

（一）服饰风格

男青年和女青年在服饰风格的偏好上具有显著差异（Pearson 卡方 = 152.975，Sig. = 0.000 < 0.05），男青年最偏爱运动风格的服饰，而女青年最偏爱文艺风格的服饰。在文艺风格、淑女/绅士风格、复古风格、中性风格、"萌"风格服饰的偏爱上，女青年高于男青年；而在运动风格、酷冷风格、嘻哈风格服饰的偏爱上，男青年高于女青年。在对服饰潮流的敏感度方面两大群体也具有显著差异（Pearson 卡方 = 69.662，Sig. = 0.000 < 0.05），女青年对服饰潮流的关注度明显高于男青年，高出男青年20.9个百分点。

表7-15 性别与服饰风格的卡方检验

	值	df	渐进 Sig.（双侧）	Monte Carlo Sig.（双侧）			Monte Carlo Sig.（单侧）		
				Sig.	95%置信区间		Sig.	95%置信区间	
					下限	上限		下限	上限
Pearson 卡方	152.975[a]	7	.000	.000[b]	.000	.000			
有效案例中的 N	1174								

a. 0 单元格(.0%)的期望计数少于5。最小期望计数为11.26。

b. 基于10000 采样表,启动种子为2000000。

表7-16 性别与时尚敏感度的卡方检验

	值	df	渐进 Sig.（双侧）	Monte Carlo Sig.（双侧）			Monte Carlo Sig.（单侧）		
				Sig.	95%置信区间		Sig.	95%置信区间	
					下限	上限		下限	上限
Pearson 卡方	69.662[a]	3	.000	.000[b]	.000	.000			
有效案例中的 N	1139								

a. 0 单元格(.0%)的期望计数少于5。最小期望计数为38.84。

b. 基于10000 采样表,启动种子为329836257。

(二)音乐偏好

按照选择比例由高到低排列,男青年对七种音乐类型的喜爱依次是流行(37.8%)、民谣(28.1%)、摇滚(13.5%)、爵士(9.0%)、嘻哈(7.2%)、戏曲(1.2%)、儿歌(0.5%);而女青年对七种音乐类型的喜爱依次是流行(32.9%)、民谣(29.0%)、爵士(14.3%)、嘻哈(9.8%)、摇滚(9.1%)、戏曲(1.2%)、儿歌(0.7%)。可见,男青年对流行和摇滚的偏爱程度更高,而女青年对爵士的偏爱程度更高。卡方检验表明,上述差异具有显著性(Pearson卡方 =16.899,Sig. =0.018 <0.05)。

表7-17　性别与音乐类型偏好的卡方检验

	值	df	渐进 Sig.（双侧）	Monte Carlo Sig.（双侧）			Monte Carlo Sig.（单侧）		
				Sig.	95%置信区间		Sig.	95%置信区间	
					下限	上限		下限	上限
Pearson 卡方	16.899ᵃ	7	.018	.015b	.013	.017			
有效案例中的 N	1170								

a. 2 单元格（12.5%）的期望计数少于 5。最小期望计数为 3.42。

b. 基于 10000 采样表，启动种子为 2000000。

在音乐风格的选择偏好上，女青年对舒缓音乐风格的偏爱程度明显高于男青年，有 52.9% 的女青年表示自己最喜欢舒缓音乐风格，高出男青年 14.7 个百分点。而男青年对激情音乐风格的偏爱程度明显高于女青年，有 26.0% 的男青年表示最喜欢激情音乐风格，高出女青年 12.3 个百分点。此外，女青年对甜美音乐风格具有较高的偏爱，选择比例高出男青年 4.6 个百分点。卡方检验表明，在 95% 的置信水平下，上述差异具有显著性（Pearson 卡方 = 50.073，Sig. = 0.000 < 0.05）。

表7-18　性别与音乐风格偏好的卡方检验

	值	df	渐进 Sig.（双侧）	Monte Carlo Sig.（双侧）			Monte Carlo Sig.（单侧）		
				Sig.	95%置信区间		Sig.	95%置信区间	
					下限	上限		下限	上限
Pearson 卡方	50.073ᵃ	5	.000	.000ᵇ	.000	.000			
有效案例中的 N	1147								

a. 0 单元格（.0%）的期望计数少于 5。最小期望计数为 17.92。

b. 基于 10000 采样表，启动种子为 1502173562。

在音乐主题的选择偏好上，按照选择比例由高到低排序，在男青年中依次是爱情（42.2%）、励志（24.3%）、军旅（13.9%）、民族（13.5%）、红色（6.1%）；在女青年中依次是爱情（66.1%）、民族（13.0%）、励志（10.5%）、军旅(6.2%)、红色(4.3%)。可见女青年对爱情主题的偏爱明显高于男青年,高出23.9个百分点,而男青年对军旅主题和励志主题的偏爱则高于女青年。卡方检验表明,在95%的置信水平下,上述差异具有显著性(Pearson 卡方 =78.647,Sig. =0.000 <0.05)。

表7-19　性别与音乐主题偏好的卡方检验

	值	df	渐进 Sig.（双侧）	Monte Carlo Sig.(双侧)			Monte Carlo Sig.(单侧)		
				Sig.	95%置信区间		Sig.	95%置信区间	
					下限	上限		下限	上限
Pearson 卡方	78.647[a]	4	.000	.000[b]	.000	.000			
有效案例中的 N	1118								

a. 0 单元格(.0%)的期望计数少于 5。最小期望计数为 28.79。
b. 基于 10000 采样表,启动种子为 92208573。

(三)影视偏好

在影视类型的选择偏好上,男青年对国产剧的偏好明显高于女青年,高出19.3个百分点,而女青年对韩剧的偏好明显高于男青年,高出15.5个百分点,此外,女青年对日剧和中国港台剧的偏好程度也高于男青年。两大群体在影视类型选择偏好上的上述差异,在95%的置信水平下具有显著性(Pearson 卡方 =94.725,Sig. =0.000 <0.05)。

表7-20　性别与影视类型偏好的卡方检验

	值	df	渐进 Sig.（双侧）	Monte Carlo Sig.(双侧)			Monte Carlo Sig.(单侧)		
				Sig.	95%置信区间		Sig.	95%置信区间	
					下限	上限		下限	上限
Pearson 卡方	94.725[a]	5	.000	.000[b]	.000	.000			
有效案例中的 N	1178								

a. 0 单元格(.0%)的期望计数少于 5。最小期望计数为 11.17。
b. 基于 10000 采样表,启动种子为 562334227。

在影视主题的选择偏好上,男青年最喜欢的影视主题前五位依次是科幻(23.5%)、武侠(22.3%)、警匪(18.7%)、文艺(13.9%)、历史(10.3%);而女青年最喜欢的影视主题前五位依次是文艺(21.5%)、科幻(21.0%)、爱情(17.8%)、警匪(16.9%)、武侠(14.6%)。可见,男青年对武侠主题和历史主题的偏好明显高于女青年,分别高出7.7个百分点和6.9个百分点;而女青年对文艺主题和爱情主题的偏好则明显高于男青年,分别高出7.6个百分点和12.6个百分点。卡方检验表明,两大群体在影视主题选择偏好方面的上述差异在95%的置信水平下具有显著性(Pearson卡方=99.316,Sig.=0.000<0.05)。

表7-21 性别与影视主题偏好的卡方检验

	值	df	渐进 Sig.（双侧）	Monte Carlo Sig.（双侧）			Monte Carlo Sig.（单侧）		
				Sig.	95%置信区间		Sig.	95%置信区间	
					下限	上限		下限	上限
Pearson 卡方	99.316[a]	8	.000	.000[b]	.000	.000			
有效案例中的 N	1144								

a. 0 单元格(.0%)的期望计数少于5。最小期望计数为8.35。
b. 基于10000采样表,启动种子为475497203。

(四)阅读偏好

在图书类型的选择偏好上,按照选择比例由高到低排序,男青年选择前五位的依次是小说(28.1%)、历史(24.0%)、诗歌与散文(22.7%)、哲学与宗教(6.8%)、传记(4.8%);女青年选择前五位的是诗歌与散文(35.4%)、小说(33.8%)、历史(10.9%)、传记(5.1%)、娱乐时尚(3.9%)。女青年对文学类图书和小说类图书的偏爱度明显高于男青年,分别高出12.7个百分点和5.7个百分点;而男青年对历史类图书和哲学与宗教类图书的偏好明显高于女青年,分别高出13.1个百分点和4.2个百分点。可见,女青年的阅读更加注重浪漫的体验,而男青年的阅读则更注重反思与思辨的体验。卡方检验表明,在95%的置信水平下,上述差异具有显著性(Pearson 卡方 = 77.834,Sig. = 0.000 < 0.05)。

表7-22　性别与图书类型偏好的卡方检验

	值	df	渐进 Sig.（双侧）	Monte Carlo Sig.（双侧）			Monte Carlo Sig.（单侧）		
				Sig.	95%置信区间		Sig.	95%置信区间	
					下限	上限		下限	上限
Pearson 卡方	77.834ᵃ	11	.000	.000ᵇ	.000	.000			
有效案例中的 N	1155								

a. 4 单元格(16.7%)的期望计数少于5。最小期望计数为2.95。
b. 基于10000 采样表,启动种子为1585587178。

在阅读时间上,男青年每天平均阅读时间为1.88小时,女青年每天平均阅读时间为1.94小时,女青年的阅读时间稍长于男青年。独立样本 T 检验显示,t 统计量观测值 = −0.993,Sig. = 0.321 > 0.05,不能拒绝零假设,因此两大群体在阅读时间上所表现出的上述差异,在95%的置信水平下不具有显著性。

表7-23　性别与阅读时间的独立样本检验

	方差方程的 Levene 检验		均值方程的 t 检验					差分的95% 置信区间	
	F	Sig.	t	df	Sig.（双侧）	均值差值	标准误差值	下限	上限
假设方差相等	.001	.981	−.993	1135	.321	−.05677	.05720	−.16900	.05546
假设方差不相等			−.993	1134.865	.321	−.05677	.05720	−.16900	.05545

（五）网络表达

在利用网络关注国家发展动态方面,男青年对国家领导人讲话和时政新闻关注度更高。在男青年中表示非常关注和比较关注国家领导人讲话及时政新闻的占76.0%,高出女青年18.2个百分点。按照关注度由低到高依次赋值1—5分,男青年对国家领导人讲话和时政新闻关注度平均得分为3.8763分,标准差1.02478分;而女青年的平均得分为3.6384分,标准差0.90094分。独立样本T检验表明,在95%的置信水平下,上述差异具有显著性(t=4.098,Sig.=0.000<0.05)。

表7−24　性别与对国家领导人讲话及时政新闻关注度的独立样本检验

	方差方程的Levene 检验		均值方程的 t 检验						
	F	Sig.	t	df	Sig.（双侧）	均值差值	标准误差值	差分的95% 置信区间	
								下限	上限
假设方差相等	.580	.447	4.098	1106	.000	.23795	.05807	.12402	.35188
假设方差不相等			4.109	1098.059	.000	.23795	.05790	.12433	.35157

在利用网络进行评论方面,男青年表现出更强的偏好。在男青年中,表示非常喜欢和比较喜欢进行网络评论的分别占8.4%和55.7%;而在女青年中所对应的比例分别是8.1%和49.3%,比男青年群体分别低0.3个百分点和6.4个百分点。按照喜欢程度由低到高依次赋值1—4分,男青年的平均得分为2.4057分,女青年的平均得分为2.4759分。独立样本T检验结果显示,在95%的置信水平下,t=−1.415,Sig.=0.157>0.05,因此两大群体在网络评论方面不存在显著性差异。

在利用网络进行吐槽方面,表示经常吐槽的受访者在男青年中占8.1%,在女青年中占6.2%。按照"经常吐槽"赋4分,"偶尔吐槽"赋3分,"从不吐槽"赋2分,"懒得关注"赋1分的赋分方式,男青年网络吐槽的平均得分为2.6886分,女青年的平均得分为2.6989分。独立样本T检验表明,在 95% 的置信水平下，t = -0.211，Sig. = 0.833 > 0.05，两大群体在网络吐槽行为上也不存在显著差异。

表 7 - 25   性别与网络评论、网络吐槽的独立样本检验

		方差方程的 Levene 检验		均值方程的 t 检验						
		F	Sig.	t	df	Sig.（双侧）	均值差值	标准误差值	差分的 95% 置信区间	
									下限	上限
网络评论	假设方差相等	.623	.430	-1.415	1095	.157	-.07018	.04961	-.16753	.02717
	假设方差不相等			-1.415	1093.770	.157	-.07018	.04961	-.16753	.02717
网络吐槽	假设方差相等	.617	.432	-.211	1092	.833	-.01026	.04863	-.10569	.08516
	假设方差不相等			-.211	1090.332	.833	-.01026	.04864	-.10569	.08517

（六）志愿者行动

表示经常参加志愿者活动的受访者在男青年和女青年中分别占 14.6% 和 17.0%，表示偶尔参加的分别占 52.1% 和 57.0%。按照"没参加过"赋 1 分，"偶尔参加"赋 2 分，"经常参加"赋 3 分的赋分方式，女青年的平均得分是 1.9097 分，男青年的平均得分是 1.8136 分。可见，女青年志愿者活动的参与度更高。对上述差异进行独立样本 T 检验，在 95% 的置信水平下，t = -2.452，Sig. = 0.014 < 0.05，因此两大群体在志愿者活动参与度上具有显著差异，女青年志愿者活动的参与度高于男青年。但是在参加志愿者活动的动机方面，男青年参加志愿者活动的原因依次是增加人生体验（39.6%）、提高自身能力（25.2%）、奉献一份力量（23.8%）、结交一些朋友（11.4%）；女青年参加志愿者活动的原因依次是增加人生体验（41.6%）、提高自身能力（26.1%）、奉献一份力量（19.1%）、结交一些朋友（13.2%）。可见，男青

年在参加志愿者活动中的奉献精神要高于女青年。

表7－26　性别与志愿者活动参与度的独立样本检验

	方差方程的Levene 检验		均值方程的 t 检验						
	F	Sig.	t	df	Sig.（双侧）	均值差值	标准误差值	差分的 95% 置信区间	
								下限	上限
假设方差相等	7.588	.006	－2.451	1126	.014	－.09616	.03923	－.17313	－.01919
假设方差不相等			－2.452	1125.907	.014	－.09616	.03921	－.17310	－.01922

（七）亚文化团体归属

在对青年亚文化的了解方面,男青年对十种青年亚文化的了解程度由高到低排序,依次是网游文化(均值＝3.3526 分)、网络写作(均值＝2.9630分)、自拍＋晒晒文化(均值＝2.9110 分)、动漫文化(均值＝2.8727 分)、粉丝文化(均值＝2.7418 分)、恶搞文化(均值＝2.7254 分)、愤青文化(均值＝2.5701 分)、御宅文化(均值＝2.5484 分)、角色扮演文化(均值＝2.4313分)、人肉搜索(均值＝2.4250 分);而女青年对十种青年亚文化类型的了解程度由高到低依次是自拍＋晒晒文化(均值＝3.3411 分)、网络写作(均值＝2.9767 分)、粉丝文化(均值＝2.8330 分)、动漫文化(均值＝2.7687 分)、人肉搜索(均值＝2.6517 分)、恶搞文化(均值＝2.6362 分)、网游文化(均值＝2.6271 分)、愤青文化(均值＝2.5209 分)、角色扮演文化(均值＝2.5201分)、御宅文化(均值＝2.5045 分)。男青年对网游文化、动漫文化、恶搞文化的了解程度明显高于女青年;而女青年对自拍＋晒晒文化、人肉搜索文化的了解程度明显高于男青年。对上述差异进行独立样本 T 检验,发现两大群体只在网游文化、人肉搜索、自拍＋晒晒文化的了解上存在显著差异。

表7-27　性别与对十种青年亚文化了解程度的独立样本检验

		方差方程的 Levene 检验		均值方程的 t 检验						
		F	Sig.	t	df	Sig.（双侧）	均值差值	标准误差值	差分的95% 置信区间	
									下限	上限
网络文化	假设方差相等	.615	.433	10.133	1098	.000	.72557	.07161	.58507	.86606
	假设方差不相等			10.136	1096.408	.000	.72557	.07159	.58510	.86603
人肉搜索	假设方差相等	6.423	.011	-3.131	1082	.002	-.22666	.07239	-.36869	-.08463
	假设方差不相等			-3.125	1063.665	.002	-.22666	.07254	-.36899	-.08432
自拍+晒晒文化	假设方差相等	.829	.363	-5.786	1083	.000	-.43013	.07433	-.57598	-.28428
	假设方差不相等			-5.782	1076.105	.000	-.43013	.07439	-.57609	-.28417

　　在对十种亚文化团体的归属方面,女青年稍高于男青年,有54.9%的女青年受访者表示归属于一个或多个青年亚文化团体,比男青年高出4.9个百分点。在亚文化团体归属类型方面,男青年中网游族最多,占23.8%;其次是动漫迷,占11.7%。而女青年中粉丝群成员最多,占17.2%;其次是自拍+晒晒族,占12.1%。

表7-28 性别与对十种青年亚文化团体归属情况的列联表分析

		亚文化团体类型（多选）											参与人数
		网游族	角色扮演（Cosplay）爱好者	粉丝群	动漫迷	自拍+晒晒族	恶搞族	愤青族	网络写作族	人肉搜索族	御宅族	都不是	
性别	男 计数	136	37	35	67	46	19	16	30	7	13	263	572
	%	23.8%	6.5%	6.1%	11.7%	8.0%	3.3%	2.8%	5.2%	1.2%	2.3%	50.0%	
	女 计数	55	29	95	66	67	11	19	28	12	30	249	552
	%	10.0%	5.3%	17.2%	12.0%	12.1%	2.0%	3.4%	5.1%	2.2%	5.4%	45.1%	
合计	计数	191	66	130	133	113	30	35	58	19	43	512	1124
	%	17.0%	5.9%	11.6%	11.8%	10.1%	2.7%	3.1%	5.2%	1.7%	3.8%	45.6%	

三、基于地域分层的青年亚文化结构图谱

按照家庭地域来源不同,本书将青年群体划分为大城市青年、中小城市青年、农村青年三个子群体。通过对比三个子群体在服饰风格、音乐偏好等七个维度上的差异,展现青年亚文化基于地域分层的结构图谱。

(一)服饰风格

首先,大城市青年最偏好文艺风格服饰,最不偏好嘻哈风格服饰;中小城市青年最偏好运动风格服饰,最不偏好嘻哈风格服饰;农村青年最偏好运动风格服饰,最不偏好"萌"风格服饰。其次,中小城市青年对复古、酷冷、中性、淑女/绅士风格服饰的偏好高于其他两个群体,大城市青年对文艺风格和"萌"风格服饰的偏好高于其他两个群体,农村青年对运动风格服饰的偏好高于其他两个群体。对文艺风格和"萌"风格服饰的偏好从大城市到中小城市再到农村依次降低,而对运动风格的偏好则从农村到中小城市再到大

城市依次降低。可见大城市青年更注重服饰的观赏性，而农村青年更注重服饰的舒适性。对上述差异进行卡方检验，结果显示在 95% 的置信水平下，Pearson 卡方 = 56.389, Sig. = 0.000 < 0.05, 上述差异具有显著性。

表 7 - 29　地域类型与服饰风格的卡方检验

	值	df	渐进 Sig.（双侧）	Monte Carlo Sig.（双侧）			Monte Carlo Sig.（单侧）		
				Sig.	95%置信区间		Sig.	95%置信区间	
					下限	上限		下限	上限
Pearson 卡方	56.389[a]	14	.000	.000[b]	.000	.000			
有效案例中的 N	1094								

a. 2 单元格（8.3%）的期望计数少于 5。最小期望计数为 3.32。

b. 基于 10000 采样表，启动种子为 1556559737。

在对服饰潮流的敏感度方面，大城市青年引领和追随服饰时尚潮流的意识最强，其次是中小城市青年，再次是农村青年。表示"总是引领时尚"的青年比例在大城市青年中占 18.3%, 高出农村青年 14 个百分点。计算地域和服饰潮流敏感度之间的相关程度，Somers'd 系数 = 0.121, Pearson 卡方 = 56.389, Sig. = 0.000 < 0.05, 因此地域来源和对服饰潮流的敏感度存在一定的正相关关系。

表 7 - 30　地域类型与时尚感知度的卡方检验

	值	df	渐进 Sig.（双侧）	Monte Carlo Sig.（双侧）			Monte Carlo Sig.（单侧）		
				Sig.	95%置信区间		Sig.	95%置信区间	
					下限	上限		下限	上限
Pearson 卡方	44.270[a]	6	.000	.000[b]	.000	.000			
有效案例中的 N	1063								

a. 0 单元格（.0%）的期望计数少于 5。最小期望计数为 10.79。

b. 基于 10000 采样表，启动种子为 1310155034 。

(二)音乐偏好

在音乐类型的选择偏好上,三大群体都最偏爱流行音乐,其中农村青年对流行音乐的偏好度最高,其次是中小城市青年,再次是大城市青年,选择比例依次是 37.7%、35.5%、28.7%。居于三大群体偏好程度第二位的音乐类型是民谣,按照偏好程度由高到低排序,依次是中小城市青年(33.8%)、农村青年(28.8%)、大城市青年(20.1%)。此外,大城市青年对爵士和摇滚的偏好明显高于其他两个群体。对上述差异进行卡方检验,似然比卡方 = 36.067,Sig. = 0.001 < 0.05,表明三大群体对音乐类型的偏好具有显著差异。

表 7 - 31 地域类型与音乐类型偏好的卡方检验

| | 值 | df | 渐进 Sig.（双侧） | Monte Carlo Sig.（双侧） | | | Monte Carlo Sig.（单侧） | | |
| | | | | Sig. | 95% 置信区间 | | Sig. | 95% 置信区间 | |
					下限	上限		下限	上限
Pearson 卡方	37.868ª	14	.001	.001b	.000	.001			
似然比	36.067	14	.001	.002b	.001	.002			
有效案例中的 N	1089								

a.6 单元格(25.0%)的期望计数少于 5。最小期望计数为 1.05。

b. 基于 10000 采样表,启动种子为 2000000。

在音乐风格的选择偏好上,舒缓风格的音乐是三大群体的最爱。其中,中小城市青年对舒缓风格音乐的偏爱度最高,有 54.4% 的中小城市青年把舒缓风格音乐作为自己最喜欢的音乐类型。此外,中小城市青年对甜美音乐风格的偏好也明显高于其他两个群体。而大城市青年对激情、大气、伤感、怀旧四种音乐风格的偏好明显高于其他两个群体。卡方检验表明,在 95% 的置信水平下,上述差异具有显著性(Pearson 卡方 = 37.868,Sig. =

0.000＜0.05）。

表7-32　地域类型与音乐风格偏好的卡方检验

	值	df	渐进 Sig.（双侧）	Monte Carlo Sig.（双侧）			Monte Carlo Sig.（单侧）		
				Sig.	95%置信区间		Sig.	95%置信区间	
					下限	上限		下限	上限
Pearson 卡方	41.680ᵃ	10	.000	.000ᵇ	.000	.000			
有效案例中的 N	1077								

a.0 单元格（.0%）的期望计数少于5。最小期望计数为5.33。

b.基于10000采样表,启动种子为1502173562。

在音乐主题的选择偏好上,中小城市青年对爱情主题的音乐偏爱度最高(58.4%),其次是大城市青年(57.2%),再次是农村青年(50.5%)。而农村青年对军旅歌曲、民族风歌曲、红色歌曲、励志歌曲的偏爱度都高于其他两个群体。

（三）影视偏好

在影视类型的选择偏好上,大城市青年和中小城市青年最喜欢的影视类型是美剧,表示最喜欢美剧的受访者在两大群体中分别占39.2%和41.4%;而农村青年最喜欢的影视类型是大陆剧,表示喜欢大陆剧的农村青年占33.7%,而在大城市青年和中小城市青年中相对应的比例分别是13.3%、27.3%。可见,越是大城市的青年对本土影视文化的依赖度越低。此外,大城市青年对日剧、中国港台剧的偏好高于其他两个群体,而中小城市青年对美剧和韩剧的偏好高于其他两个群体。卡方检验表明上述差异在95%的置信水平下具有显著性(Pearson 卡方 = 57.606, Sig. = 0.000 ＜ 0.05)。

表 7 - 33　地域类型与影视类型偏好的卡方检验

	值	df	渐进 Sig.（双侧）	Monte Carlo Sig.（双侧）			Monte Carlo Sig.（单侧）		
				Sig.	95% 置信区间		Sig.	95% 置信区间	
					下限	上限		下限	上限
Pearson 卡方	57.606ª	10	.000	.000ᵇ	.000	.000			
有效案例中的 N	1097								

a. 1 单元格(5.6%)的期望计数少于 5。最小期望计数为 3.48。

b. 基于 10000 采样表,启动种子为 562334227。

　　在影视主题的选择偏好上,大城市青年最喜欢的影视主题前五位依次是科幻(24.8%)、文艺(20.6%)、警匪(17.6%)、武侠(14.5%)、爱情(10.9%);中小城市青年最喜欢的影视主题前五位依次是科幻(23.8%)、文艺(16.0%)、武侠(14.5%)、警匪(14.3%)、爱情(12.8%);农村青年最喜欢的影视主题前五位依次是武侠(23.6%)、科幻(22.1%)、警匪(20.9%)、文艺(15.6%)、爱情(10.0%)。大城市青年对文艺主题的偏好明显高于其他两个群体,中小城市青年对历史主题和战争主题的偏好明显高于其他两个群体,而农村青年对武侠主题和警匪主题的偏好明显高于其他两个群体。卡方检验表明,上述差异在 95% 的置信水平下具有显著性(Pearson 卡方 = 52.321,Sig. = 0.000 < 0.05)。

表 7 - 34　地域类型与影视主题偏好的卡方检验

	值	df	渐进 Sig.（双侧）	Monte Carlo Sig.（双侧）			Monte Carlo Sig.（单侧）		
				Sig.	95% 置信区间		Sig.	95% 置信区间	
					下限	上限		下限	上限
Pearson 卡方	52.321ª	16	.000	.000ᵇ	.000	.000			
有效案例中的 N	1077								

a. 3 单元格（11.1%）的期望计数少于 5。最小期望计数为 2.30。
b. 基于 10000 采样表，启动种子为 562334227。

（四）阅读偏好

在图书类型的选择偏好上，大城市青年和农村青年最喜欢小说，表示最喜欢小说的受访者在两大群体中分别占 30.5% 和 35.2%；而中小城市青年最喜欢诗歌与散文，有 28.5% 的中小城市青年表示最喜欢诗歌与散文。此外，农村青年在诗歌散文、小说的偏好上高于其他两个群体，但是在哲学与宗教、军事与政治的偏好上明显低于其他两个群体；而大城市青年对传记的偏好则明显高于其他两个群体。对上述结果进行卡方检验，似然比卡方 = 74.620，Sig. = 0.000 < 0.05，三大群体在图书类型偏好上具有显著差异。

表 7-35　地域类型与图书类型偏好的卡方检验

| | 值 | df | 渐进 Sig.（双侧） | Monte Carlo Sig.（双侧） | | | Monte Carlo Sig.（单侧） | | |
| | | | | Sig. | 95% 置信区间 | | Sig. | 95% 置信区间 | |
					下限	上限		下限	上限
Pearson 卡方	73.136ª	22	.000	.000b	.000	.000			
似然比	74.620	22	.000	.000b	.000	.000			
有效案例中的 N	1085								

a. 12 单元格（33.3%）的期望计数少于 5。最小期望计数为 0.06。
b. 基于 10000 采样表，启动种子为 1585587178。

在阅读时间上，大城市青年、中小城市青年、农村青年每天的平均阅读时间分别为 2.2209 小时、1.7457 小时、1.9192 小时，中小城市青年的阅读时间最短。由于方差齐性检验中概率 P = 0.124 > 0.05，表明不同地域类别下阅读时间的总体方差相等，满足方差分析的前提要求，因此对三大群体每天平均阅读时间的差异进行单因素方差分析。单因素方差分析结果显示，F = 14.820，p = 0.000 < 0.05，可以认定不同地域来源的青年每天的平均阅读时

间存在显著差异,进一步运用事后检验(Tukey HSD)方法对不同地域来源青年平均阅读时间进行多重比较检验,由于 p 值均小于显著性水平 0.05,因此两两比较的均值差异也具有显著性。

表 7 – 36　地域类型与阅读时间关系的单因素方差分析(ANOVA)

	平方和	df	均方	F	显著性
组间	26.697	2	13.348	14.820	.000
组内	958.372	1064	.901		
总数	985.069	1066			

表 7 – 37　地域类型与阅读时间关系的多重比较

			均值差(I – J)	标准误	显著性	95% 置信区间	
						下限	上限
Tukey HSD	大城市	中小城市	.47514*	.08791	.000	.2688	.6815
		农村	.30167*	.08571	.001	.1005	.5028
	中小城市	大城市	– .47514*	.08791	.000	– .6815	– .2688
		农村	– .17347*	.06342	.017	– .3223	– .0246
	农村	大城市	– .30167*	.08571	.001	– .5028	– .1005
		中小城市	.17347*	.06342	.017	.0246	.3223

＊均值差的显著性水平为 0.05。

(五)网络表达

在利用网络关注国家发展动态方面,表示"非常关注"的受访者在大城市青年、中小城市青年、农村青年中的比例依次降低,分别是 36.6%、20.1%、19.2%;而表示"从不关注"的受访者在大城市青年、中小城市青年、农村青年中的比例则依次升高,分别是 1.3%、3.4%、3.5%。按照"从不关注"赋 1 分,"偶尔关注"赋 2 分,"不太关注"赋 3 分,"比较关注"赋 4 分,"非常关注"赋 5 分的赋分方式,大城市青年对国家发展动态的关注度平均得分 3.9869 分,中小城市青年平均得分 3.7757 分,农村青年平均得分 3.7294 分。对上述差异进行单因素方差分析,F = 4.343,p = 0.013 < 0.05,因此不同地域来源的青年对国家发展动态的关注度存在显著差异。进一步运用事后检验(Tukey HSD)方法对三种地域类型来源青年在国家发展动态关注度上的均值差异进行多重比较检验,检验结果显示,大城市青年和农村青年在国家发展动态关注度上的均值差为 0.25752,对应的 p 值 = 0.009 < 0.05,而大城市青年与中小城市青年、中小城市青年与农村青年在国家发展动态关注度上的均值差分别为 0.21120 和 0.04631,对应的 p 值分别为 0.054 > 0.05,0.753 > 0.05。因此,大城市青年和农村青年在国家发展动态关注度上的均值差异具有显著性,而大城市青年与中小城市青年、中小城市青年与农村青年在国家发展动态关注度上的均值差异不具有显著性。

表 7-38 地域类型与对国家领导人讲话及时政新闻关注度的单因素方差分析(ANOVA)

	平方和	df	均方	F	显著性
组间	7.846	2	3.923	4.343	.013
组内	938.569	1039	.903		
总数	946.416	1041			

表 7-39 地域类型与对国家领导人讲话及时政新闻关注度的多重比较

			均值差(I-J)	标准误	显著性	95% 置信区间	
						下限	上限
Tukey HSD	大城市	中小城市	.21120	.09104	.054	-.0025	.4249
		农村	.25752*	.08761	.009	.0519	.4631
	中小城市	大城市	-.21120	.09104	.054	-.4249	.0025
		农村	.04631	.06446	.753	-.1050	.1976
	农村	大城市	-.25752*	.08761	.009	-.4631	-.0519
		中小城市	-.04631	.06446	.753	-.1976	.1050

*均值差的显著性水平为 0.05。

在利用网络进行评论方面,大城市青年中表示非常喜欢网络评论的占
34.6%,而中小城市和农村青年中分别只有9.7%和9.2%,分别高出24.9
个百分点和25.4个百分点。卡方检验结果显示,在95%的置信水平下,
Pearson卡方 = 84.008,Sig. = 0.000 < 0.05,上述差异具有显著性。

表7-40　地域类型与网络评论的卡方检验

	值	df	渐进 Sig.（双侧）	Monte Carlo Sig.（双侧）			Monte Carlo Sig.（单侧）		
				Sig.	95%置信区间		Sig.	95%置信区间	
					下限	上限		下限	上限
Pearson卡方	84.008[a]	6	.000	.000[b]	.000	.000			
有效案例中的N	1028								

a. 0 单元格(.0%)的期望计数少于5。最小期望计数为12.44。

b. 基于10000采样表,启动种子为92208573。

在利用网络进行吐槽方面,表示"经常吐槽"的受访者在大城市青年、中
小城市青年、农村青年中的比例依次降低,分别是31.8%、12.8%、9.9%。
按照"懒得关注"赋1分、"从不吐槽"赋2分,"偶尔吐槽"赋3分,"经常吐
槽"赋4分,大城市青年在吐槽行为上的平均得分为2.9427分,中小城市青
年的平均得分为2.6738分,农村青年的平均得分为2.6418分。单因素方差
分析结果显示,F = 9.114,p = 0.000 < 0.05,因此不同地域来源的青年在网
络吐槽行为上存在显著差异。进一步运用事后检验(Tukey HSD)法对三种
地域类型来源青年在网络吐槽行为上的均值差异进行多重比较检验,检验
结果显示,大城市青年与中小城市青年在网络吐槽行为上的均值差为
0.26888,对应的p值 = 0.001 < 0.05;大城市青年和农村青年在网络吐槽行
为上的均值差为0.30085,对应的p值 = 0.000 < 0.05;而中小城市青年与农
村青年在网络吐槽行为上的均值差为0.03197,对应的p值为0.823 > 0.05。
因此,大城市青年与中小城市青年、大城市青年与农村青年在网络吐槽行为

上的均值差异具有显著性,而中小城市青年与农村青年在网络吐槽行为上的均值差异不具有显著性。

表7-41 地域类型与网络吐槽行为的单因素方差分析(ANOVA)

	平方和	df	均方	F	显著性
组间	11.137	2	5.569	9.114	.000
组内	617.722	1011	.611		
总数	628.860	1013			

表7-42 地域类型与网络吐槽行为的多重比较

			均值差(I-J)	标准误	显著性	95% 置信区间	
						下限	上限
Tukey HSD	大城市	中小城市	.26888*	.07433	.001	.0944	.4434
		农村	.30085*	.07181	.000	.1323	.4694
	中小城市	大城市	-.26888*	.07433	.001	-.4434	-.0944
		农村	.03197	.05384	.823	-.0944	.1583
	农村	大城市	-.30085*	.07181	.000	-.4694	-.1323
		中小城市	-.03197	.05384	.823	-.1583	.0944

*均值差的显著性水平为0.05。

(六)志愿者行动

志愿者活动的参与度从大城市青年到中小城市青年再到农村青年依次降低,表示经常参加志愿者活动的受访者在三大群体中的比例分别是19.3%、16.5%、13.8%。卡方检验显示,在95%的置信水平下,Pearson 卡方=21.057,Sig.=0.000<0.05,因此不同地域来源青年的志愿者活动参与度存在显著差异。在参加志愿者活动的动机方面,三大群体参加志愿者活动的首位原因都是"增加人生体验",第二位原因是"提高自身能力",第三位原因是"奉献一份力量",第四位原因是"结交一些朋友",呈现较高的一

致性。

表 7-43　地域类型与志愿者活动参与度的卡方检验

	值	df	渐进 Sig.（双侧）
Pearson 卡方	21.057[a]	4	.000
有效案例中的 N	1064		

a.0 单元格(.0%)的期望计数少于 5。最小期望计数为 25.12。

（七）亚文化团体归属

在对十种青年亚文化形态的了解方面，大城市青年除了在网游文化上的平均分值稍低于中小城市青年外，对其他九种亚文化类型的了解程度都是最高的，而农村青年除了对御宅文化的了解程度稍高于中小城市青年外，对其他九种亚文化类型的了解程度都是最低的。单因素方差检验结果显示，三大群体在角色扮演文化、粉丝文化、动漫文化、御宅文化、愤青文化、恶搞文化、人肉搜索七种亚文化了解方面存在显著差异。

表 7-44　地域类型与对十种青年亚文化了解程度的单因素方差分析（ANOVA）

		平方和	df	均方	F	显著性
角色扮演文化	组间	79.112	2	39.556	31.616	.000
	组内	1259.882	1007	1.251		
	总数	1338.994	1009			
粉丝文化	组间	29.534	2	14.767	10.888	.000
	组内	1395.567	1029	1.356		
	总数	1425.101	1031			
动漫文化	组间	28.898	2	14.449	11.307	.000
	组内	1302.136	1019	1.278		
	总数	1331.034	1021			

		平方和	df	均方	F	显著性
御宅文化	组间	24.779	2	12.389	10.019	.000
	组内	1245.242	1007	1.237		
	总数	1270.021	1009			
愤青文化	组间	39.974	2	19.987	17.261	.000
	组内	1163.705	1005	1.158		
	总数	1203.679	1007			
恶搞文化	组间	19.395	2	9.697	7.724	.000
	组内	1286.827	1025	1.255		
	总数	1306.222	1027			
人肉搜索	组间	18.637	2	9.318	6.543	.002
	组内	1441.265	1012	1.424		
	总数	1459.902	1014			

在亚文化团体归属上,农村青年对亚文化团体的归属度最高,有57.8%的受访者表示归属一种或多种亚文化团体,其次是中小城市青年,再次是大城市青年,对应的比例分别是52.1%和46.5%。在三大群体中占比最高的是网游族,占比最低的在大城市青年中是恶搞族和人肉搜索族,在中小城市青年中是恶搞族,在农村青年中是人肉搜索族。此外,农村青年中的动漫迷比例要明显高于其他两个群体,分别高出大城市青年和中小城市青年8.4个百分点和6.9个百分点。

表7－45 地域类型与对十种青年亚文化团体归属情况的列联表分析

		亚文化团体类型（多选）										参与人数
		网游族	角色扮演（Cosplay）爱好者	粉丝群	动漫迷	自拍＋晒晒族	恶搞族	愤青族	网络写作族	人肉搜索族	御宅族	都不是	
大城市	计数	22	9	16	12	13	5	8	9	5	10	85	159
	%	13.8%	5.7%	10.1%	7.5%	8.2%	3.1%	5.0%	5.7%	3.1%	6.3%	53.5%	100.0%
中小城市	计数	62	17	47	35	46	6	10	26	7	21	186	388
	%	16.0%	4.4%	12.1%	9.0%	11.9%	1.5%	2.6%	6.7%	1.8%	5.4%	47.9%	100.0%
农村	计数	95	35	58	81	38	20	15	24	5	13	215	510
	%	18.6%	6.9%	11.4%	15.9%	7.5%	3.9%	2.9%	4.7%	1.0%	2.5%	42.2%	100.0%
合计	计数	179	61	121	128	97	31	33	59	17	44	486	1057
	%	16.9%	5.8%	11.4%	12.1%	9.2%	2.9%	3.1%	5.6%	1.6%	4.2%	46.0%	100.0%

综上所述，当前我国青年亚文化领域并非如表面看起来那般杂乱无章、无规律可循，青年亚文化也并非完全是青年个体化、流动化的消费选择，教育、性别、地域因素依然在青年的文化选择中发挥着重要影响。因此，我们应该从对青年亚文化碎片化处理的研究思维中跳出来，从把青年亚文化视为完全开放、平等领域的偏差认识中跳出来，重新确立结构化的研究思维，基于青年群体的特质分类和青年群体与周围世界的关系分类，分门别类、有的放矢地对青年亚文化进行科学引领。

第八章　新时代青年亚文化发展优化的原则策略

　　综观改革开放以来青年亚文化的发展历程，我们清晰地看到每个时代的青年亚文化都深深植根于所处的时代背景之中，与主流文化之间存在着既相互勾连又彼此排斥的复杂关系，交错发挥着解构与建构的功能。随着社会开放性和包容性的增强，青年亚文化正在以前所未有的姿态参与到主流文化的建设之中，如何保护青年前所未有的参与热情并实现对青年亚文化的科学引领，使其成为中国特色社会主义文化体系中的璀璨星辰？如何实现青年亚文化结构功能的最优，使其成为实现伟大复兴中国梦的时代先锋？要实现这些目标，需要我们转换思维、变革范式、革新目标，站在时代的潮头，以前瞻的视野重新审视青年亚文化在文化格局中的坐标，不断探索主流文化与青年亚文化和谐共处的科学之道。

第一节　思维的转换:从冲突管理思维 到协调治理思维

随着社会流动性的增强和文化多元化的发展,青年亚文化不再以整体的形态,而是以更加碎片化的形态嵌入到社会结构当中,青年亚文化与主流文化之间的显性对抗关系有所弱化。因此,长期以来将青年亚文化视为"麻烦制造者"的观念应有所改变,对青年亚文化进行压制、管制的冲突管理思维也应有所调整。

一、冲突管理思维的实践与影响

从最初芝加哥学派将青年亚文化视为一种越轨行为,到伯明翰学派把青年亚文化界定为主流意识形态收编的对象;从斯坦利·科恩笔下引发道德恐慌的"民间恶魔",到迪克·赫伯迪格笔下借助风格进行抵抗的"文化噪音",青年亚文化的坐标始终处于主流文化的对立面,青年亚文化研究的重心也始终在青年亚文化与主流文化的冲突关系中盘旋,辨别冲突、评估冲突、管理冲突、解决冲突的冲突管理思维始终是青年亚文化研究的主体思维。

冲突是一种普遍的人类社会运动现象,广泛存在于人们各种形式、各个层面、各个领域的行为互动之中。冲突意味着对立、对抗,而对立、对抗的根源既来自于观念层面的意向和价值分歧,也来自于物质层面对利益、权力、资源的争夺;冲突的主体既可以是个体,也可以是群体或组织;冲突的表现形态既可以是激烈的行为冲突,也可以是温和的观念分歧;冲突不仅是一种状态的描述,也是一种过程的反映。一言以蔽之,冲突就是由目标不相容、利益不统一所引发的潜在矛盾对立或实际的对抗斗争。

在20世纪40年代以前,以塔尔科特·帕森斯为代表的结构功能主义大行其道,强调社会稳定、社会整合和社会秩序,将冲突视为社会功能失调的结果和健康社会"病态"的表现,致力于寻求避免冲突和消除冲突的稳定机制。在这种思想的影响下,最早对青年亚文化进行学科化研究的芝加哥学派确立了其越轨亚文化的研究路向,将青年亚文化视为理解社会越轨行为的一种手段。芝加哥学派的亚文化研究主要局限在犯罪学领域,其关注的对象为非法团伙、流浪汉、职业舞女、吸毒者、城市移民等城市"边缘群体"和"异常群体"。在芝加哥学派看来,这些群体伴随着城市的快速发展而出现,经济上的弱势地位、居住方式的流动性、生存空间的隔离性,使他们成为疾病、混乱、恶习、犯罪等城市问题的重要根源。基于这样的认识,罗伯特·帕克、阿尔伯特·K.科恩、霍华德·贝克尔等芝加哥学派的研究者遵循"问题解决"的研究思路,采取民族志和参与观察的研究方法,对城市场域内的青年亚文化现象进行了大量开拓性的研究。例如,帕克对芝加哥等美国大城市移民和青少年犯罪进行了大量的实证性研究,指出城市社会控制条件的变化、人与人之间的陌生感,以及社区与社区的隔离是亚文化产生的一般根源,提出了"边缘人"理论、"社会距离"理论、"社会解组"理论等;科恩把青年亚文化视为是工人阶级青年面对资产阶级关于工作、成功和金钱的价值观产生的"地位挫折"所采取的一种解决方案,确立了他的"问题解决"亚文化理论;贝克尔则把越轨行为视为社会互动的产物,注重分析越轨行为认定者、越轨行为认定过程以及越轨行为认定情境对青年越轨亚文化形成的影响,形成了他揭示青年越轨亚文化成因的"标签理论"。

总体而言,芝加哥学派注重将青年越轨亚文化置于社会文化语境当中,抑或说是置于青年越轨亚文化与社会文化语境的冲突关系当中去研究,认为青年群体与周围情景的隔离与冲突是青年越轨亚文化产生的根源,而青年越轨亚文化是青年群体为了应对这种隔离与冲突所采取的一种应对策略,这种应对策略反过来又加剧了青年群体与周围情景之间的紧张冲突关系,因此芝加哥学派对于青年越轨亚文化的基本态度是约束和管控,通过将其负面影响控制在合理的区间内,以维持社会秩序的良性运行。

芝加哥学派对青年亚文化的这一基本态度,影响了伯明翰学派早期的青年亚文化研究路向。伯明翰学派奠基人物理查德·霍加特对"电唱机男孩"的生活方式进行了批判,把他们描述为没有信仰、没有方向、思想浅薄和精神腐化的工人阶级"败类",认为在他们身上工人阶级文化传统中的道德感、责任感、乐观主义和批判精神等特质正在被丢弃,他把以"电唱机男孩"为代表的青年亚文化现象视为商业大众文化对青年群体的侵蚀,是对工人阶级有机社区和文化传统的破坏,因此倡导对青年亚文化进行管控和限制,使青年群体摆脱商业大众文化的侵蚀,回归工人阶级文化传统的生动性和创造力。然而霍加特对于青年亚文化的这一立场并没有上升为伯明翰学派青年亚文化研究的主流,以斯图亚特·霍尔为代表的绝大多数伯明翰学者并不认同芝加哥学派的越轨亚文化研究立场,也不认同霍加特对青年亚文化的批判,更不认同英国媒体对青年亚文化"民间恶魔"的定位,他们致力于将青年亚文化从"道德恐慌"的笼罩中解放出来,将青年亚文化视为是工人阶级青年对福利国家神话及战后社会危机进行批判和抵抗的一种文化类型,把对父辈文化的继承和创新、对商业大众文化的吸收和转换、对主流意识形态的批判和抵抗视为是青年亚文化最核心的精神品性。因此,以霍尔为核心的伯明翰学派将青年亚文化置于深层的社会结构之中,在与阶级、权力、意识形态等更广泛的社会政治背景的联系中对青年亚文化现象进行考察。

伯明翰学派强调青年亚文化的抵抗性,把青年亚文化视为是工人阶级、黑人、女性等边缘、弱势群体对支配阶级霸权的一种抵抗方式。因此,在伯明翰学派的研究视野中,青年亚文化与支配阶级霸权之间始终充斥着一种紧张的冲突关系,一切论述都在这种冲突关系的背景中展开。在这一点上,伯明翰学派与芝加哥学派既有相似之处也有不同之处,相似之处是两者都强调青年亚文化与周围情景的冲突关系,但不同的是两者对冲突强度的评估存在差异,前者将冲突关系界定在越轨和犯罪层面,而后者则将冲突关系定位于休闲和风格层面。对冲突关系的认知差异,使得伯明翰学派不像芝加哥学派那样对青年亚文化持压制和打击的态度,而是持中立甚至赞赏的态度,即注重从青年群体的立场出发探讨青年亚文化对支配阶级霸权的抵抗及其积极影响。因此,在研究的侧重点上,伯明翰学派也不像芝加哥学派那样将研究的重心集中于如何限制或消除青年亚文化的负面影响,而是将研究的重心集中于对青年亚文化风格建构过程的关注。但是伯明翰学派也不回避支配阶级霸权和主流意识形态对青年亚文化的控制,霍尔、赫伯迪格等人都论述了青年亚文化被收编的宿命,指出主流意识形态对青年亚文化的围追堵截和商业对青年亚文化抵抗风格的商品化转换,势必将亚文化的抵抗行动安置在支配阶级的意义架构内。只不过伯明翰学派对这种控制的论述似乎充满了浓浓的无奈情绪,而不像芝加哥学派那样积极主动地倡导。

尽管芝加哥学派和伯明翰学派对青年亚文化与主流文化之间的冲突关系界定不同,但是辨别冲突、评估冲突、管理冲突、解决冲突的冲突管理思维始终是贯穿于两大理论之中的。而冲突管理思维——本质而言——是以问题为导向,以控制为核心,以权力为手段,以秩序为旨归的思维形式。反映到青年亚文化领域它体现为:

第一,基于“零和博弈”的思想把青年亚文化与主流文化的关系视为一种负相关依存关系,即一方力量的增强总是以另一方力量的削弱为代价,二者是相互对立、相互排斥的两极,二者之间不存在相互借鉴、共生共荣的可能,二者交锋的结果必然是一方对另一方的改造与同化。

第二,习惯性地将青年亚文化视为威胁社会秩序的问题源,认为青年亚文化是违反社会主流规范的越轨行为,是社会功能失调的表现,是影响青年人格完善、导致青年信仰失落的精神鸦片。因此,青年亚文化始终是主流文化管理和改造的对象。

第三,强调社会文化秩序的等级格局以及主流文化对青年亚文化的支配性。冲突管理思维下的青年亚文化总是从属于主流文化,处于文化等级体系的底端和权力中心的边缘,而处于文化等级体系顶端和权力中心的文化总是将为"我"存在的意志强加于青年亚文化之上,不断将其纳入自己的运行体制内。

第四,借助警察、监狱等镇压性国家机器以及学校、媒体等意识形态国家机器对青年亚文化贯彻权力意志,实现对青年亚文化的压制与管控。芝加哥学派重视镇压性国家机器在青年亚文化管理中的重要性,而伯明翰学派则强调意识形态国家机器对青年亚文化的收编。

第五,遵循"中心主义"的价值取向,强调文化的同一性和秩序的稳定性。"中心主义"的价值取向认为,任何事物都有一个主导性的中心,社会的文化系统亦是如此,必须有且只有一个统摄中心,这个中心统摄着所有其他文化形态的运行轨迹,所有其他文化形态都必须与这个中心相适应而不是相悖离,为这个中心服务而不是让这个中心为它们服务。因此,在"中心主义"的视域下,一个社会的理想文化景观应该是整齐划"一"的。由于"中心主义"强调文化的整齐划一,拒绝文化形态的多元发展,使得文化缺乏应有的活力,这种文化的惰性继而传导到经济、政治、社会领域,使得整个社会都处于一种过度强调社会稳定的无活力状态,而这种状态又反过来再度强化文化领域的"中心主义"。

综上所述,不论是从主观层面倡导对青年亚文化的管控,还是把对青年亚文化的管控作为一种被动的客观结果来论述，从芝加哥学派到伯明翰学派，冲突管理思维始终是青年亚文化领域的主导思维。这种思维对社会秩序的偏执性追求、对青年亚文化的过度管控，损害了青年亚文化的自运行机能，也破坏了社会的整体文化生态。

二、协调治理思维的内涵与价值

20 世纪 80 年代以后，在经济全球化和互联网技术的影响下，青年亚文化呈现一系列新的文化症候。此时，芝加哥学派基于越轨立场对青年亚文化的解读早已被尘封进历史的记忆，而伯明翰学派从阶级、权力维度对青年亚文化的解读也开始遭受到否定和质疑。戴维·马格尔顿、安迪·班尼特、萨拉·桑顿等后亚文化研究代表人物将青年亚文化解读为不关涉阶级、权力、抵抗的消费选择、身份确认和娱乐表达，在芝加哥学派时期和伯明翰学派时期，处于研究中心的青年亚文化与主流文化的关系议题也被不同程度地搁置，青年亚文化与主流文化之间是否存在冲突关系、冲突关系呈现怎样的态势、如何认识和处置这种冲突关系等问题，在后亚文化的研究视野中都隐而不现。

然而青年亚文化与主流文化的关系议题游离在后亚文化研究者的研究视域之外，却并不代表青年亚文化与主流文化的关系真的变得不再重要。相反，伴随着青年亚文化的媒体化转向以及青年亚文化内部结构的变迁，青年亚文化与主流文化之间的关系变得更加复杂、更加扑朔迷离，需要研究者给予更多的关切和解读。而给予更多的关切和解读，首先要解决的就是解释框架的问题。由于结构功能主义已经被实践证明了有着自身无法克服的局限性，所以寻找解释框架的目光就只能投向作为结构功能主义补充或对立面的各种其他社会理论。其中，以科塞、达伦多夫、柯林斯等为代表的社会冲突理论强调,社会的绝对不均衡性和冲突的客观存在性,认为冲突既具有破坏性、阻滞性的反面属性,也具有建设性、推动性的正面属性,不应该采取打压的方式,而应该采取疏导的方式来缓和与化解冲突,为看待和解释青年亚文化与主流文化的关系提供了诸多有价值的思路。以社会冲突理论为总体解释框架,对青年亚文化的冲突管理思维开始向协调治理思维转向。

那么什么是协调治理思维?与冲突管理思维相比它具有哪些显著的差异性特征?要问答这两个问题,关键是要弄清协调治理思维的两个核心限定词——"协调"和"治理"的内涵。

协调,既作动词也作形容词使用,表"和谐一致、配合得当"之意。有很多学者对协调概念进行了界定,如申金山、宋建民等人将协调界定为在某一时刻系统或系统要素合理匹配、有机组合的状态。① 戴淑燕、黄新建将协调界定为是系统内在要素的有机统一,物质循环和谐有序与逐层上升。② 孟庆松、韩文秀则把协调界定为系统之间或系统组成要素之间在发展演化过程中彼此的和谐一致。③ 孙爱军、吴钧等人将协调定义为两种或两种以上系统或系统要素之间一种良性的相互关联,是系统之间或系统内要素之间配合得当、和谐一致、良性循环的关系。④ 从这些界定中我们可以看出,不同学者对协调概念的界定还是存在差异的,而差异主要体现在两个维度:第一个维度是协调是只发生在同一系统的不同要素之间,还是也发生在不同系统之间;第二个维度是协调是一种状态还是一个过程。综合学界对协调已有的界定,本书认为,协调不仅发生在同一系统的要素之间,也发生在不同系统

① 参见申金山、宋建民、关柯:《城市基础设施与社会经济协调发展的定量评价方法与应用》,《城市环境与城市生态》,2000 年第 5 期。
② 参见戴淑燕、黄新建:《可持续发展协调度的评价方法分析》,《科学与管理》,2004 年第 6 期。
③ 参见孟庆松、韩文秀:《复合系统整体协调度模型研究》,《河北师范大学学报》(自然科学版),1999 年第 2 期。
④ 参见孙爱军、吴钧、刘国光等:《交通与城市化的耦合度分析——以江苏省为例》,《城市交通》,2007 年第 2 期。

之间,它不仅是一种状态,也是一个过程。因此,协调就是系统内部不同要素之间或两个及以上不同系统之间配合得当、和谐一致、有机统一的状态与过程。

首先,协调反映了普遍联系的观点和系统论的观点,它强调社会是由多种要素构成的相互联系、相互依存的有机统一体,强调社会子系统之间及子系统内部要素之间的平衡、融洽与和谐。任何一个子系统和要素的不完善都会影响到其他子系统和要素的功能实现,各子系统和各要素自身的发展状态也会影响和制约社会系统的总体发展。

其次,协调讲究功能的整体优化和各子系统、各要素之间的统筹兼顾、利益均衡,即协调的目标是在促进各子系统、各要素之间积极交互作用的过程中,使它们获得充分而均衡的发展,使它们达到关系的和谐统一,从而实现系统结构和功能的整体优化。

最后,协调重视主体间的信息沟通,协调的过程就是信息沟通的过程。差异存在的客观性和普遍性是主体间交互作用的前提,不同的立场、诉求和目标使主体间最初的关系呈现为紧张和对立,协调的目的就在于不断化解这种紧张和对立,将其转化为和谐与统一,而化解的手段就是信息的交换与沟通,信息沟通可以消除主体间对彼此差异的过高判断,弥合主体间的隔阂,通过在差异中发现相统一的内容促进主体间的合作共赢。概括而言,协调的本质就是系统要素的相互关联、均衡发展和整体最优。

治理,《现代汉语词典》对其含义的界定包括两个方面:一是统治、管理,使之安定有序;二是处理、整修,使之不发生危害并起作用。① 在英语中,治理对应的单词是"governance",该词起源于古拉丁语和古希腊语中的"操舵"

---

① 参见中国社会科学院语言研究所词典编辑室编:《现代汉语词典》,商务印书馆,1986 年,第1755 页。

一词,原意是控制、引导和操纵。可见,无论在汉语还是在英语中,"治理"这个概念似乎都内在地含有统治、管理、控制、操纵之意,但治理与这些概念是否完全相同? 如果不同,它们的差异又有哪些? 对这些疑问的回答我们自然无法从上述两个简单的定义中获得,而只能诉诸更系统的理论解读。治理理论发端于 20 世纪 90 年代初期的欧洲,其主要创始人詹姆斯·N. 罗西瑙(J. N. Rosenau)在其代表作《没有政府的治理》一书中将"治理"定义为:"一系列活动领域的管理机制,它们虽未得到正式授权,却能有效发挥作用。与统治不同,治理指的是一种有共同目标支持的活动,这些管理活动的主体未必是政府,也无须依靠国家的强制力量来实现",治理"既包括政府机制,但同时也包括非正式、非政府的机制,随着治理范围的扩大,各色人和各类组织等得以借助这些机制满足各自的需要,并实现各自的愿望"。① 全球治理委员会在 1995 年一份题为"我们的全球伙伴关系"的研究报告中,则将"治理"界定为是各种公共的和私人的个人和机构管理其共同事务的诸多方式的总和。它是使相互冲突的或不同的利益得以调和并且采取联合行动的过程。它具有如下特征:治理是一个过程;治理过程的基础不是控制,而是协调;治理既涉及公共部门,也涉及私人部门;治理是一种持续的互动。② 在我国,治理思维凸显为一种国家共识始于党的十八届三中全会,会议把完善和发展中国特色社会主义制度,推进国家治理体系和治理能力现代化作为全面深化改革的总目标,提出要坚持系统治理,依法治理,源头治理,改进社会治理方式,创新社会治理体制,提高社会治理水平,最大限度增加和谐因素,维护最广大人民的根本利益。

　　治理是对管理的否定和超越。首先,与管理的主体只是政府不同,治理

---

① ［美］詹姆斯·N. 罗西瑙:《世界政治中的治理、秩序和变革》,张志新译,载［美］詹姆斯·N. 罗西瑙等著:《没有政府的治理》,张胜军等译,江西人民出版社,2001 年,第 55 页。
② 参见全球治理委员会编:《我们的全球伙伴关系》,牛津大学出版社,1995 年,第 23 页。

的主体具有多元性，不仅包括政府也包括社会组织和个人。其次，与管理只强调自上而下的单向度管治不同，治理强调自上而下的管治和自下而上的参与相结合。最后，与管理主要借助政治权威、行政命令贯彻管理意志不同，治理倡导互动协商，注重在持续的互动中达成共识，在共识的基础上建立合作，在合作中实现善治和谐。一言以蔽之，多元参与、互动协商、灵活包容、共识合作是治理的本质特征。

综上，协调治理就是在多元参与、互动协商的过程中实现多个主体间配合得当、和谐统一的思维与方法。协调治理可适用于经济、政治、社会、文化等各个领域。协调治理与冲突管理的差异主要表现为五个方面：

第一，对于不同主体间的关系及其发展趋向的判断不同。冲突管理认为，不同主体间是一种负相关依存关系，冲突、对抗是其存在的基本形式，一方消灭、削弱另一方是主体间关系发展的基本趋向。而协调治理则认为，不同主体间是一种有合作、有对抗的共生关系，在对抗中寻求合作是协调治理的价值取向，也是协调治理思维对于主体间关系走势的基本判断。

第二，对于冲突的功能界定不同。冲突管理认为，冲突于社会稳定有百害而无一利，因此强调限制冲突、消灭冲突。而协调治理则更加全面地看待冲突，在承认冲突负面性的同时，强调冲突对社会的平衡、整合和促进功能，并倡导对这些建设性功能的激发。

第三，所遵循的哲学立场不同。冲突管理遵循的哲学立场是孤立的、片面的形而上学，它坚持中心主义，强调主体间的不平等性，只看到冲突、对抗，看不到融合、转化。它否认矛盾的普遍性和客观性，强调稳定，幻想消灭矛盾。它只是狭隘地、短视地、就事论事地解决具体的冲突关系，而缺乏对冲突关系的长远审视。而协调治理遵循的是联系的、发展的辩证唯物主义。它倡导在普遍的联系中和持续的关联互动中考察主体间的关系，以整体发展、共生共荣为导向，尊重主体间的平等地位，强调主体间的和谐包容。

第四，所借助的手段、方法不同。冲突管理的手段是僵化的，主体是单一的，对威权统治有着过度的依赖，主体间关系缺乏足够的弹性。而协调治理的手段是灵活的，主体是多元的，通过主体间的协商参与、资源整合，实现主体间利益、关系的协调统一。

第五，所达到的效果不同。冲突管理通过强制高压手段并没有真正解决冲突，而只是将冲突暂时压制下去，或是将冲突由显性转为隐性，在一定条件下被压制的冲突还会显现甚至发生报复性反弹。而协调治理注重在多元主体的关联互动和信任合作中捋顺不同主体的利益关系，并将其导向实现整体最优的发展方向，真正解决了冲突，实现了和谐发展。

三、协调治理的原则与方法

（一）分类治理与分级治理相结合

科学评价青年亚文化与主流文化的关系是对青年亚文化协调治理的前提。在芝加哥学派的视野里，青年亚文化是完全站在主流文化反面的越轨文化；在伯明翰学派的框架下，青年亚文化是对主流文化进行风格抵抗的附属文化；在后亚文化学者的眼中，青年亚文化是无关政治、远离主流文化的纯娱乐文化。这些判断都有其合理成分，但却都没有对青年亚文化与主流文化的关系做出最完整的阐述，因为随着青年亚文化内部的分化，青年亚文化与主流文化的关系远比他们的界定复杂得多。事实上，青年亚文化是一个由多种青年亚文化形态交叉并存所构成的复合体，其中既有粗制滥造的粗鄙文化，也有精心制作的创新文化；既有纯粹的娱乐文化，也有批判现实、对抗主流的偏离文化。因此，对青年亚文化的治理就不能采取一刀切的治理方式，而是应该采取分类、分级的治理方式。从青年亚文化的内容和功能两个维度出发,我们可以将青年亚文化划分为纯娱乐性的健康文化、纯娱乐性的低俗文化、批判性的健康文化、批判性的低俗文化四种类型,按照由宽松到严厉的递进顺序,建立包含四个等级的分级治理体系。对纯娱乐性的健康文化进行一级治理,即为其提供宽松的生长环境,不鼓励、不打击,让其顺其自然地发展;对纯娱乐性的低俗文化进行二级治理,即以引导为主,辅以一定的规范,使青年提高审美情趣,将精力投放到有意义的领域;对批判性的健康文化进行三级治理,即通过构建通畅的信息交换机制,充分了解青年亚文化的价值诉求,认真反思青年亚文化折射出来的社会问题,积极寻求问题的解决对策,充分化解青年群体对主流文化的质疑,将青年亚文化中的有益成分补充、整合进主流文化当中;对批判性的低俗文化,要严厉治理、严格规范,一方面可采用法律、法规等强制性手段对其进行一定的压制和打击,另一方面对其进行教育引导,使其价值取向、利益诉求、文化表达回归到健康向上的轨道上,并尽量消除其所造成的负面影响。同时,根据前文的调查分析,教育、性别、地域依然是影响当前我国青年文化选择的重要因素,以及划分当前我国青年亚文化内在结构的重要维度,因此应参考青年的教育程度、性别、地域来源,对青年亚文化进行有针对性的治理,以提高治理的有效性。

(二)宏观引导与微观规范相结合

与冲突管理思维遵循权威-依附、控制-服从的逻辑,过度追求社会统治秩序,过于强调依靠强制性的权力对青年亚文化进行压制和控制所不同,协调治理是一种以引导和规范为主要特征的魅力型治理,主张在青年亚文化治理过程中将强制性权力限定在合理的范围内,倡导主流文化在适度监督下的青年亚文化的充分自治,强调引导和规范在青年亚文化治理中的重要性。

一方面,用文化替代权力,通过构建与社会政治文明建设和利益诉求多元化相适应的文化认同机制,引领青年增进对主流文化的认同,借助多元化的传播机制,让青年群体感受到中国特色社会主义理论体系的先进性,把学习和践行社会主义核心价值观作为自己的自觉追求,用中国特色社会主义理论体系引领和规范自己的行为;引领青年继承民族传统文化精髓,弘扬中国精神,提高自身公民素质和审美素质,建立自尊自信、理性平和、积极向上的文化心态,克服青年群体对社会主义核心价值观等主流文化的认识偏见和情感疏离,主动摈弃与先进文化标准相悖离的文化追求和文化形式,实现青年亚文化的自我净化和自我提升。

另一方面,满足青年在文化层面的合理诉求。青年亚文化是青年群体对经济体制深刻变革、利益格局深刻调整、思想观念深刻变化等宏观社会发展状况的一种回应,是青年群体利益诉求的一种文化表达,彰显着青年群体的性格特质和精神追求。因此,对青年亚文化的治理必须将青年亚文化置于社会发展的宏观背景中,精准定位青年群体的利益诉求,并将其整合进社会的整体利益格局中,通过构建合理的利益分配机制,尊重青年群体的多样化文化需求,满足青年群体的合理利益诉求,从而形成一个和谐相处、充满活力、富于秩序的文化生态格局。

(三)平等互动与协商合作相结合

斯托克认为:"治理的概念是,它所要创造的结构和秩序不能从外部强加,它发挥作用,是要依靠多种进行统治的以及互相发生影响的行为者的互动。"[①]因此,协调治理从本质上来说就是一个持续互动的过程,而互动是以

---

① [英]格里·斯托克:《作为理论的治理:五个论点》,华夏风译,《国际社会科学》(中文版),1999年第1期。

互动双方地位的相对平等为前提的,具体到青年亚文化治理领域,就是以青年亚文化与主流文化地位的相对平等为前提的。在前网络时代,相对于主流文化,青年亚文化始终是处于弱势地位的附属品和衍生物,而网络的产生与发展,打破了以年龄为决定因素的文化差距格局,使青年亚文化不断改变自身的"亚地位",使青年亚文化与主流文化平等互动成为可能。平等互动能够增进青年亚文化与主流文化的相互了解,能够消除偏见、弥合隔阂,发现双方的共同旨趣。同时,按照系统论的观点,不同系统之间及系统内部各子系统之间,互动越频繁,关联度越大,协调性就越好,就越能更好地实现自身的发展。因此,增强青年亚文化与主流文化的平等互动,有利于促进整个文化系统的健康良性发展和文化有机共同体的形成。

英国经济学家弗里德里希·奥古斯特·冯-哈耶克认为,人类公共事务的本质表现为合作秩序。[1] 法国思想家皮埃尔·卡蓝默也指出:治理的艺术在于,通过倡导自由、团结一致和多样性来达到和谐。[2] 如前文所述,协调治理就是在多元参与、互动协商的过程中实现多个主体间配合得当、和谐统一的思维与方法。协商治理要求打破治理者与被治理者间的严格界限和二元对立,在平等互动的基础上,建立协商合作的伙伴关系和协商合作机制,分享权力,交换资源,共担责任,共谋发展。在青年亚文化的治理过程中,协商合作机制的建立要以双方的信任关系为前提,要以社会整体文化的繁荣发展为指向,跳出零和博弈的僵局,相互依赖、彼此包容、相互借鉴、培养认同、相互监督、建立共识,将二者的关系由失调引向协调,由冲突引向和谐。

---

① 参见[英]弗里德里希·奥古斯特·冯-哈耶克:《致命的自负》,冯克利译,中国社会科学出版社,2000年,第96页。

② 参见[法]皮埃尔·卡蓝默:《破碎的民主——试论治理的革命》,高凌瀚译,生活·读书·新知三联书店,2005年,第108页。

（四）动态均衡与整体最优相结合

协调治理是一种强调社会子系统普遍联系的系统思维,注重社会各子系统发展的相对均衡、关系的和谐统一和功能的整体优化。协调治理思维应用到青年亚文化治理领域,突出表现为以下三个方面:

第一,改变视青年亚文化为洪水猛兽、民间恶魔的刻板观念,改变对青年亚文化限制和打压的做法,把青年亚文化作为文化系统的重要组成部分,尊重青年亚文化的差异性,为青年亚文化提供宽松自主的发展空间,适度改变青年亚文化的附庸地位,有意识地增强青年亚文化与主流文化的平等互动。

第二,充分认识青年亚文化在网络新媒体助力下地位上升的事实和青年亚文化可以向主流文化转化的事实,在青年亚文化与主流文化之间构建畅通的信息交流机制和资源共享机制,既要积极探索实现社会主义核心价值观对青年亚文化科学引领的手段方法,也要充分挖掘青年亚文化对主流文化的补充功能,充分释放青年亚文化在增进文化活力中的重要引擎功能,以及对中国特色社会主义文化建设的反哺功能,将青年亚文化中的前沿意识、创新精神转化融入主流文化的建设发展当中。

第三,主流文化要从维护自身权威地位的小格局中跳出来,树立大格局意识,即以中国特色社会主义文化的繁荣发展为指向,秉承党的十八届五中全会上提出的"创新、协调、绿色、开放、共享"五大发展理念,兼收并蓄,海纳百川,树立更加包容的心态,敢于、善于吸纳不同文化类型中的有益成分,不断增强自身的吸引力、整合力,不断改善对支流文化、亚文化的统领方式和统领效果。

第二节　范式的变革:从社会本位的治疗范式到关系本位的建构范式

"范式"(Paradigm)是由美国著名科学哲学家托马斯·塞缪尔·库恩(Thomas samuel Kuhn)在《哥白尼革命》(1957)中第一次提出,并在《科学革命的结构》(1962)中系统阐述,在长达半个多世纪的时间里对科学哲学、社会科学领域产生巨大影响的概念和理论。范式从本质上讲是一种世界观,代表着某一特定共同体成员所共有的信念、价值和技术。库恩非常强调范式的变革,并称其为"科学的革命"。在库恩看来,范式变革的过程就是"革命的解决过程,就是通过科学共同体的内部冲突,选择出从事未来科学活动的最适宜的道路"①。对青年亚文化的治理范式从社会本位转向关系本位也是一种科学革命,是在对传统青年亚文化治理范式科学反思的基础上,对最适宜新形势的青年亚文化治理范式的科学探索,它将为人们看待青年亚文化提供新的视野。

一、社会本位治疗范式的传统与困境

社会本位思想有着悠久的历史传统,可追溯到古希腊时期柏拉图在《理想国》中提出的"社会整体利益高于一切"的思想。而社会本位作为一种思想体系,则是在19世纪70年代以后伴随着自由资本主义向垄断资本主义过

---

① [美]托马斯·塞缪尔·库恩:《科学革命的结构》,金吾伦、胡新和译,北京大学出版社,2003年,第155页。

渡的过程中兴盛起来的。社会本位思想以"真正的个人是不存在的,只有人类才存在,因为不管从哪方面看,我们个人的一切发展,都有赖于社会"①为前提,强调在个人和社会的关系中,社会处于中心的、决定性的地位,而个体则处于从属的地位,认为人是社会的产物,人的本性是社会性,个人的存在和发展完全受社会决定;主张社会价值高于个人价值,社会的需要和社会的利益高于一切,个人的发展必须无条件地服从社会的发展需要;强调个体作为社会成员对社会的责任和贡献以及社会对个体的规范和约束。社会本位思想高扬社会的地位与价值,事事以社会需要的满足为前提,忽视个体的个性发展和内在需要,主张社会利益高于一切,而看不到个人利益的满足是促进社会利益实现的重要保证;社会本位过于强调个体对社会的依附性,而否定个体的相对独立性,过于强调社会对个体的制约性,而忽视个体在社会发展中的主观能动性、选择性和创造性;社会本位把个体视为教育的原材料,强调在教育过程中把社会规范和价值观念导入个体头脑,将其改造为完全符合社会发展需要的社会人,而忽视个体内在的自我教育功能和个体对社会规范和价值观念的建构改造功能。既然社会本位强调社会的第一性,那么科学界定"社会本位"还必须准确把握"社会"的内涵与外延。马克思主义认为,"社会"是人们在一定物质资料生产活动基础上形成的相互联系的有机体,是生产力和生产关系、经济基础和上层建筑的总和。"社会"作为历史唯物主义的重要范畴,一般用以指称一定历史时期、一个民族国家范围内的物质资料生产方式以及由此形成的人与人之间关系的总和。因此"社会"在某种意义上与"国家"是等价的,社会本位论的实质就是国家本位论,即强调国家利益的至高无上性以及国家对个人的控制。

　　在我国,受儒家文化传统和社会制度的影响,重义务轻权利、重奉献轻

---

① ［法］奥古斯特·孔德:《论实证精神》,黄建华译,译林出版社,2011年,第73页。

回报的社会本位思想有着深厚的社会心理基础和广阔的作用空间。长期以来，个体被视为社会主义建设的小小螺丝钉，以不同的姿态砌在社会发展蓝图的不同位置，对他们的评价主要依据他们履行社会螺丝钉功能的状况，而他们的个性与需求、他们的复杂思想和能动精神往往被螺丝钉的社会功能所掩盖，似乎人就只是社会发展蓝图中的一颗螺丝钉而已。这种社会本位思想作用于青年教育领域，其影响亦是深远的。关于这一点，从青年教育的目标定位即可窥见一斑。20 世纪 50 年代至 70 年代，青年教育以培养社会主义建设的合格劳动者为目标；20 世纪 80 年代，青年教育以培养有理想、有道德、有文化、有纪律的社会主义建设"四有"青年为目标；20 世纪 90 年代至今，青年教育以培养德智体美劳全面发展的社会主义事业的建设者和接班人为目标。这些目标无不以社会主义建设事业为落脚点，个体的自我完善作为一种手段被熔铸在推动社会发展的宏伟大业中。这些教育目标与社会本位论代表人物约翰·洛克关于"培养绅士才是教育的目的，绅士应当有合乎其地位的举止，同时使自己成为一位有益于国家的人物"[1]、与法国社会学家涂尔干关于"教育的目的在于使年轻人适应政治社会"[2]等观点似乎都有一些相通之处。

在以上教育目标的导向下，首先，青年被理想化了。青年被赋予了过多的社会期许，正如梁公在《少年中国说》中对青年人那振聋发聩的价值设定——"故今日之责任，不在他人，而全在我少年。少年智则国智，少年富则国富，少年强则国强……"青年身上背负着父辈未完成的使命，肩负着社会的希望，承载着国家的未来。因此，在青年的父辈看来，青年应该有从父辈手中接过时代重任的自觉意识，应该有继承和发扬父辈光荣传统的自觉意

---

① 董建新：《刍议个人本位论》，《暨南学报》，1999 年第 5 期。
② 邓才彪：《涂尔干道德教育思想述评》，《外国教育动态》，1989 年第 2 期。

识,应该有沿着父辈的脚步继续前行的信心与能力。其次,青年被对象化了。一方面,他们被对象化为一种延续传统的手段,一种传承理想的手段。就像美国学者伊恩·罗伯逊所指出的:"人的天性和本能通常只不过是人类社会的一种文化产品而已。"①另一方面,他们沦为父辈意志主宰下的改造对象。由于每一代青年都有着自身符合时代特点的理想和追求,这些理想、追求有些与父辈一脉相承,有些却与父辈相去甚远,因此延续传统、传承理想、肩负使命更多体现的是父辈一厢情愿的意志,而非是青年自觉自愿的选择。在这种情况下,青年与父辈的冲突不可避免,为了消除冲突,父辈借助自身的地位优势、经验优势,锲而不舍地对青年进行着思想和行为的改造,使之成为符合自己心理期待的接班人。

社会本位思想反映到青年亚文化治理领域,体现出显著的治疗倾向,而这种治疗倾向与冲突管理思维又是一体两面、一脉相承的。在社会本位治疗范式的视域下,青年亚文化是社会的一种"问题"、一种"病症",这种问题或病症如果得不到及时有效的控制和治疗,就会在社会的有机体上不断蔓延,进而危及社会有机体的健康。遵循这样的心理假设,承担"医生"角色的成年主流文化,借助多样化的治疗手段,不断尝试将青年亚文化这种病症驱赶出社会的有机体。综观改革开放四十多年来我国青年亚文化的发展历程,这种社会本位的治疗倾向都或强或弱地发挥着效应。20 世纪 80 年代初,青年亚文化还寄居在青年文化的屋檐下,而未完全独立门户,加上改革开放之初处处涌动的求新求变的愿景,主流文化与青年文化包裹下的青年亚文化度过了一段短暂的蜜月期。20 世纪 80 年代中后期开始,伴随着具有鲜明亚文化特征的摇滚乐的出现,主流文化与青年亚文化的蜜月期宣告结束。主流文化对摇滚乐及其承载的中国第一代青年亚文化进行了精神层面

---

① ［美］伊恩·罗伯逊:《社会学》,黄育馥译,商务印书馆,1990 年,第 74 页。

的引导和制度层面的规范,使其从 20 世纪 90 年代中期开始不断调整自己的先锋姿态,由煽动性极强的青年亚文化形态不断向理性批判的青年亚文化形态转化。而 20 世纪 90 年代的顽主文化,其玩世不恭的人生态度和对传统的调侃、对现实的嘲讽亦是遭到主流文化的质疑,成年社会被"我们的青年是怎么了"的疑惑所笼罩而陷入深深的失望。如果说顽主文化带给成年主流文化的心理冲击是失望,那么 20 世纪 90 年代末期开始由港台传入并在高校校园里刮起旋风的无厘头文化带给成年主流文化的心理冲击就不只是失望,而是不知所措的惶恐。他们不解的是,毫无规矩章法的离经叛道式表达为何在青年当中引起井喷式的化学反应。而后伴随着网络兴起的恶搞文化、求虐文化、网游文化等纷繁芜杂的青年亚文化形态,同样遭到主流文化的规范和劝说。

从 20 世纪 80 年代至今,透过青年亚文化与主流文化的关系,我们感到主流文化与青年亚文化之间似乎存在着一种内在的张力关系,而这种张力关系的产生则源于社会本位治疗范式的先在定位。归纳起来,社会本位的治疗范式首先是一种"头痛医头脚痛医脚"的治疗范式,即承担"医生"角色的成年主流文化习惯将青年亚文化归结为青年群体自身的思想和行为取向问题,而不太注重从社会有机体的整体健康状况出发去评估青年亚文化的"病症",它看不到青年亚文化是宏观社会发展作用于青年群体的文化反应,看不到青年亚文化所反映的是超越青年群体范围的更宏观的社会问题。它以一种狭隘的治疗视野,将病症的根源锁定于青年群体内部,同时也将治疗力量全部集中于青年群体内部,以至于无法真正触及问题产生的根源。其次,社会本位的治疗范式是一种治标不治本的治疗范式。由于并没有找到症结所在,所以主流文化对青年亚文化所谓的治疗只是对那些明显偏离主流文化要求的青年亚文化表征进行规范和消除,使青年亚文化"看起来"更接近主流文化的期待。而事实上,青年亚文化与主流文化间的张力关系并没有因此而真正减少,青年亚文化在主流文化的压制下所展现出来的表面顺从也只是暂时性的,一旦来自主流文化的压制稍微松动,青年亚文化与主流文化的张力关系往往就会再度显现,如此循环往复,使青年亚文化与主流文化之间呈现出规律的波浪形起伏态势。

二、关系本位建构范式的内涵与价值

社会本位思想之所以把社会整体利益放在至高无上的地位,强调个体对整体的依附与服从,漠视个体的权利与自由,源于一种二元对立的认识论,这种认识论将个体与社会割裂开来、对立起来,视个人利益与社会利益为不可调和的矛盾。社会本位思想只是这种认识论其中的一种衍生物,而另外一种衍生物就是个人本位思想。个人本位思想与社会本位思想截然对立,它把个体的人作为一切问题的出发点,将个体的人视为万物的尺度,强调人的独立性,强调人的权利与自由的优先性和至高无上性,反对社会对个人的束缚,认为社会只是个人观念的集合,只是保障个人权利与自由实现的一种手段。从发展历程而言,个人本位思想较社会本位思想有着更为久远的历史,从卢梭的《爱弥儿》(1762)到斯宾塞的《教育论》(1861),在长达一个世纪的时间里,个人本位始终是西方教育思潮的主流。[①] 代表性的观点有:卢梭提出教育要培养的是"自然人"而不是"公民",他认为"自然人完全是为他自己而生活的;他是数的单位,是绝对的统一体,只同他自己和他的同胞才有关系。公民只不过是一个分数的单位,是依赖于分母的,他的价值在于他同总体,即同社会的关系"[②];康德提出教育应尊重人的天性,培养服

① 参见陈桂生:《略论教育在社会需求与个人发展之间的抉择与统合——兼评教育理论上的"社会本位"说与"人本位"说》,《上海高教研究》,1991年第4期。
② [法]让-雅克·卢梭:《爱弥儿》,李平沤译,人民教育出版社,1985年,第33页。

从自由意志的自由人;①斯宾塞主张教育的目的在于为个人未来完满的生活做准备,②等等。如果说社会本位以牺牲个体的权利与自由去追求社会整体的利益与价值不可取,那么个人本位过度强调个体的权利与自由而忽视社会整体的利益与价值也不可取。因为表面上看虽然二者截然对立,各执一端,然其本质却一脉相承,都是割裂了个人与社会的统一性,二者都没有很好地解决如何在保持个体独立性的同时凝聚个体力量推动社会进步的问题。

而关系本位就是为了规避社会本位和个人本位的固有局限,以及有效化解个体利益与社会利益的固有矛盾。"关系本位"一词由梁漱溟提出。他认为,中国社会关系既不是完全偏重于社会的"社会本位",也非完全偏重于个体的"个人本位",而是"不把重点固定放在任何一方,而从乎其关系,彼此相交换;其重点是在关系上。伦理本位者,关系本位也"。③ 借助"关系本位"这一概念,他将视野从以社会为本还是以个人为本的争论中挣脱出来,以一种调和中庸的立场,将个人与社会的对立关系转化为相互交换的依存关系。

概括而言,关系本位的内涵包含三个方面:

第一,它认为人和社会都不是一种先在性的实体,而是一种动态的关系性存在。人永远处于与他人的关系之中,是关系网络中的一个交汇点,人的价值、需求、权利也只有在与他人的关系中才能得到定义。正如孙隆基所言:"'人'是只有在社会关系中才能体现的——他是所有社会角色的总和,如果将这些社会关系都抽空了,'人'就被蒸发掉了……中国人对'人'下的定义,正好是将明确的'自我'疆界铲除了,而这个定义就是'仁者,人也'。'仁'是人字旁一个'二'字,亦即是说,只有在'二人'的对应关系中,才能对

---

① 参见[德]康德:《教育论》,瞿菊农编译,商务印书馆,1930年,第1~25页。
② 参见[英]赫伯特·斯宾塞:《教育论》,胡毅译,人民教育出版社,1962年,第7页。
③ 梁漱溟:《梁漱溟全集》(第三卷),山东人民出版社,1989年,第149页。

任何一方下定义。"①同样,社会是一个由个体相互影响、交流、协作而形成的共同体,它是一个由无数个体的人联结而成的庞大复杂的关系网络,它一方面是个人关系性存在无限联结的结果,另一方面又反过来构成了个人关系性存在的结构化背景。

第二,个人与他人之间、个人与社会之间是一种主体间性关系,而非主体-客体关系。每个个体既是目的也是手段,个体之间既相互独立又彼此相通,"我"与"他人"基于平等交往形成协作体,"他人"是满足"我"的需求的重要前提,而"我"也是"他人"利益实现的重要依据。个体与社会之间也不是主客体二元对立下的支配-服从、牺牲-满足关系,而是一种彼此包容、共生共荣的融合关系。个体利益诉求当中蕴含着社会的整体利益诉求,是社会整体利益诉求在个体层面的聚焦,而社会整体利益诉求则是无数个体利益诉求的统一性显现,是个体共同价值的聚合,因此个人与社会就是同一过程的两个方面。

第三,关系本位尊重个人与社会的统一性,认为个人与社会并非是不可调和的矛盾关系,而是互为前提、相辅相成的,是历史的、具体的统一关系。正如杜威所言:"个人和社会既不相互对立,也不相互分离。社会是个人的社会,个人始终是社会的个人。个人依靠自己无所谓存在,他生存于社会之中,为社会而生存,并依靠社会而生存。正如社会无所谓存在,除非它存在于构成它的个人之中,并依靠个人而存在。"②因此,社会的发展要以个人的发展为前提,个人的发展要以社会的发展为保障。社会利益与个人利益之间不是一种你上我下的跷跷板关系,而是一种向同一方向延伸的铁轨关系,两条铁轨在保持一定利益张力的前提下并行向前,向前的过程中虽然整体

---

① 孙隆基:《中国文化的"深层结构"》,华岳文艺出版社,1988 年,第 14 页。

② [美]约翰·杜威:《构成教育基础的伦理原则》,黄向阳译,内部打印稿,1993 年,第 25 页。

大方向有时会偏向左一点儿，有时会偏向右一点儿，但在不断调整的动态平衡中始终保持着向前方的无限延伸。

关系本位强调在关系中寻求个体与社会的平衡协调发展，但关系并非是一个完成的静止状态，而是一个未完成的动态过程，因而关系本位表现出鲜明的建构性特征。建构与结构、解构相对应，强调对主体的发现，强调一切知识、意义、规则、秩序都是在人们的实践中建构而成，是人们在参与情景的互动中达成的一种共识。例如舒茨提出日常生活就是人们的一种"常识建构"；而加芬克尔指出，社会秩序正是在社会行动者的实践之中巧妙地进行建构，芸芸众生在日常生活中依照常识推理的逻辑建构了我们的日常生活世界。在强调主体建构性和创造性的同时，建构主义也强调结构对主体的建构性，指出主体和客体始终是相互纠缠、不可分离的，主体建构着结构，结构也影响和改变着主体，主体与结构之间是一种双向建构关系。对于个体和结构之间的这种双向建构关系，吉登斯用"结构二重性"来阐释。他指出，社会不是一个预先给定的客观现实，而是由社会成员的行动创造的；行动者不能自由地选择如何创造社会，而是受限于他们无法选择的历史位置的约束；结构具有制约人类行动和促成人类行动（为其提供资源）的双重能力。[①] 在吉登斯看来，人们所生活的现实世界并不是一种外在于行动者的客观实在，而是一种行动者在交互作用中共同创造的现实结果。与此同时，人们对社会的创造性又是有限的，要受到人们所处历史阶段和社会结构的制约。

因此，关系本位的建构范式就是时刻将视野投向人与社会之间的广阔领域，既高扬人对社会的建构性和创造性，又承认社会对人的建构性和约束

---

① 参见［澳］马尔科姆·沃斯特：《现代社会学理论》，杨善华等译，李康等校，华夏出版社，2000年，第53页。

性,把实践主体的人、人与人之间的关系、人与社会之间的关系以及社会自身都看作一个开放的系统,基于个体与社会相统一的立场,在动态的过程中和纵横交错的关系中去探讨个体价值和社会利益的协调发展路径,实现了对个人本位与社会本位的扬长避短和根本超越。同时,关系本位的建构范式与马克思主义理论也是内在统一的。首先,它对于人和社会是一种关系性存在的基本判断与马克思关于"人的本质不是单个人所固有的抽象物,在其现实性上,它是一切社会关系的总和"①的论断是相一致的。其次,它关于人对社会建构性的强调与马克思关于人民群众是历史的创造者的论断是相一致的,它关于人对社会的建构性也受到社会的约束的认知与马克思关于"人们自己创造自己的历史,但是他们并不是随心所欲地创造,并不是在他们自己选定的条件下创造,而是在直接碰到的、既定的、从过去承继下来的条件下创造"②的观点也是相一致的。

三、范式变革的原则与路径

(一)对青年定位的转变:从完美情结到悦纳欠缺

青年关乎国家和民族的未来,承载国家和民族的希望,因此社会对青年往往寄予过高的期望。它希望青年既能自觉继承父辈光荣传统,又能审时度势开拓创新;它希望青年既要志存高远胸怀祖国,又要脚踏实地爱岗敬业;它希望青年既要融入社会改革发展大潮,又要在泥沙俱下的大潮中出淤泥而不染……单纯从表述上看,这些期望并无不妥,但在实践中却往往会演化为对青年的一种苛求。在平衡继承传统与开拓创新、志存高远与脚踏实

---

① 《马克思恩格斯选集》(第一卷),人民出版社,2012年,第135页。
② 同上,第669页。

地、融入社会与超凡脱俗关系的过程中，青年往往会陷入两难的境地。当青年沿用父辈的思维和价值去规划自己的人生理想时，可能会遭到缺乏开拓创新精神的批评；当青年表现出与父辈不同的价值取向、行为取向、审美取向或风格特质时，可能又会遭到忘本、另类、叛逆的非议；当青年仰望星空大胆畅想未来时，可能会被指责说只知道不切实际的幻想而不知道实干；当青年脚踏实地、埋头苦干时却又会被批评眼界窄、胸怀小、只关注自身小利益；当青年积极融入社会大潮时，可能会被指责丧失了青年应有的纯真和理想；当青年希望与社会保持一定的距离时，又会被指责缺乏社会责任感和实践融入精神……在这些无休止的苛刻指责中，青年变得无所适从，而发出这些苛刻指责的主体也陷入庸人自扰的失望与忧虑中。

回望改革开放四十多年来一代一代青年的成长历程，我们深切地感受到成年社会在青年身上所倾注的过多期待，以及这些期待带给成年社会和青年群体的现实困扰。当成长于新旧体制交叠的"70后"青年初登历史舞台时，社会认为他们远不及"60后"青年，指责他们是缺乏革命情怀的一代；当改革开放后的第一代独生子女"80后"青年初登历史舞台时，社会又认为他们远不及"70后"青年，批评他们是没有理想，娇生惯养，只懂索取不懂奉献，只讲享受不讲责任的"垮掉的一代"；当成长于世纪跨越的"90后"青年初登历史舞台时，社会更是哀声一片，认为他们说话做事凭直觉凭好恶就是不凭大脑，做事没原则、没底线，不思进取，完全被游戏、娱乐所绑架；如今"00后"已步入青年的行列，"读不懂的一代""完全颠覆的一代""堕落的一代""颓废的一代"这些标签正蓄势待发地贴到他们的身上。单纯从这些批评中我们似乎应该得出"青年一代不如一代"的结论，但事实并非如此，每一代青年都有自己独特的特质和优势，每一代青年都有自己独特的幸运与苦恼。之所以会产生青年一代不如一代的错觉，问题不在青年，而在社会心态，是社会对青年求全责备的完美情结和过度焦虑所致。

因此,要使社会从无中生有的焦虑中解脱出来,使青年从无端的苛责中解脱出来,从根本上说就是要调整社会心态,而社会心态的调整重点应从两个方面着力:

第一,要明确青年是一个未完成的人生阶段而非已完成的人生状态。探索性和未完成性是青年群体的最大特征,即在青年阶段,个体的世界观、人生观、价值观还没有定型,人生的理想和目标也没有完全确立,无论是在物质层面、生活层面,还是在理想层面、价值层面、知识层面,一切都还在探索当中。因此,不成熟是青年内涵的应有之义,我们不能要求青年像成年人那样成熟稳重、理性持久。同时,青年阶段也是一个不断试错的过程,青年需要在不断尝试的过程中不断修正自己的思想和行为,逐渐形成稳定的思想观念和行为方式。

第二,要明确青年是一个复杂的矛盾体和多面体。一方面,从青年群体的结构而言,青年群体内部包含着不同的观念取向和行为方式,我们不能用一刀切的方式对其进行简单化的评判;另一方面,从青年群体的性格特质而言,它是稳定的青年气质与变动的时代风格的有机结合。所谓稳定的青年气质是指每个时代青年性格中的共性成分,如冲动、叛逆、激情、迷茫等,而变动的时代风格是指青年所处的社会背景在青年性格特质中所留下的时代烙印。因此,不同时代的青年,其性格特质既有共通之处,也有差异之处。同时,每个时代的青年,其内心都是纠结而冲突的。他们徘徊在集体取向与自我取向、理想主义与现实主义、责任与享乐、继承与创新、服从与反叛之间,他们谈理想也谈个人利益,他们追求梦想也注重得失。他们具有强烈的社会参与意愿,但有时又表现出淡薄的社会责任感;他们具有浓厚的主体意识、反叛意识,但有时又随波逐流、盲目从众。

鉴于青年的上述特点,社会要建立更加豁达的心态,坦然接受青年的欠缺与不足,给青年提供充分的自我调整空间,在青年身上倾注合理的期许,对青年给予适当的引导,砥砺青年成长,使青年实现向成年的平稳过渡。

(二)对青年亚文化分析视野的转变:从局限于青年内部的微观视野到立足于社会系统的宏观视野

如前文所述,青年群体的性格是稳定的青年气质与变动的时代风格的有机结合,而青年的性格特质又鲜明地体现在青年亚文化当中。因此,青年亚文化的产生与发展受两方面因素的影响,一是青年自身的生理和心理因素,二是青年所处时代的社会因素。其中社会因素是使不同时代青年亚文化展现出不同时代风格的根源所在。所以我们必须从社会本位治疗视域下,将青年亚文化归结为青年群体自身思想和行为取向问题的微观视野中跳脱出来,把青年亚文化与所处的社会时代背景紧密结合起来,将青年亚文化视为宏观社会变革发展作用于青年群体的文化表现,基于系统分析的宏观视野,从社会系统的整体层面,从青年群体与其他群体的社会互动中,从青年亚文化与其他文化子系统的普遍联系中,分析青年亚文化的表现形式与现实影响。

愤青文化作为改革开放以来的第一代青年亚文化,根植于改革开放的社会大背景中。新旧时代更替所带给人们的期待与焦虑,国门打开,西方思想、文化与生活方式所带给人们的好奇与恐惧,想积极投身改革的热情与如何改革的疑虑交织在一起,让整个社会都处于躁动不安当中,而愤青文化就是对当时这种社会情绪的一种释放性表达。因此,愤青文化所反映的不仅是青年的心声,在某种程度上反映的也是当时整个社会的心声。同样,作为第二代青年亚文化的顽主文化,产生于社会主义市场经济体制确立的社会背景下。社会主义市场经济体制的确立,一方面带来了资源的优化配置,释放了经济的活力,促进了效率的提高,另一方面也使金钱至上的观念更加深入人心,追求物质利益的最大化和物质享乐的极致化成为人们的普遍目标。

而顽主文化就是对这种商业思维主宰下的人们生活的写照和讽刺,它通过刻画一个个玩世不恭、市井气十足的文学形象,来讽刺拜金主义和个人主义的泛滥及其所带来的人们信仰和道德的迷失。因此,顽主文化反映的不仅仅是顽主这一个群体的人生观和价值观,也反映了20世纪90年代成年社会中一部分人的人生观和价值观。而嘲谑文化是受后现代主义思潮影响的青年群体,借助网络的力量,对社会转型时期错综复杂的矛盾进行回应的一种方式,其主要的精神气质就是对传统的颠覆、对权威的消解和对规则的解构。然而这些并不是青年群体的专利,也不是嘲谑文化独有的精神特质,在成人社会当中它们同样具有广泛的影响力,只不过成人社会对这些倾向的表达更加隐晦和含蓄而已。网络参与文化亦是如此,从网络流行语的创制,到角色扮演文化、快闪文化、粉丝文化、拍客文化,再到网络政治参与,它反映的是网络时代的到来对包括青年人在内的所有人的思维方式和生活方式的深刻改变。

因此,从愤青文化到顽主文化,再到嘲谑文化和网络参与文化,它们都是社会宏观变革发展作用于青年群体的产物,是社会整体变迁的缩影,如果认识不到这一点,就无法真正读懂青年亚文化的精神内涵。

(三)对青年与主流文化关系认知的转变:从主流文化改造的对象到主流文化建构的主体

在社会治疗范式的主导下,主流文化就如同一把度量尺,始终是以高高在上、不容置疑的威权姿态度量着青年的言行举止,只要青年的言行举止与主流文化的要求不一致,就会遭到裁剪、修理和改造,在主流文化面前,青年的创造活力总是无法得到充分的释放。事实上,主流文化的威权地位并非是绝对不容置疑的,青年在社会化过程中所习得的成年社会的知识与规范也不是先验的客观存在,一切都是不断变化发展的开放体系,是各方利益主体在实践中交互作用、共同建构的产物。正如齐美尔所言:"社会不是定型的或已完成的实体,而是由个人之间相互作用不断复制,重塑和改造的持续生成的、具有真实性的综合体。"①同时,如美国哲学家大卫·雷·格里芬在《后现代精神》一书中指出的那样:"我们中的每一个人都被看作一个'你',而不仅仅是一个'它',因为我们每个人都是主体,而不仅仅是客体。"②因此,青年绝不仅仅是成年社会知识和规范的被动接受者,他们更是主流文化的重要建构者。与成年人相比,一方面,青年有更加旺盛的生命力和更加敏锐的感知力,思想活跃,好奇心强,容易接受新思想、新观念、新事物,因此他们具有天然的创新优势;另一方面,在大数据时代他们具有突出的信息获取优势和信息处理能力,借助自身的网络技术优势,他们正以前所未有的活跃姿态参与到主流文化的建构中,发挥着越来越显著的建构功能。

因此,我们首先要尊重青年的创造天性,并充分认识青年在某些领域的超前性与引领性,要把"包容、合作、互动、共进"作为主流文化与青年亚文化的相处之道,摆正心态,放低姿态,将青年群体视为成年社会的同行者,为青年亚文化创造更加宽松的生存发展空间。以青年的充分发展和自我实现为指向,尊重青年的合理需求,保护青年敢想敢为的创新精神和崇尚自由的奔放个性,把青年亚文化作为青年建立群体认同的重要机制,充分挖掘青年亚文化对青年的凝聚功能;把青年亚文化视为与主流文化竞相争艳的文化形式,善于汲取青年亚文化中的有益成分进入主流文化,最大限度地降低青年亚文化的破坏性,充分释放青年亚文化对主流文化的补位功能和映照功能。

其次,积极探索更加科学有效的青年亚文化引领方式。主流文化要在不断反观自身的过程中,增强对青年的号召力和对青年亚文化的统领力,启

---

① [美]刘易斯·科塞:《社会学思想名家》,石人译,中国社会科学出版社,1990年,第200页。
② [美]大卫·雷·格里芬:《后现代精神》,王成兵译,中央编译出版社,1998年,第218页。

发青年自觉自律,创造出与社会主义核心价值观相一致、能够展现青年特有朝气、健康向上的青年亚文化形式。在青年亚文化创制过程中,要坚持个性与共性相结合、权利与义务相对等的原则,既要满足青年张扬个性和休闲娱乐的需求,也要满足社会发展对青年责任担当的要求,使青年树立健全的主体意识,将自我的发展自觉融入社会的进步当中,将自我价值的实现自觉整合进共同体的责任当中,以娱乐为表,通过对主流文化的批判性建构,增强主流文化的发展活力,促进主流文化向更加完善的方向发展。

第三节　目标的革新:从构建同一性文化到构建统一性文化

目标是行动的导引。长期以来,青年亚文化与主流文化之间的关系不够顺畅,根源之一就在于目标定位存在偏差,即以构建同一性文化为目标,试图将青年亚文化完全同化和消融到主流文化的逻辑结构内,既背离了文化形态多样性和差异性的现实,也抑制了多元文化互促共进的发展活力。因此,本书倡导将文化建设的目标由构建同一性文化革新为构建统一性文化,以一元主导、多元共生为前提,促进青年亚文化与主流文化各展齐美,美美与共。

一、追求同一性:青年亚文化在抵抗-收编的格局中消失于无形

（一）同一性的哲学溯源与精神内涵

哲学层面对"同一性"的关注始于巴门尼德关于"思维与存在是同一的"

哲学命题。巴门尼德认为:"可以被思想的东西和思想的目标是同一的;因为你找不到一个思想是没有它所表达的存在物的。"①巴门尼德基于思维与存在的关系对同一性所进行的探讨深刻影响了其后的整个西方哲学史,从赫拉克里特到柏拉图、亚里士多德,从休谟、康德到黑格尔,从费希特、谢林、胡塞尔到海德格尔,同一性始终作为一个极其重要的哲学范畴,反映着人类对永恒确定性的追求,构成了西方哲学传统和现代性的一个基本特征。而在整个西方哲学史上,黑格尔无疑是对同一性追求的最佳代言人。他把"绝对精神"视为独立于一切事物并先于自然界与人类社会的永恒存在,认为绝对精神是万物的主宰,世界万物皆由其衍生出来又以其为最终归宿,"一"生万物,万物归"一",绝对精神就是统领世界万物的那个绝对化的"一",是同一性的集中表现。正如阿多诺批判黑格尔所指出的:"在黑格尔的著作中,同一性作为总体性具有本体论的在先性。"②黑格尔强调同一性,否定个别性、特殊性,在他看来,"单独的个别人,从其本义来说,只在他是体现着(一切)个别性的普遍的众多时才是真实的;离开了这个众多,则孤独的自我事实上是一个非现实的无力量的自我"③。因此,从巴门尼德的"存在物存在"到康德的"先验性统一",再到费希特的"主观的主客绝对同一"和谢林的"客观的主客绝对同一",直至黑格尔的"绝对精神同一",这里的同一性都是绝对刚性的、完全的同一,它主要指向思维与存在、主体与客体的关系。然而人不能两次踏入同一条河流,这种对完全同一性的追求无疑是一种违背了辩证法的理想偏执。黑格尔以降,西方哲学对同一性的认识经历了从本体论到现象学再到语用学的变迁。④ 而对同一性的追求也由原来对完全同

---

① 北京大学哲学系外国哲学史教研室编译:《古希腊罗马哲学》,商务印书馆,1961 年,第 53 页。
② [德]西奥多·阿多诺:《否定的辩证法》,张峰译,重庆出版社,1993 年,第 119 页。
③ [德]黑格尔:《精神现象学》(下卷),贺麟译,商务印书馆,1979 年,第 36 页。
④ 参见李大强:《寻找同一条河流——同一性问题的三个层次》,《社会科学辑刊》,2010 年第 2 期。

一性的追求转向对"本质固有属性"同一性的追求。

概括而言,对同一性的追求包含四个方面的精神内涵:

第一,以强调事物间的对立为前提,即刻意地将事物摆放在天平的两端,人为地划界限、设屏障,先在地假设事物之间存在相互否定、相互反对、相互排斥、相互斗争的势不两立的关系或趋势,过于强调事物之间的斗争而低估事物之间的合作,将一切关系都定位为紧张对立的关系。在这方面,最典型的代表莫过于克劳德·列维-斯特劳斯。他指出,"人类思维结构的本质是二元对立",一切关系最终都可以还原为两项对立的关系,每个关系中的每个元素都可以根据自己在对立关系中的位置,被赋予其本身的社会价值。① 而追求同一性就是要扭转事物之间这种南辕北辙的关系。

第二,以同化-顺应为基本图式。皮亚杰作为将"同化""顺应"概念引入心理学和认识论领域的第一人,指出"刺激输入的过滤或改变叫作同化;内部图式的改变以适应现实叫作顺应"②。同化与顺应,是基于不同视角对同一种状态的描述,刻画的都是一个物体向另一个物体的单向运动。同化是基于优势地位事物的视角,阐述的是占优势地位的事物对处于劣势地位的事物的吸纳过程,而顺应则是基于占劣势地位事物的视角,阐述的是占劣势地位的事物放弃自己原本的运动轨迹,向占优势地位的事物靠拢的过程。因此,同化、顺应一般发生于两个力量不均衡的物体之间,同化是把"非己"变成"自己"的过程,而顺应则是把"自己"变成"非己"的过程。

第三,以唯一性为根本旨归。追求同一性,就是由多到一、化繁为简的过程,最终的落脚点在"一"上,而"一"既指一元,也指一体。一元强调一个中心、一个本原,而一体强调关系密切趋同为一个整体。以唯一性为根本旨

---

① 参见夏建忠:《文化人类学理论学派——文化研究的历史》,中国人民大学出版社,1997年,第262页。

② [瑞士]J.皮亚杰、B.英海尔德:《儿童心理学》,吴福元译,商务印书馆,1980年,第7页。

归,就是主张在任何一个领域有且只有一个标准,任何偏离和背离这一标准的价值、观念和行为都是不合理的,会受到来自标准的纠偏或纠错压力。在这种压力下,它们要么放弃自己原有的逻辑,转换为标准的一部分,要么坚持自己原有的逻辑,在对抗标准的过程中被取缔。而不管哪种情况,标准唯一性的地位都是稳若磐石的。以唯一性为旨归,反映到文化层面,就是把文化视为一个高度整合的体系,认为文化系统内部要素之间是高度协调一致的同质关系,强调存在一种可适用于不同群体的普适性文化,文化发展就是不同文化形态向这种具有普适性的文化价值观系统不断靠拢和转化的文化同质化过程。

第四,以"同而不和"为现实结局。追求同一性由于否定了矛盾的普遍性,破坏了事物之间原本的有机联系,以偏执的心态强行追求所谓的同一性,其追求的结果势必是表面的同一。在"同一"表象的掩盖之下,不同价值、观念、标准之间的潜在冲突并没有消除,它们如暗潮般涌动,时刻都可能冲破"同一"的华丽表象。所以在现实世界中,真正的同一性是不存在的,同一性必然是包含差异的多样性统一。在文化层面,过于强调以一种文化形态来规制或否定其他多样化的文化形态,以建设同一性文化为目标,也必将是徒劳无功的一厢情愿,这不仅会造成文化发展活力的枯竭,也可能会带来严重的文化冲突危机。

综上所述,追求同一性是以假设事物之间是普遍对立的关系为前提,否认差异或者在较低的容忍限度内承认差异,在思维、观念、价值、行为方面导向一元或一体的心理倾向。①

---

① 本书所述的同一性与马克思主义唯物辩证法中所提到的"矛盾同一性"有着根本差异,因为矛盾同一性是指矛盾着的对立面之间相互联结、相互吸引、相互渗透的倾向。而本书所述的同一性是一种单向的同化或单向的顺应,是一种否认差异性和斗争性的"生产线"思维。

（二）同一性目标观照下的青年亚文化

1.同一性目标关照下的青年亚文化坐标

（1）规则的破坏者

社会秩序的实现是以社会规则的共同遵守为前提的，这毋庸置疑。但是哪些行为属于遵守规则？哪些行为属于破坏规则？在遵守规则和破坏规则之间是否存在其他中间状态？对于这些问题的回答并不是一件简单的事情，不同时代、不同社会对这些问题的认识也是存在差别的，对于同一种现象，在不同时代、不同社会中甚至会有截然不同的认识。关于这一点，对青年亚文化的认识就是一个有力的佐证。

芝加哥学派将青年亚文化定位为一种越轨文化，将关注的焦点锁定于非法团伙、流浪汉、职业舞女、吸毒者、城市移民等城市"边缘群体"和"异常群体"，将青年亚文化视为偏离社会正常生活方式的不适当或异常观念、价值与行为的总称，把青年亚文化看作社会中的不稳定因素，在某些情况下会对社会造成损害及严重的破坏。帕克在《城市》(The city,1925)一书中，指出"特立独行"者在城市中更有可能建构志趣相投的"道德区域"，①这个道德区域与外部环境保持着相对的隔离，遵循着与外部环境所不同的道德标准和行为逻辑，是对外部环境规则的一种破坏性实践，而这恰恰构成了亚文化的主题。霍华德·贝克尔则更为深入地探讨了规则与越轨之间的关系。他指出："社会群体通过制定规则，通过将这些规则应用于某些人，通过将这些人标签为局外人，从而创造了越轨……越轨不是越轨者行为本身的一种性

---

① 参见［澳］肯·格尔德：《芝加哥学派：亚文化研究的学科化》，达生译，《国外理论动态》，2013年第10期。

质,而是应用他人规则并惩罚'冒犯者'的结果。"①不管是研究前期从规则破坏者出发,还是研究后期从规则制定者出发,芝加哥学派对青年亚文化的探讨始终沿着破坏规则-遵守规则这一思路展开。

（2）麻烦的制造者

违背规则、破坏规则,势必就会成为与规则格格不入的麻烦制造者。从无赖青年到光头仔,从摩登族到朋克再到嬉皮士,伯明翰学派所考察的二战以后英国社会中的种种青年亚文化都被主流社会视为麻烦的制造者。无赖青年是第一个被贴上麻烦制造者和"民间恶魔"标签的青年亚文化群体。无赖青年来源于社会底层,却对贵族式的生活情有独钟,喜欢具有贵族气息的改造后的爱德华七世服装,希望以华丽的服饰来弥补对现实底层处境的不甘,理想与现实的巨大差异使他们敏感好斗,拉帮结派、惹是生非是他们生活的重要组成部分。摩登族相较于无赖青年,更喜欢样式考究、颜色体面、剪裁极佳的意大利西装和针织领带,②他们在风格上虽然更加内敛细腻,但是他们制造麻烦的能力却丝毫不逊色于无赖青年。1964 年 8 月,摩登族与摇滚派在英国的海岸观光地发生大规模冲突,使他们的"民间恶魔"形象从此深入人心。如果说无赖青年向往贵族的生活,那么嬉皮士恰恰与无赖青年相反,他们多出身于中产阶级家庭,却追求"贫穷式"的生活。他们虽然没有嚣张、好斗的气质,但却在否定和自我否定中放逐自己,逃离社会,在主流社会的视野里,消极、颓废、放纵的他们无疑也是社会麻烦的制造者。光头仔的麻烦制造能力就更无须多言了。光头仔强悍的外表、倔强的男子汉气概、强烈的地盘意识使他们更喜欢用武力解决问题。他们是街头冲突的主角,是球场暴力的主要制造者,他们攻击巴基斯坦移民、殴打同性恋、攻击嬉

---

① ［美］霍华德·贝克尔:《局外人:越轨社会学研究》,载陶东风、胡疆锋主编:《亚文化读本》,北京大学出版社,2011 年,第 19 页。

② 参见胡疆锋:《伯明翰学派青年亚文化理论研究》,中国社会科学出版社,2012 年,第 91 页。

皮士,攻击一切自己看不惯的人和物。而朋克更加激进,他们对特立独行的极致追求,他们对"无政府""放弃"和"拒绝"价值观的信奉,他们对一切反传统事物的崇尚,他们对令人震惊风格的热衷,都有力地证明着他们"麻烦制造者"的身份。

(3)权威的反叛者

在同一性目标的导向下,主流文化的权威是至高无上的,人们所有的文化行为都应符合主流文化的价值标准,都应该无条件地与主流文化保持一致。而青年亚文化内在地包含了对主流文化的偏离,不可避免地被视为权威的反叛者。伯明翰学派综合运用葛兰西的文化霸权理论和阿尔都塞的意识形态理论,对青年亚文化的权威反叛者身份进行了深入的剖析。在伯明翰学派看来,青年亚文化是青年群体对社会结构矛盾的一种尝试性解决方案,是青年群体以象征性的方式对主流文化霸权进行的抵抗或反叛。而这种抵抗或反叛并不是直接由亚文化产生出来,而是间接地表现在亚文化的风格之中,如体现在光头仔用来显示自身男子汉气概和工人阶级特质的平头、短靴和吊带裤的行头中,体现在朋克用以表达自己与父辈文化、与自己的现实处境决裂的惊世骇俗的装扮中……青年亚文化成员正是通过独特生活方式的建构去挑战和颠覆支配阶级的文化霸权。因此,正如赫伯迪格所言,青年亚文化就是一种"真实的语意紊乱的机制:再现系统中的一种暂时堵塞",青年亚文化作为一种"噪音",一种"反常的断裂",它以被禁止的形式(违反服装和行为规范,违反法律等)传达被禁止的内容(阶级意识、差异意识),①构成了对支配文化的挑战和对权威的反叛。

---

① 参见[英]迪克·赫伯迪格:《亚文化:风格的意义》,陆道夫、胡疆锋译,北京大学出版社,2009年,第112~113页。

2.同一性目标关照下的青年亚文化命运

(1)在收编中丧失先锋品格

芝加哥学派时期,青年亚文化被视为一种越轨行为甚至是犯罪行为,因此主流社会倾向于借助警察、监狱等国家机器对青年亚文化进行严厉的打压,被暴力收编是青年亚文化在那个时期的宿命。到了伯明翰学派时期,虽然青年亚文化从越轨行为的阴影中摆脱出来,但是却没有从被收编的宿命中摆脱出来,"一些亚文化在某个特定的历史时刻出现,为人所见,被贴上标签,它们得到人们一时的关注,然后慢慢凋谢、消失并最终失去其本来的特色"①,是以霍尔为代表的伯明翰学派为青年亚文化所设计的宿命结局。所不同的是,青年亚文化被收编的方式较芝加哥学派时期变得稍许温和了一些,即主要通过诱导和说服,而不是通过强制和武力。② 在伯明翰学派看来,主流文化对青年亚文化的收编是贯穿青年亚文化产生、发展全过程的,其收编方式包括"意识形态收编"和"商业收编"两种。意识形态收编即支配集团——警察、媒介、司法系统——对异常行为贴"标签"并重新界定。商品方式收编即把亚文化符号(服饰、音乐等)转化成大量生产的物品(即转换为商品的形式)。③ 在意识形态收编的过程中,媒体充当了主流文化同谋的角色,主流文化借助媒体的大肆报道,通过否定差异和放大差异两种策略,将亚文化的抵抗行动安置在意义的统治架构内,将其收编为支配神话中一种有趣的奇观。而商业收编更为复杂地渗透在亚文化产生发展的过程中。正如赫伯迪格所指出的:"惊世骇俗的亚文化和各式各样为它服务并利用它的工业之间有着极为暧昧的关系","一种崭新风格的创造与传播,无可避免地和生

① Stuart Hall,Tony Jefferson (eds.), *Resistance Through Rituals:Youth Subcultures in Post-war Britain*,Routledge,1976,p.14.
② 参见胡疆锋:《伯明翰学派青年亚文化理论研究》,中国社会科学出版社,2012年,第219页。
③ 同上,第223页。

产、宣传与包装的过程密切相关。这必然会抹杀亚文化的颠覆力量"。①

（2）在接力中变换形态永续发展

对于一种青年亚文化类型而言，它总是要经历风格初现－风格传播－风格抵抗－风格收编的生命历程，被收编是其最终的宿命。虽然青年亚文化也会有反收编的努力，但却并不能阻止青年亚文化先锋抵抗品格的消弭。因此，每一种青年亚文化类型的生命历程都是有起点和终点的单向直线运动，其微弱的反向运动并不能从根本上改变青年亚文化的生命轨迹。而对于包罗诸多青年亚文化形态的青年亚文化体系而言，它的生命历程却是没有终点的循环系统，当一种青年亚文化形态被收编丧失其先锋品格以后，又会有新的青年亚文化形态产生出来，接过被收编青年亚文化的使命继续前行。而新旧青年亚文化形态之间既可以相互关联，也可以没有丝毫关系。因此，青年亚文化体系就如同一个接力赛跑道，跑道上奔跑着很多队员，每个队员都有他的起点和终点，而且他们的起点和终点都各不相同，当一个队员到达终点后，会有新的队员补充进来，跑道上永远都有队员在奔跑。因此，青年亚文化内部的连续更新机制，保证了青年亚文化不竭的发展动力。而所谓在同一性的目标导向下，青年亚文化在抵抗-收编的格局中消失于无形，只是针对微观层面某一种具体的青年亚文化形态而言，而非针对作为整体的青年亚文化体系而言。

二、实现统一性：青年亚文化在合作-共生的关系中展现出风格

同一性否定差异，幻想用单一的标准统领一切，致力于将一切非同一性

---

① ［英］迪克·赫伯迪格：《亚文化：风格的意义》，陆道夫、胡疆锋译，北京大学出版社，2009年，第117页。

转化为同一性,这种不切实际的幻想是对唯物辩证法的反叛。对同一性的过度追求必然会导致多样性的消失和人的创造性的枯竭,会导致"一种毫无反思的生活模式和一种毫无智慧和知识的文化"①。在构建同一性文化的目标导向下,青年亚文化被人为地置于主流文化的对立面,因而受到来自主流文化严苛的监控和不遗余力的收编,然而青年亚文化并没有被主流文化完全同化,彻底消融到主流文化当中,彻底从文化的版图当中消失,而是通过不断转换形态,创造新的风格,与主流文化继续交相辉映。可见,对同一性文化的追求既从源头上缺乏哲学依据,从结果上也无法真正实现。因此,我们应该革新文化建设的目标,由构建同一性文化转向构建统一性文化。

(一)统一性文化的精神内涵

与同一性文化的精神内涵相对照,本书亦从前提、图式、旨归、结局四个维度把握统一性文化的精神内涵。

1. 以承认差异为前提

差异是表征事物相互区别和自身区别的哲学范畴,包括内在差异和外在差异,内在差异是事物内部要素之间的区别与对立,外在差异是事物之间的区别与不同。承认差异就是承认差异的普遍性和事物的多样性。唯物辩证法认为,差异是普遍存在的,世界上没有绝对相同的事物。因此,统一是差异性的统一,是多样性的统一。同时,差异不同于对立,差异有程度区分,是由多种程度的不同所构成的状态集,我们一般会用差异大、差异小等带有程度限定的表述来描述事物之间的差异。而对立则不存在程度区分,我们也不能用对立大、对立小这样的表述来描述事物之间的对立状态,对立只有

---

① 张文浩:《辩证法就是对非同一性的一贯认识——论非同一性思维在阿多诺批判理论中的渗透》,《中北大学学报》(社会科学版),2006 年第 1 期。

一种状态,那就是事物间完全相反和冲突对抗的状态。从对立与差异的关系而言,对立可以被视作差异的一种极端形式。在承认差异的前提下审视青年亚文化,主要应明确两方面的内容:首先,要明确青年亚文化是一个内部包含诸多差异的体系,组成青年亚文化的诸多具体的青年亚文化形态彼此之间存在差异甚至对立;其次,要明确青年亚文化与主流文化之间的关系是复杂的,青年亚文化内部的不同文化形态与主流文化之间的关系存在亲疏远近之分,我们要具体问题具体分析,而不能简单地用"对立"来概括二者之间的关系。

2. 以统合-融合为基本图式

所谓统合,就是坚持普遍联系的观点,在个性中发现共性,在尊重差异的基础上促进事物的互补依存和联结贯通。或者说,统合就是基于共识而非权力、基于协调而非压制、基于合作而非对抗的一种利益协调机制,它以尊重多元主体的平等地位为前提,致力于使多元主体在互动协商中实现理念、价值和目标的总体一致。而融合,是指多元利益主体之间彼此参照,相互借鉴,相互渗透,整合调试,融为一体的过程。融合有广义和狭义之分,广义的融合包含同化在内,而狭义的融合是不包含同化在内的,是以彼此尊重、相互吸引为前提的自然发生的互融过程,受外在强制力的影响较小。互融的结果有两种情形:一种是双方都依然保持各自的独立性存在,但其内在一致性有极大增强;另一种是双方的独立性存在消失,融合为一种新的形态。以统合-融合为基本图式,就是主张尊重青年亚文化的独立文化主体地位,适度弱化青年亚文化对主流文化的依附性,以及主流文化对青年亚文化的压制性,在增强二者平等互动交流的基础上,在充分挖掘彼此对对方借鉴参照价值的前提下,实现主流文化对青年亚文化的科学引领。

3. 以多元并存、一元主导为根本旨归

在经济体制深刻变革、社会结构深刻变动、利益格局深刻调整、思想观念深刻变化的时代背景下,社会文化领域空前活跃,多种社会思潮相互激荡,多种价值观念相互碰撞是客观存在的事实,我们要充分认识社会文化领域的这种深刻变化及其必然性,充分挖掘多元文化并存对文化大繁荣大发展的积极意义,尊重差异、包容多样,鼓励和促进多种文化形态的健康互动和协同发展,增强中国特色社会主义文化的活力和创造力。在尊重文化多元并存的同时,我们更要坚持一元主导,即坚持马克思主义在意识形态和文化建设领域的一元主导地位不动摇。习近平在庆祝中国共产党成立95周年大会上的讲话指出:"马克思主义是我们立党立国的根本指导思想。背离或放弃马克思主义,我们党就会失去灵魂、迷失方向。在坚持马克思主义指导地位这一根本问题上,我们必须坚定不移,任何时候任何情况下都不能有丝毫动摇。"①尤其是在当前各种社会思潮层出不穷,争夺话语权的复杂形势下,牢牢把握马克思主义在意识形态领域的绝对领导权,始终坚持用马克思主义统领多样化社会思潮的发展,是坚定中国特色社会主义共同理想,坚持中国特色社会主义文化前进方向的根本保证。如果只强调文化的多元并存,而忽视了马克思主义的一元指导,就会陷入文化多元主义、文化自由主义和文化虚无主义的泥淖,威胁国家的安全稳定和改革发展。

4. 以和而不同、各美其美为现实结局

"和"代表和解、和睦、和谐,"和"是有差别的事物的统一,"和而不同"是"和谐文化"的精神实质,是多样文化要素的有序并存、和谐统一,是各种文化形态在保持独立个性和达成思想共识中所实现的完美平衡,展现出中国特色社会主义文化从容不迫的心态和海纳百川的包容大气。"各美其美"是"和而不同"的延伸和递进,从单一文化形态而言,就是将自己的个性之美充分释放,从不同文化形态之间的关系而言,就是实现不同文化形态之间的

---

① 习近平:《在庆祝中国共产党成立95周年大会上的讲话》,《人民日报》,2016年7月2日。

相互理解、相互欣赏和彼此映照,以己之美为它者增辉,以它者之美助己美上添美,从而共同达到美的新境界。以"和而不同""各美其美"为现实结局,其内在的本质是把"和谐共生""互利共赢"作为处理一切关系的根本法则,尊重事物的独特个性和独特个性的互补性,以一种平和的心态看待差异,以一种开放的胸怀为各种差异性存在提供广阔的生存空间、交流空间和发展空间,让各种差异性存在能够各擅其长、各展其美、美美与共。在尊重差异个性的同时,还要尊重各种差异性存在的差异性需求,兼顾不同主体的现实利益,弱化不同主体间的利益冲突,强化不同主体间的利益互惠,遵循互利共赢的原则实现整体利益的最优。

(二)构建统一性文化的基本原则

1.尊重差异、利用差异的原则

尊重差异既指尊重青年亚文化内部的差异,也指尊重青年亚文化与主流文化之间的差异。首先,青年是具有矛盾统一文化人格的群体,青年亚文化是由多种青年亚文化形态交叉并存所构成的复合体,在青年亚文化中粗制滥造的粗鄙文化和精心制作的创新文化并存,风格另类的纯娱乐文化与对抗主流的偏离文化同在。从功能而言,青年亚文化是集娱乐、批判、建构等多种功能于一身的杂糅文化。因此我们不能采取一刀切的心态对待青年亚文化,而是应该根据不同青年亚文化形态的价值倾向和实际表现,对青年亚文化实行分类、分级治理。其次,在某些领域,青年亚文化与主流文化是两种迥异的文化形态,代表两种精神维度,遵循着不同的思维逻辑,展现出不同的精神气质。青年亚文化崇尚个性自由,以兴趣为中心,以建立"兴趣共同体"为理想追求,而主流文化追求秩序统一,以责任使命为中心,以建立稳定团结的社会共同体为理想追求;青年亚文化以调侃、畸趣、解构为特性,主流文化以严肃、认真、内敛为特性。我们应承认青年亚文化与主流文化各自的合理性,既不能完全用主流文化的标准改造青年亚文化,也不能完全用青年亚文化的标准去评判主流文化。

在尊重差异的同时,更要利用差异。一方面,要充分利用青年亚文化内部的差异,用健康的青年亚文化形态引领低俗的青年亚文化形态,以具有社会责任取向的青年亚文化形态带动只追求感官娱乐的青年亚文化形态,通过不同青年亚文化形态间的彼此借鉴、相互促进,在青年亚文化内部形成自我净化机制和自我提升机制。另一方面,要充分利用青年亚文化与主流文化之间的差异,彼此将对方当作审视自身的一面镜子,青年亚文化要从主流文化中汲取厚重的社会责任感和崇高的历史使命感,主流文化则要从青年亚文化中吸收轻松、自由、个性、创新的精神特质,在竞争比较中取长补短,在求同存异中共同发展,形成风格呼应、功能互补、协同促进、有序统一的文化新格局。

2. 文化自信、文化自觉的原则

所谓"文化自信"是指主流文化要在处理与青年亚文化的关系中建立自信。主流文化的自信度与整个社会的包容度是成正比的,主流文化越自信,社会就越包容,主流文化越不自信,社会就越僵化保守。具体到主流文化与青年亚文化的关系中,主流文化增强文化自信,就是要求主流文化在面对青年亚文化时要有更加平和的心态、更加包容的气度和更加科学有效的引领策略。转变以前对青年亚文化所采取的或视而不见,或轻蔑忽视,或拒斥害怕,或压制杜绝的心理倾向和管制策略。习近平在庆祝中国共产党成立95周年大会上的讲话中指出:"文化自信,是更基础、更广泛、更深厚的自信。在5000多年文明发展中孕育的中华优秀传统文化,在党和人民伟大斗争中孕育的革命文化和社会主义先进文化,积淀着中华民族最深层的精神追求,代表着中华民族独特的精神标识。"①因此,以马克思主义为精神引领,以中国特色社会主义为共同理想,以爱国主义的民族精神和改革创新的时代精神为基本内核,以社会主义核心价值观为精神核心的主流文化应该有充足的文化自信,相信可以用自己的生命力、凝聚力和感召力实现对青年亚文化的科学引领。

"文化自觉"是费孝通先生提出的重要理念,意指"生活在一定文化中的人对其文化有'自知之明',明白它的来历,形成过程,所具的特色和它发展的趋向"②。"文化自觉是一个艰巨的过程,只有在认识自己的文化、理解所接触到的多种文化的基础上,才有条件在这个正在形成中的多元文化的世界里确立自己的位置,然后经过自主的适应,和其他文化一起,取长补短,共同建立一个有共同认可的基本秩序和一套各种文化都能和平共处、各抒所长、联手发展的共处守则。"③文化自觉理念应用到青年亚文化与主流文化的关系中,主要是指双方要放弃对对方的固有偏见,以更友好的姿态真正走进对方的世界,对对方的精神内涵、价值趋向进行更充分的了解和更准确的理解。对青年及青年亚文化而言,文化自觉就是要求青年建立自觉的文化主体意识,坚持正确的文化立场,树立正确的文化观念,在文化传承和文化创新上自觉担当,在文化实践中既要彰显青年的个性需求,也要凸显青年的文化责任,让小我的需求和大我的责任在文化层面实现相互促进、融会贯通。

3.共荣、共建的原则

"共荣"以共生、共在为前提,是在相互尊重、彼此理解的基础上,多种文化形态百家争鸣、百花齐放的繁荣景象,亦即费孝通先生所言及的"各美其美、美人之美、美美与共、天下大同"的理想状态。"共荣"要求在文化体系中

---

① 习近平:《在庆祝中国共产党成立95周年大会上的讲话》,《人民日报》,2016年7月2日。
②③ 费孝通:《文化与文化自觉》,群言出版社,2010年,第195页。

为各种文化形态留置充分的生存发展空间,让他们能够在自己的小天地里各展其美;同时,在各种文化形态之间还要建立良好的信息交换机制和资源共享机制,促进各种形态的相互借鉴,共同提升。而要实现青年亚文化与主流文化的共荣,最首要的就是祛除你上我下、你增我减、你强我弱、你有我无的零和博弈思维和竞争心理,双方都不能以压缩对方的发展空间为代价来扩张自己的发展空间,彼此都要把对方从敌人、对手的角色转换为伙伴、朋友的角色。

在共荣的基础上,青年亚文化与主流文化还要实现共建,即相互尊重对方的文化建构主体身份,加强协商,增进共识,优势互补,默契配合,合力推进中国特色社会主义文化的大繁荣大发展。"共建"要求双方打破"我与你"的二元对立关系和彼此拆台的紧张关系,建立"我们"的共同体意识和相互补台的和谐关系,秉承互惠、利他、合作的精神,通过理性对话寻求利益共同点,基于平等协商的原则,确立在构建文化共同体过程中的各自价值和合作领域。按照自己在构建文化共同体中的价值定位,双方最大限度地释放自己的正面建构功能,在合作领域双方实现各自优势最大限度的融合,使自身臻于至善,并集二者之精华建构形成文化新形态,实现对原有文化体系的丰富、完善和扩展。

综上所述,实现从冲突管理思维到协调治理思维的转换,实现从社会本位的治疗范式到关系本位的建构范式的转换,实现从建设同一性文化到建设统一性文化的转换,既是新时代背景下实现青年亚文化发展优化的原则策略,也是新时代背景下促进主流文化与青年亚文化良性互动、融合共生,推动社会主义文化大繁荣、大发展的原则策略。

结　语

从 20 世纪 80 年代的愤青文化,到 20 世纪 90 年代的顽主文化,再到 21 世纪初的嘲谑文化,及至 21 世纪 10 年代的参与文化,它们承载着各个时代青年群体的青春热度,跳动着时代发展的动感脉搏,如同一面面镜子折射出各个时代青年群体的认知与情感,折射出各个时代社会发展的面貌与症候。它们彼此相连,替代推进,既闪烁着独特的时代光泽,也共享着相似的精神密码。

愤青文化以泣血般的呐喊、海啸般的愤怒、赤裸裸的批判和堂·吉诃德式的英雄情怀来标榜自己,顽主文化以诙谐调侃、讽刺揶揄、放纵颓废、荒诞不经来定义自己,嘲谑文化以夸张的自嘲与戏谑、毫无逻辑的破坏与颠覆、神经质般的叙事与表达来确立自己,参与文化以互联空间的信息共享、线上线下的互动融合和集娱乐、批判、建构于一身的参与协商与行动改变来彰显自己。尽管它们风格各异,但却精神相通。它们都是青年群体所共享的一种观念体系,是青年与周围世界关系的一种意识形态反映,它们都是在吸收主流文化资源的基础上建构自身,并又反过来向主流文化输送独特的青年气质;它们都为青年群体提供了自治自洽的文化空间,在这个文化空间里,青年群体远离了现实世界的烦恼，逃离了现实世界的规训，获得了作为独立性存在的巨大自由；它们都精准表达了青年的现实处境和精神困顿，为青年提供了认识世界和改造世界的解释框架，为青年提供了心灵归属和惺惺相惜的精神家园；它们都包含了青年试图摆脱父辈意志与路向的愿望与决心，是青年群体在主流文化低沉厚重的声音中所发出的嘹亮高亢的旋律，是青年群体希望自己的人生自己做主，活出不一样精彩的积极尝试。

因此，改革开放以来四种典型的青年亚文化形态都是变动的时代风格与稳定的青年气质的有机结合，传递出青年群体在理想与现实、崇高与庸俗、责任与享乐、服从与反叛、解构与建构、继承与创新面前纠结而冲突的内心世界。总体而言，改革开放以来我国青年亚文化经历了从对社会宏观改革的政治关怀到对自身微观生存环境的关注，再到对社会具体问题的参与式改变的变迁，是社会变革作用于青年群体的产物，是社会变迁的缩影。

此外，四种典型青年亚文化形态并不是各个时代青年亚文化的全部，各个时代的青年亚文化都是由众多风格各异、旨趣各异的青年亚文化形态构成的复杂体系，尤其是进入新世纪以来，青年亚文化以更加碎片化的形态嵌入到社会结构当中，青年亚文化展现出更加鲜明的异质性、流动性、多变性和混杂性。所以青年亚文化与主流文化的关系不是单一的、固定的，而是有张有弛和复杂多元的。相对于主流文化而言，青年亚文化既不是芝加哥学派视野中"对社会秩序具有实际破坏能力的反文化"，也不完全是伯明翰学派视野中"对主流意识形态进行风格抵抗的附属文化"，同时也不完全是后亚文化学者视野中"无关政治、远离主流意识形态的纯娱乐文化"，它与主流文化之间，有对抗有协商，有争锋有合作；它具有破坏性也具有建构性，具有娱乐性也具有批判性；它既包含风格的表演，也包含行动的改变，既有青年群体对内的自我关照，也有青年群体对外的社会关怀和政治责任承担，既包含粗制滥造的粗鄙文化，也包含精心制作的创新文化；它蕴藏着青年群体的复杂心态和多元诉求,折射出社会发展进程中纵横交错的问题与困境,它在与主流文化彼此联系的复杂关系中交错发挥着解构与建构的功能,并且正以更加积极的姿态参与到主流文化的建设之中。改革开放以来,无论我国青年亚文化的风格是激进、讽喻,还是嘲谑、参与,无论其功能指向是批判、争锋,还是协商、建构,青年亚文化与主流文化之间并不存在根本的对抗关系,青年亚文化始终在主流文化的框架之内活动,并始终与主流文化保持着方向上的一致。

因此,我们应该建立更加科学合理的青年亚文化观,科学评价青年亚文化在文化版图中的地位与价值,转换思维,变革范式,革新目标,对青年亚文化采取分类治理与分级治理相结合、宏观引导与微观规范相结合、平等互动与协商合作相结合、动态均衡与整体最优相结合的协调治理思维,实现对青年定位由完美情结到接纳欠缺的转变,实现青年亚文化分析视野由局限于青年内部的微观视野到立足于社会系统的宏观视野的转变,实现把青年亚文化视为主流文化改造的对象到主流文化建构的主体的转变,尊重差异、利用差异,坚持文化自信、文化自觉,遵循共荣、共建的原则,把"包容、合作、互动、共进"作为主流文化与青年亚文化的相处之道,尊重青年的合理需求,保护青年敢想敢为的创新精神和崇尚自由的奔放个性,最大限度地降低青年亚文化的破坏性,增强青年亚文化对主流文化的补位功能和映照功能。

青年是国家的未来、民族的希望,是社会上最富创造活力的群体,他们的文化旨趣关系国家的前途、民族的命运,关系伟大复兴中国梦的实现。因此,我们要以高度的敏感性关注青年的文化旨趣,时刻把握青年亚文化发展的时代脉搏,矢志不渝地加强对青年亚文化的科学引领。以中国特色社会主义文化的大繁荣大发展为指向,引领青年将兴趣与责任有机融合,建立自尊自信、理性平和、积极向上的文化心态,加强青年对中国特色社会主义共同理想和中华民族传统文化精髓的认同,以厚重的社会责任感和崇高的历史使命感，自觉践行社会主义核心价值观，引领青年自觉弘扬爱国主义的民族精神和改革创新的时代精神，锐意进取、勇于创造，展现出青年人应有的责任和情怀！

附 录

附录 Ⅰ　青年群体文化选择、文化偏好调查问卷(学生卷)

亲爱的朋友:

您好! 为了解当前青年群体的文化生活状况,丰富青年群体的文化生活,特开展此次调研。本调研采取"无记名"填答的方式,您所填答的资料仅供学术研究之用,请放心作答! 衷心感谢您的合作!

填答说明:

1.若无特殊说明,题目均为单项选择题,请在您选择的选项方框内(□)中打"√"。

2.出现横线的为填空题,请将答案写到横线处。

1.您的年龄:_____岁

2. 您的性别:□男　　　　　　□女

3. 您来自:_____省,您家居住于:□大城市　□中小城市　□农村

4. 您的学历:□本科生　□硕士研究生　□博士研究生

5. 您所学的专业:□理工类　□文史类　□经管类　□艺体类　□农医类

6. 您父母的职业(双选):

□国家机关、事业单位领导　□国家机关、事业单位普通职员　□大、中型企业管理者　□小型、个体企业管理者　□企业一般雇员　□务农　□自由职业　□无业

7. 您家庭的经济状况:□非常富裕　□富裕　□小康　□比较差　□非常差

8. 您的性格:□非常外向　□比较外向　□比较内向　□非常内向　□说不清

9. 在以下六组反义词中选择与自己性格相符的词:

①□积极　□消极　②□叛逆　□温顺　③□热情　□冷淡　④□另类　□普通　⑤□温和　□冲动　⑥□努力改变　□随遇而安

10. 您的空闲时间通常用来:

□看书　□写作　□运动　□追剧　□打游戏　□旅行　□找朋友聚会　□购物　□社会实践　□其他(请注明)_____

11. 您喜欢的服饰风格:

□复古　□文艺　□运动　□酷冷　□中性　□嘻哈　□"萌"　□淑女/绅士

12. 您在穿衣打扮上总是:

□引领时尚　□紧跟时尚　□关注时尚,但不追随时尚　□不关注时尚

13.您喜欢的音乐类型:

□民谣　□嘻哈　□摇滚　□爵士　□流行　□戏曲　□儿歌　□其他(请注明)_____

14.您喜欢的音乐风格:

□舒缓　□激情　□伤感　□怀旧　□甜美　□大气

15.您喜欢的音乐主题:

□爱情　□军旅　□民族风　□红色歌曲　□励志歌曲

16.您最喜欢的歌手是:_____,最喜欢的歌曲是:_____

17.您最喜欢的影视剧类型:

□美剧　□韩剧　□日剧　□港台剧　□大陆剧

□其他(请注明)_____

18.您最喜欢的影视剧主题:

□武侠　□警匪　□科幻　□文艺　□爱情　□伦理　□历史　□战争　□惊悚

19.您最喜欢的图书类型:

□诗歌与散文　□小说　□历史　□传记　□哲学与宗教　□军事与政治　□心理学　□成功学　□动漫　□娱乐时尚　□社会新闻　□专业考试相关

20.您喜欢阅读纸质图书还是电子图书?□喜欢纸质图书　□喜欢电子图书

21.您平均每天用于读书的时间:

□1小时以内　□1—3小时　□3—5小时　□5—7小时　□7—9小时　□9小时以上

22.您的偶像是:

□政界精英　□商界精英　□学界精英　□道德模范

□演艺明星、体育明星　□父母、朋友　□没有偶像

23.您有坚持很久的爱好吗?□有(请注明)_____　□没有

24.为发展爱好,您参加过一些爱好者团体吗?

□参加过　□没参加过,但想参加　□没参加过,不想参加

25.您希望爱好者团体的成员是相对固定的吗?□希望　□不希望

26.兴趣爱好是您选择朋友的重要标准吗?□是　□不是

27.您的朋友当中,与您有相同爱好的多吗?

□非常多　□比较多　□比较少　□非常少　□没有

28.当您的爱好遭到别人的质疑时,您的想法是:

□无所谓,继续沉浸在自己的爱好里　□通过解释争取别人的理解
□反思自己的爱好并寻求改变

29.您对以下青年亚文化的了解情况:

	非常了解	比较了解	基本了解	基本不了解	完全不了解
网游文化					
角色扮演(Cosplay)文化					
粉丝文化					
动漫文化					
御宅文化					
愤青文化					
恶搞文化					
网络写作					
人肉搜索					
自拍+晒晒文化					

30.您是以下哪种文化团体的成员?（多选）

□网游族　□角色扮演(Cosplay)爱好者　□粉丝群　□动漫迷　□自
拍+晒晒族　□恶搞族　□愤青族　□网络写作族　□人肉搜索族　□御

宅族　□都不是(跳过下一题)

31.您作为上述文化团体成员的目的是：

□娱乐自己、娱乐他人　□改善人际交往　□发泄负面情绪　□发展个人特长　□促进社会发展　□其他(请注明)_____

32.您参加过公益性志愿者活动吗？

□经常参加　□偶尔参加　□没参加过

33.您(要)参加公益性志愿者活动的原因是：

□增加人生体验　□提高自身能力　□结交一些朋友　□奉献一份力量

34.您认为一个人的价值主要取决于：

□经济财富的多少　□社会贡献的大小　□人格是否高尚　□自我实现的程度　□家庭幸福的程度

35.您最依赖的媒介类型是：

□纸质刊物　□广播　□电视　□互联网　□手机移动网络

36.您每天用于上网的时间：

□1小时以内　□1—3小时　□3—5小时　□5—7小时　□7—9小时　□9小时以上

37.假如发现自己没有随身携带手机,您会感到：

□非常焦虑　□比较焦虑　□不太焦虑　□基本不焦虑　□完全不焦虑

38.您每天使用时间最长的网络应用是：□搜索引擎　□网络新闻□网络游戏　□网络购物　□网络音乐　□网络视频　□网络文学　□网络论坛　□网络社交媒体(QQ、微信等)　□其他(请注明)_____

39.您对网上哪一类信息最感兴趣：□时政、社会新闻　□娱乐、体育新闻　□学术研究　□招聘信息

□其他_____

40. 您上网的目的一般是:□获取信息资讯　□辅助学习　□沟通交流　□购物、娱乐　□发展兴趣　□目的不明确,无聊打发时间　□其他(请注明)_____

41. 您觉得在网络中比在现实中可以更自由地表达和沟通吗?

□是　□否

42. 您总是能第一时间了解最新网络流行语,并将它应用于生活中吗?

□总是　　□大多数情况下是　　□基本不是　　□不是

43. 您赞同"网络泛泛的浅层次交往使我们内心变得更加孤独"这句话吗?

□非常赞同　□赞同　□不太赞同　□非常不赞同　□说不清楚

44. 您觉得自己在现实生活中和在网络中的表现差别如何?

□非常大　□比较大　□比较小　□非常小　□完全一样

45. 您喜欢在网上发表评论吗?

□非常喜欢　□比较喜欢　□不太喜欢　□非常不喜欢

46. 针对一些社会热点问题,您会在网上吐槽吗?

□经常吐槽　□偶尔吐槽　□从不吐槽　□懒得关注

47. 对社会现象表达不满,您会选择的网络途径是:□时政论坛发帖　□政府官网发帖　□百度贴吧发帖　□微博撰文　□发微信朋友圈　□其他(请注明)_____

48. 您对网上的恶搞图片、恶搞视频有什么看法?□有趣　□无聊　□恶俗　□创作图片和视频的人很有才华　□对被恶搞对象是一种伤害　□从不关注

49. 网络上经常会有"碰瓷""扶不扶"的讨论,如果有老人跌倒您会怎么做?

□伸手去扶　□报警或向他人呼救　□想帮忙但又害怕被讹诈,只能观望　□视而不见

50. 您关注国家领导人的讲话和时政新闻吗?

□非常关注　□比较关注　□不太关注　□偶尔关注　□从不关注

51. 对于党和政府的领导,您认为应该:

□坚决拥护　□主流是好的,应该拥护　□问题很严重,让我感到很失望　□与我没关系

52. 经济全球化背景下,您赞同我们强调"民族"的概念吗?

□非常赞同　□基本赞同　□不太赞同　□完全不赞同

53. 您赞同"必须坚持马克思主义在中国意识形态领域的主导地位"这句话吗?

□非常赞同　□基本赞同　□不太赞同　□完全不赞同

54. 您认同只有坚持走中国特色的社会主义道路才能发展中国、振兴中国吗?

□非常认同　□基本认同　□不太认同　□完全不认同

55. 您如何评价改革开放带来的进步?

□进步远远大于代价　□进步大于代价　□进步与代价差不多　□进步小于代价　□进步远远小于代价

56. 您对中国的民主法制情况满意吗?

□非常满意　□比较满意　□基本满意　□不太满意　□非常不满意

57. 您如何评价自己的父母:

□父母是我的人生榜样,我要做像他们那样的人　□父母很威严,我很听他们的话　□父母管我太多,经常跟父母对着干　□父母观点陈旧,我要

帮助他们更新观念

58. 与父母的关系令您满意吗?

□非常满意　□比较满意　□基本满意　□不太满意　□非常不满意

59. 您对自己目前的生活满意吗?

□非常满意　□比较满意　□基本满意　□不太满意　□非常不满意

60. 您认为自己的幸福感是几分(满分为10分):_____分

61. 您对自己的未来有信心吗?

□非常有信心　□比较有信心　□不太有信心　□非常没信心

附录II 青年群体文化选择、文化偏好
调查问卷(务工青年卷)

亲爱的朋友:

您好!为了解当前青年群体的文化生活状况,丰富青年群体的文化生活,特开展此次调研。本调研采取"无记名"填答的方式,您所填答的资料仅供学术研究之用,请放心作答!衷心感谢您的合作!

填答说明:

1.若无特殊说明,题目均为单项选择题,请在您选择的选项方框内(□)中打"√"。

2.出现横线的为填空题,请将答案写到横线处。

1.您的年龄:_____岁

2.您的性别:□男　　　　□女

3.您来自:_____省,您家居住于:

□大城市　　□中小城市　　□农村

4.您的学历:

□小学毕业　□初中毕业　□高中毕业　□中专　□大专　□本科
□硕士　□博士

5.您参加工作的年限:_____年,您的工作单位是:_____

6.您父母的职业(双选):□国家机关、事业单位领导　□国家机关、事业单位普通职员　□大、中型企业管理者　□小型、个体企业管理者　□企业一般雇员　□务农　□自由职业　□无业

7.您家庭的经济状况:□非常富裕　□富裕　□小康　□比较差
□非常差

8.您的性格:□非常外向　　□比较外向　　□比较内向　　□非常内向
□说不清

9.在以下六组反义词中选择与自己性格相符的词:①□积极　□消极
②□叛逆　□温顺　③□热情　□冷淡　④□另类　□普通　⑤□温和
□冲动　⑥□努力改变　□随遇而安

10.您的空闲时间通常用来:

□看书　□写作　□运动　□追剧　□打游戏　□旅行　□找朋友聚
会　□购物　□社会实践　□其他(请注明)_____

11.您喜欢的服饰风格:

□复古　□文艺　□运动　□酷冷　□中性　□嘻哈　□"萌"　□淑
女/绅士

12.您在穿衣打扮上总是:

□引领时尚　□紧跟时尚　□关注时尚,但不追随时尚　□不关注
时尚

13.您喜欢的音乐类型:

□民谣　□嘻哈　□摇滚　□爵士　□流行　□戏曲　□儿歌　□其
他(请注明)_____

14.您喜欢的音乐风格:□舒缓　□激情　□伤感　□怀旧　□甜美
□大气

15.您喜欢的音乐主题:□爱情　□军旅　□民族风　□红色歌曲
□励志歌曲

16.您最喜欢的歌手是:_____,最喜欢的歌曲是:_____

17. 您最喜欢的影视剧类型：

□美剧 □韩剧 □日剧 □港台剧 □大陆剧 □其他（请注明）

18. 您最喜欢的影视剧主题：

□武侠 □警匪 □科幻 □文艺 □爱情 □伦理 □历史 □战争 □惊悚

19. 您最喜欢的图书类型：

□诗歌与散文 □小说 □历史 □传记 □哲学与宗教 □军事与政治 □心理学 □成功学 □动漫 □娱乐时尚 □社会新闻 □专业考试相关

20. 您喜欢阅读纸质图书还是电子图书？

□喜欢纸质图书 □喜欢电子图书

21. 您平均每天用于读书的时间：

□1 小时以内 □1—3 小时 □3—5 小时 □5—7 小时 □7—9 小时 □9 小时以上

22. 您的偶像是：□政界精英 □商界精英 □学界精英 □道德模范 □演艺明星、体育明星 □父母、朋友 □没有偶像

23. 您有坚持很久的爱好吗？

□有（请注明）_____ □没有

24. 为发展爱好，您参加过一些爱好者团体吗？

□参加过 □没参加过，但想参加 □没参加过，不想参加

25. 您希望爱好者团体的成员是相对固定的吗？

□希望 □不希望

26. 兴趣爱好是您选择朋友的重要标准吗？

□是 □不是

27. 您的朋友当中,与您有相同爱好的多吗?

□非常多　□比较多　□比较少　□非常少　□没有

28. 当您的爱好遭到别人的质疑时,您的想法是:

□无所谓,继续沉浸在自己的爱好里　□通过解释争取别人的理解
□反思自己的爱好并寻求改变

29. 您对以下青年亚文化的了解情况:

	非常了解	比较了解	基本了解	基本不了解	完全不了解
网游文化					
角色扮演(Cosplay)文化					
粉丝文化					
动漫文化					
御宅文化					
愤青文化					
恶搞文化					
网络写作					
人肉搜索					
自拍+晒晒文化					

30. 您是以下哪种文化团体的成员?(多选)

□网游族　□角色扮演(Cosplay)爱好者　□粉丝群　□动漫迷　□自拍+晒晒族　□恶搞族　□愤青族　□网络写作族　□人肉搜索族　□御宅族　□都不是(跳过下一题)

31. 您作为上述文化团体成员的目的是:

□娱乐自己、娱乐他人　□改善人际交往　□发泄负面情绪　□发展个人特长　□促进社会发展　□其他(请注明)_____

32. 您参加过公益性志愿者活动吗?

□经常参加　□偶尔参加　□没参加过

33. 您(要)参加公益性志愿者活动的原因是:

□增加人生体验　□提高自身能力　□结交一些朋友　□奉献一份力量

34. 您认为一个人的价值主要取决于:

□经济财富的多少　□社会贡献的大小　□人格是否高尚　□自我实现的程度　□家庭幸福的程度

35. 您最依赖的媒介类型是:

□纸质刊物　□广播　□电视　□互联网　□手机移动网络

36. 您每天用于上网的时间:

□1 小时以内　□1—3 小时　□3—5 小时　□5—7 小时　□7—9 小时　□9 小时以上

37. 假如发现自己没有随身携带手机,您会感到:

□非常焦虑　□比较焦虑　□不太焦虑　□基本不焦虑　□完全不焦虑

38. 您每天使用时间最长的网络应用是:

□搜索引擎　□网络新闻　□网络游戏　□网络购物　□网络音乐　□网络视频　□网络文学　□网络论坛　□网络社交媒体(QQ、微信等)　□其他(请注明)_____

39. 您对网上哪一类信息最感兴趣:

□时政、社会新闻　□娱乐、体育新闻　□学术研究　□招聘信息　□其他(请注明)_____

40. 您上网的目的一般是:□获取信息资讯　□辅助学习　□沟通交流　□购物、娱乐　□发展兴趣　□目的不明确,无聊打发时间　□其他(请注明)_____

41. 您觉得在网络中比在现实中可以更自由地表达和沟通吗?

□是　□否

42. 您总是能第一时间了解最新网络流行语,并将它应用于生活中吗?

□总是　□大多数情况下是　□基本不是　□不是

43. 您赞同"网络泛泛的浅层次交往使我们内心变得更加孤独"这句话吗?

□非常赞同　□赞同　□不太赞同　□非常不赞同　□说不清楚

44. 您觉得自己在现实生活中和在网络中的表现差别如何?

□非常大　□比较大　□比较小　□非常小　□完全一样

45. 您喜欢在网上发表评论吗?

□非常喜欢　□比较喜欢　□不太喜欢　□非常不喜欢

46. 针对一些社会热点问题,您会在网上吐槽吗?

□经常吐槽　□偶尔吐槽　□从不吐槽　□懒得关注

47. 对社会现象表达不满,您会选择的网络途径是:

□时政论坛发帖　□政府官网发帖　□百度贴吧发帖　□微博撰文
□发微信朋友圈　□其他(请注明)_____

48. 您对网上的恶搞图片、恶搞视频有什么看法?

□有趣　□无聊　□恶俗　□创作图片和视频的人很有才华　□对被恶搞对象是一种伤害　□从不关注

49. 网络上经常会有"碰瓷""扶不扶"的讨论,如果有老人跌倒您会怎么做?

□伸手去扶　□报警或向他人呼救　□想帮忙但又害怕被讹诈,只能观望　□视而不见

50. 您关注国家领导人的讲话和时政新闻吗?

□非常关注　□比较关注　□不太关注　□偶尔关注　□从不关注

51. 对于党和政府的领导,您认为应该:

□坚决拥护　□主流是好的,应该拥护　□问题很严重,让我感到很失

望　□与我没关系

52.经济全球化背景下,您赞同我们强调"民族"的概念吗?

□非常赞同　□基本赞同　□不太赞同　□完全不赞同

53.您赞同"必须坚持马克思主义在中国意识形态领域的主导地位"这句话吗?

□非常赞同　□基本赞同　□不太赞同　□完全不赞同

54.您认同只有坚持走中国特色的社会主义道路才能发展中国、振兴中国吗?

□非常认同　□基本认同　□不太认同　□完全不认同

55.您如何评价改革开放带来的进步?

□进步远远大于代价　□进步大于代价　□进步与代价差不多　□进步小于代价　□进步远远小于代价

56.您对中国的民主法制情况满意吗?

□非常满意　□比较满意　□基本满意　□不太满意　□非常不满意

57.您如何评价自己的父母:□父母是我的人生榜样,我要做像他们那样的人　□父母很威严,我很听他们的话　□父母管我太多,经常跟父母对着干　□父母观点陈旧,我要帮助他们更新观念

58.与父母的关系令您满意吗?

□非常满意　□比较满意　□基本满意　□不太满意　□非常不满意

59.您对自己目前的生活满意吗?

□非常满意　□比较满意　□基本满意　□不太满意　□非常不满意

60.您认为自己的幸福感是几分(满分为10分):＿＿＿＿＿分

61.您对自己的未来有信心吗?

□非常有信心　□比较有信心　□不太有信心　□非常没信心

参考文献

一、中文文献

（一）著作

1. 北京大学哲学系外国哲学史教研室编译：《古希腊罗马哲学》，商务印书馆，1961年。

2. 陈一：《拍客炫目与自恋》，苏州大学出版社，2012年。

3. 费孝通：《文化与文化自觉》，群言出版社，2010年。

4. 风笑天等：《社会变迁中的青年问题》，北京大学出版社，2014年。

5. 胡疆锋：《伯明翰学派青年亚文化理论研究》，中国社会科学出版社，2012年。

6. 梁漱溟：《梁漱溟全集》（第三卷），山东人民出版社，1989年。

7. 全球治理委员会编：《我们的全球伙伴关系》，牛津大学出版社，1995年。

8. 孙隆基：《中国文化的"深层结构"》，华岳文艺出版社，1988年。

9. 陶东风主编:《文化研究精粹读本》,中国人民大学出版社,2006 年。

10. 陶东风、胡疆锋主编:《亚文化读本》,北京大学出版社,2011 年。

11. 王朔:《随笔集》,云南人民出版社,2004 年。

12. 王朔:《玩的就是心跳》,云南人民出版社,2004 年。

13. 王朔:《我是你爸爸》,云南人民出版社,2004 年。

14. 王思琦:《中国当代城市流行音乐——音乐与社会文化环境互动研究》,上海教育出版社,2009 年。

15. 夏建忠:《文化人类学理论学派——文化研究的历史》,中国人民大学出版社,1997 年。

16. 谢立中主编:《西方社会学名著要》,江西人民出版社,1998 年。

17. 徐德林:《重返伯明翰——英国文化研究的系谱学考察》,北京大学出版社,2014 年。

18. 杨晶:《演进·迭代·反哺:青年文化的当代阐释》,中国传媒大学出版社,2018 年。

19. 杨雄:《巨变中的中国青年》,上海人民出版社,2015 年。

(二)译著

1.《马克思恩格斯选集》(第一~二卷),人民出版社,2012 年。

2. [美]埃里克·H. 埃里克森:《同一性:青少年与危机》,孙名之译,浙江教育出版社,1998 年。

3. [英]安迪·班尼特、基思·哈恩 - 哈里斯编:《亚文化之后:对于当代青年文化的批判研究》,中国青年政治学院青年文化译介小组译,中国青年出版社,2012 年。

4. [英]安吉拉·麦克罗比:《女性主义与青年文化》,张岩冰、彭薇译,河南大学出版社,2011 年。

5.[法]奥古斯特·孔德:《论实证精神》,黄建华译,译林出版社,2011年。

6.[美]比尔·盖茨:《未来之路》,辜正坤译,北京大学出版社,1995年。

7.[美]查尔斯·霍顿·库利:《人类本性与社会秩序》,包凡一、王湲译,华夏出版社,2015年。

8.[美]大卫·雷·格里芬:《后现代精神》,王成兵译,中央编译出版社,1998年。

9.[美]丹尼尔·贝尔:《社群主义及其批评者》,李琨译,生活·读书·新知三联书店,2002年。

10.[英]迪克·赫伯迪格:《亚文化:风格的意义》,陆道夫、胡疆锋译,北京大学出版社,2009年。

11.[英]弗里德里希·奥古斯特·冯-哈耶克:《致命的自负》,冯克利译,中国社会科学出版社,2000年。

12.[英]赫伯特·斯宾塞:《教育论》,胡毅译,人民教育出版社,1962年。

13.[德]黑格尔:《精神现象学》(下卷),贺麟译,商务印书馆,1979年。

14.[德]康德:《教育论》,瞿菊农编译,商务印书馆,1930年。

15.[英]雷蒙德·威廉斯:《文化与社会1780—1950》,吴松江、张文定译,北京大学出版社,1991年。

16.[美]雷迅马:《作为意识形态的现代化》,牛可译,中央编译出版社,2003年。

17.[美]刘易斯·科塞:《社会学思想名家》,石人译,中国社会科学出版社,1990年。

18.[瑞士]J.皮亚杰、B.英海尔德:《儿童心理学》,吴福元译,商务印书馆,1980年。

19. [美]罗纳德·J. 伯格:《犯罪学导论——犯罪、司法与社会》,刘仁文等译,清华大学出版社,2009 年。

20. [澳]马尔科姆·沃斯特:《现代社会学理论》,杨善华等译,李康等校,华夏出版社,2000 年。

21. [美]弥尔顿·M. 戈登:《美国生活中的同化》,马戎译,译林出版社,2015 年。

22. [美]尼古拉斯·尼葛洛庞帝:《数字化生存》,胡泳、范海燕译,海南出版社,1997 年。

23. [法]皮埃尔·布尔迪厄:《言语意味着什么——语言交换的经济》,褚思真等译,商务印书馆,2005 年。

24. [法]皮埃尔·卡蓝默:《破碎的民主——试论治理的革命》,高凌瀚译,生活·读书·新知三联书店,2005 年。

25. [美]乔治·米德:《心灵、自我与社会》,赵月琴译,上海译文出版社,1992 年。

26. [美]R. E. 帕克、E. N. 伯吉斯、R. D. 麦肯齐:《城市社会学——芝加哥学派城市研究》,宋俊玲、郑也夫译,商务印书馆,2012 年。

27. [法]让-雅克·卢梭:《爱弥儿》,李平沤译,人民教育出版社,1985 年。

28. [英]斯图亚特·霍尔、陈光兴:《文化研究:霍尔访谈录》,唐维敏译,中国台湾元尊文化企业股份有限公司,1998 年。

29. [美]托马斯·塞缪尔·库恩:《科学革命的结构》,金吾伦、胡新和译,北京大学出版社,2003 年。

30. [德]西奥多·阿多诺:《否定的辩证法》,张峰译,重庆出版社,1993 年。

31. [美]伊恩·罗伯逊:《社会学》,黄育馥译,商务印书馆,1990 年。

32.[美]约翰·费斯克:《关键概念:传播与文化研究辞典》,李彬译注,新华出版社,2004年。

33.[美]约翰·费斯克:《解读大众文化》,杨全强译,南京大学出版社,2001年。

34.[英]约翰·斯道雷:《文化理论与大众文化导论》,常江译,北京大学出版社,2010年。

35.[美]詹姆斯·N.罗西瑙等:《没有政府的治理》,张胜军等译,江西人民出版社,2001年。

36.[美]詹姆斯·凯瑞:《作为文化的传播》,丁未译,华夏出版社,2005年。

(三)期刊文章

1.别君华:《参与式文化:文本游牧与意义盗猎——以 bilibili 弹幕视频网为例》,《青年记者》,2016年第8期。

2.蔡翔:《旧时王谢堂前燕——关于王朔与王朔现象》,《小说评论》,1994年第1期。

3.昌切:《从绝对走向相对——中国青年文化前瞻之二》,《青年探索》,1993年第3期。

4.陈桂琴、林如鹏:《主流媒体网络流行语的合理使用》,《重庆社会科学》,2012年第12期。

5.陈弘:《"青年文化"的审美偏离》,《青年研究》,1989年第9期。

6.陈亮:《论青年文化在传播中的社会导进功能》,《中国青年研究》,2005年第3期。

7.陈霖:《新媒介空间与青年亚文化传播》,《江苏社会科学》,2016年第4期。

8. 陈霖:《新媒介时代青年亚文化的伦理冲突及其建设性资源》,《青年探索》,2013 年第 6 期。

9. 陈龙:《青年亚文化与当代媒介素养教育》,《国际新闻界》,2005 年第 5 期。

10. 陈洛、李克:《论知识经济时代的青年文化》,《社会科学家》,2002 年第 5 期。

11. 陈茜、谢海光:《流行歌曲百年流变与青年文化世纪轨迹》(上),《当代青年研究》,1996 年第 2 期。

12. 陈茜、谢海光:《流行歌曲百年流变与青年文化世纪轨迹》(下),《当代青年研究》,1996 年第 3 期。

13. 陈彤旭:《后亚文化与流行音乐生产》,《当代青年研究》,2013 年第 1 期。

14. 陈彧:《从文本再生产到文化再生产——新媒体粉丝的后现代创造力》,《学术论坛》,2014 年第 2 期。

15. 邓才彪:《涂尔干道德教育思想述评》,《外国教育动态》,1989 年第 2 期。

16. 董建新:《刍议个人本位论》,《暨南学报》,1999 年第 5 期。

17. 董敏志:《论青年文化的本质及功能》,《青年研究》,1988 年第 8 期。

18. 董敏志:《论青年文化的超越及超越条件》,《青年探索》,1989 年第 6 期。

19. 范钦林、葛红兵、姚新勇等:《青年偶像崇拜与个体本位文化》,《青年探索》,1997 年第 4 期。

20. 冯云翔:《文化失范与青年越轨——青年文化的法社会学思考》,《青年研究》,1990 年第 6 期。

21. 符文品:《引导青年亚文化与社会主流文化相统一》,《社会科学》,

2000 年第 10 期。

22. 付启敏:《关于全球化趋势下先进青年文化建设的思考》,《前沿》, 2006 年第 3 期。

23. 傅铿:《试论青年文化的结构和功能》,《上海青少年研究》,1986 年第 10 期。

24. 高长江:《文化全球化与新世纪中国文化的发展理性》,《辽宁师范大学学报》(社会科学版),2000 年第 4 期。

25. 弓丽娜:《现代社会青年文化反哺的新趋势》,《当代青年研究》,2004 年第 2 期。

26. 郭彦彬:《新时期青年文化的发展》,《中国青年政治学院学报》,1986 年第 4 期。

27. 郝园园:《青年亚文化现象的重新解读》,《当代青年研究》,2014 年第 1 期。

28. 何怀远:《意识形态的内在结构浅论》,《江苏行政学院学报》,2001 年第 2 期。

29. 贺晓星、仲鑫:《异乡人的写作——对赛珍珠作品的一种社会学解释》,《南京大学学报》,2003 年第 1 期。

30. 胡疆锋:《伯明翰学派青年亚文化的生成语境》,《青年研究》,2007 年第 12 期。

31. 黄华君:《后现代文化思潮对青年思想行为的影响》,《中国青年研究》,2005 年第 9 期。

32. [美]贾妮思·佩克:《思想的历程:斯图亚特·霍尔、文化研究以及悬而未决的文化与"非文化"的关系问题》,宗益祥译,《广西大学学报》(哲学社会科学版),2015 年第 1 期。

33. 蒋原伦:《一切新文化都是青年亚文化》,《读书》,2012 年第 10 期。

34. 焦润明：《从"文化衫"现象探究青年流行文化的发展》，《青年研究》，1992 年第 4 期。

35. 金燕：《音乐的生命资源——崔健田青对话录》，《艺术评论》，2004 年第 2 期。

36. 金志坤、杨雄：《传统文化与当代青年——关于现代化进程中青年文化建设的思考》，《青年探索》，1993 年第 4 期。

37. [澳] 肯·格尔德：《芝加哥学派：亚文化研究的学科化》，达生译，《国外理论动态》，2013 年第 10 期。

38. 兰刚：《从"顺口溜文化"看青年牢骚族的心态》，《青年探索》，1996 年第 5 期。

39. 雷丽平：《构建和谐社会与青年责任意识》，《北京青年政治学院学报》，2006 年第 4 期。

40. 黎光和：《论青年文化与学校教育》，《青年研究》，1991 年第 10 期。

41. 李灿：《中国摇滚之路》，《安徽文学》，2010 年第 4 期。

42. 李大强：《寻找同一条河流——同一性问题的三个层次》，《社会科学辑刊》，2010 年第 2 期。

43. 李海荣：《应该重视"青年文化"的研究》，《青年研究》，1988 年第 4 期。

44. 李慧：《恩格斯晚年意识形态功能论及当代启示》，《学术论坛》，2015 年第 3 期。

45. 李康平、吕昕阳：《青年的主体意识与当代德育的使命》，《求实》，1999 年第 5 期。

46. 李皖：《崔健与朴树："60 年代人"与"70 年代人"》，《中国青年研究》，2002 年第 1 期。

47. 李艳红：《网络流行语透视下的青年文化建设》，《前沿》，2014 年第

4 期。

48.李银笙:《三个"热词"引发的对青年大学生主体意识的再思考》,《中国青年研究》,2010 年第 5 期。

49.李永波:《商业发展与青年文化》,《青年研究》,1997 年第 2 期。

50.李媛:《崔健坚硬的摇滚》,《时代人物》,2013 年第 2 期。

51.李志宏:《网络社区中的青年文化表征》,《社会》,2004 年第 7 期。

52.林晓珊:《论后喻时代青年文化的发展》,《内蒙古社会科学》(汉文版),2005 年第 3 期。

53.刘杰:《叛逆的轨迹——20 世纪西方青年文化的成长历程》,《青年研究》,1991 年第 12 期。

54.刘鲁会、权福军:《试论青年文化的特性和功能》,《当代青年研究》,1988 年第 9 期。

55.刘书林:《家庭与青年文化的重塑》,《青年研究》,1995 年第 9 期。

56.刘婷:《微传播环境对青年亚文化的影响》,《学术探索》,2014 年第 10 期。

57.刘鑫:《摇滚乐与青年文化》,《中国青年研究》,1995 年第 1 期。

58.刘宇、朱丹:《论现代社会生存状态的犬儒主义倾向》,《教学与研究》,2014 年第 5 期。

59.刘仲蓓、颜亮、陈明亮:《数字化生存的人文价值与后人类中心主义》,《自然辩证法研究》,2003 年第 4 期。

60.陆士桢、郑玲、王骁:《青年网络政治参与:一个社会与青年共赢的重要话题》,《青年探索》,2014 年第 6 期。

61.陆扬:《从亚文化到后亚文化研究》,《辽宁大学学报》(哲学社会科学版),2012 年第 1 期。

62.陆玉林:《当代中国青年文化的回顾与反思》,《中国青年政治学院学报》,2002 年第 4 期。

63. 骆昌日、何婷婷:《近十年来我国网络流行语的演变及传播研究》,《河南大学学报》(社会科学版),2015 年第 2 期。

64. 马中红:《身份认同:Cosplay 亚文化的实践意义》,《青年研究》,2011 年第 5 期。

65. 马中红:《新媒介与青年亚文化转向》,《文艺研究》,2010 年第 12 期。

66. 潘一:《略论青年审美文化的层次及功能》,《青年研究》,1986 年第 11 期。

67. 潘一:《青年研究的新角度:青年文化研究》,《上海青少年研究》,1986 年第 10 期。

68. 秦国柱:《青年文化及其在德育观念更新中的意义》,《厦门大学学报》(哲学社会科学版),1988 年第 1 期。

69. 任翔:《青年亚文化与价值冲突》,《中国青年政治学院学报》,2006 年第 6 期。

70. 任小夏:《浅析青少年"娱乐至死"式网络文化参与》,《新闻研究导刊》,2016 年第 14 期。

71. 邵蕾:《新媒体与青年亚文化的变迁》,《当代青年研究》,2015 年第 5 期。

72. 申平华:《论青年的社会批判性及其引导》,《青年探索》,1990 年第 2 期。

73. 施元冲:《中国青年文化的形成与特点》,《青年研究》,1989 年第 9 期。

74. 石国亮:《从网络语言看青年文化的反哺功能》,《中国青年研究》,2009 年第 7 期。

75. 史镜:《亚文化对青年传统观念的冲击》,《青年研究》,1985 年第6 期。

76. 苏文清:《青年亚文化探微》,《江汉大学学报》(人文科学版),2006 年第 4 期。

77. 孙爱军:《大众文化的意识形态维度》,《新疆大学学报》(社会科学版),2004 年第 2 期。

78. 孙梅:《重视网络文化对青年的影响》,《理论学习》,2001 年第 1 期。

79. 谭建光:《商业文化与青年文化的互动分析》,《青年研究》,1994 年第 3 期。

80. 陶东风:《大话文学与消费文化语境中经典的命运》,《天津社会科学》,2005 年第 3 期。

81. 田杰:《关于青年研究代际更替问题的几点思考》,《中国青年政治学院学报》,2012 年第 1 期。

82. 童建军、刘光斌:《网络恶搞红色经典及其批评》,《当代青年研究》,2007 年第 6 期。

83. 王勃侠、胡平分:《青年文化与现代化》,《青年探索》,1989 年第6 期。

84. 王静:《青年对社会的批判》,《青年研究》,1987 年第 7 期。

85. 王礼平:《表象的毁灭——德勒兹对同一性哲学传统的批判性诠释》,《求是学刊》,2009 年第 4 期。

86. 王榕清:《从〈大话西游〉看当代青年的价值疏离》,《青年探索》,2003 年第 2 期。

87. 王曙光:《青年亚文化社会功能浅析》,《社会》,1985 年第 1 期。

88. 王希汉:《关于青年文化建设的几点思考》,《首都师范大学学报》(社会科学版),1998 年第 3 期。

89. 王章煌：《弘扬优秀传统文化提高青年人格素质》，《中国青年政治学院学报》，1998 年第 2 期。

90. 文秋林：《"无厘头"文化与青年时尚行为研究》，《山东省青年管理干部学院学报》，2005 年第 3 期。

91. 文献良：《正确评价中国青年文化的特征及其作用》，《中国青年研究》，1989 年第 4 期。

92. 吴端、陈小亚：《青年文化——青年研究札记之二》，《上海青少年研究》，1986 年第 10 期。

93. 吴秀华：《思想政治教育引领社会思潮的意识形态功能》，《思想政治教育研究》，2010 年第 5 期。

94. 郗杰英：《深入研究"网络一代"促进青少年健康成长》，《中国青年研究》，2011 年第 2 期。

95. 向亚良：《中国传统文化与当代青年思想教育》，《求索》，1994 年第 4 期。

96. 肖祥：《文化霸权与青年文化意识的现代化》，《理论月刊》，2004 年第 7 期。

97. 薛金、杨雄：《传统在现代化进程中重构——当代青年文化建设之思考》，《当代青年研究》，1993 年第 2 期。

98. 杨聪：《浅析网络时代的青年亚文化》，《中国青年政治学院学报》，2008 年第 5 期。

99. 杨东平：《青年文化的交接和转型》，《青年研究》，1993 年第 3 期。

100. 杨德东、许科红：《新形势下青年文化建设问题》，《中州学刊》，1993 年第 1 期。

101. 杨晓茹、范玉明：《青年亚文化视域下网络微电影发展研究》，《当代电影》，2013 年第 5 期。

102. 杨雄:《关于摇滚乐与青年流行文化的对话》,《青年研究》,1993年第8期。

103. 杨雄:《论当代中国青年文化的"长波"现象》,《当代青年研究》,1990年第1期。

104. 姚文放:《从摇滚乐的文化特质看青年文化》,《社会科学》,1999年第2期。

105. 叶雷:《试论我国文化建设中的后现代因素对青年文化的影响》,《理论与改革》,2004年第1期。

106. 银书瑶:《"流氓"的悲歌——浅析王朔作品和王朔现象》,《鸡西大学学报》,2008年第5期。

107. 昝玉林、许文贤:《网络政治参与中的"群体极化"探析》,《思想·理论·教育》,2005年第10期。

108. 曾敏志:《论青年文化的本质及功能》,《青年研究》,1988年第8期。

109. 詹珊:《土壤、气候、种子——恶搞文化盛行之探源》,《理论与创作》,2006年第6期。

110. 詹永杰:《当代青年文化心态的二元化特征》,《青年研究》,1989年第7期。

111. 张高云:《后现代主义思潮对青年亚文化的影响》,《当代青年研究》,2007年第1期。

112. 张汉明:《青年文化的社会控制》,《青年研究》,1989年第12期。

113. 张亮:《E. P. 汤普森的平民文化与工人阶级文化研究》,《东岳论丛》,2009年第1期。

114. 张平功:《青年亚文化的形成及表现》,《青年探索》,2007年第4期。

115. 张谦:《青年研究的新视角——读迈克尔·布雷克〈比较青年文化〉》,《中国青年研究》,1989 年第 3 期。

116. 张士军:《新人类的诞生与青年文化的转型》,《青年探索》,1993 年第 2 期。

117. 张世良:《危机与取向:20 世纪西方青年文化透视》,《中国青年研究》,1995 年第 3 期。

118. 张文浩:《辩证法就是对非同一性的一贯认识——论非同一性思维在阿多诺批判理论中的渗透》,《中北大学学报》(社会科学版),2006 年第 1 期。

119. 张仙智、赵铮:《青年网络文化现象中自我的解构与重建》,《思想理论教育》,2014 年第 7 期。

120. 张一兵:《肯定的犬儒主义与意识形态幻觉——齐泽克〈意识形态的崇高对象〉解读》,《马克思主义与现实》,2004 年第 4 期。

121. 张志刚:《浅议青年"文化反哺"现象》,《中国青年政治学院学报》,2002 年第 2 期。

122. 赵立波:《网络文化对青年大学生成才的挑战及对策》,《兰州学刊》,2008 年第 2 期。

123. 赵林:《重返精神家园——世纪之交青年文化的走向与主题》,《青年探索》,1996 年第 2 期。

124. 赵永富:《觉醒与培养:全球化与中国青年文化意识》,《广西民族学院学报》(哲学社会科学版),2002 年第 4 期。

125. 赵子祥:《青年文化与社会变迁》,《社会科学战线》,1988 年第 4 期。

126. 周国文:《阶层化和小众化:青年流行文化的新态势》,《中国青年研究》,2005 年第 4 期。

127. 周亮：《反叛与顺从的悖论变奏——浅析王朔小说中的人物形象》，《焦作大学学报》，2008 年第 4 期。

128. 周晓虹：《试论当代中国青年文化的反哺意义》，《青年研究》，1988 年第 11 期。

129. 朱大可：《肉身、精神、娱乐叙事》，《南方文坛》，2006 年第 3 期。

130. 宗倩：《青春审美文化视野下的"快闪族"探析》，《电影评介》，2012 年第 23 期。

二、外文文献

（一）著作

1. Antony Gramsci, *Selections from the Prison Notebooks*, Lawrence&Wishart, 1971.

2. David Morley, *Family Television: Cultural Power and Domestic Pleasure*, Comedia, 1986.

3. David Muggleton, Rupert Weinzierl(eds.), *The Post-subcultures Reader*, Berg Publishers, 2003.

4. Dick Hebdige, *Subculture: The Meaning of Style*, Routledge, 1981.

5. Henry Jenkins, *Confronting the Challenges of Participatory Culture: Media Education for the 21st Century*, The MITPress, 2009.

6. K. Gelder, S. Thornton(eds.), *The Subculture Reader*, Routledge, 1997.

7. Michel Maffesoli, *The Time of the Tribes: The Decline of Individualism*, Sage Publications Ltd, 1996.

8. Mike Brake, *Comparative Youth Culture: The Sociology of Youth Cultures*

and Youth Subcultures in America, Taylor & Francis Group, 1990.

9. Paul Gilroy, *Against Race: Imaginig Political Culture Beyond the Color Line*, the Belknap Press of Harvard University Press, 2000.

10. Paul Willis, *Learning to Labor: How Working Class Kids Get Working Class Jobs*, Columbia University, 1981.

11. Raymond Williams, *Culture and Society 1780—1950*, Harper Torchbooks, 1958.

12. Raymond Williams, *Culture*, Fontana New Sociology Series, Collins, 1981.

13. Raymond Williams, *The Long Revolution*, Chatto and Windus, 1961.

14. Richard Hoggart, *The Uses of Literacy*, Transation Publishers, 1998.

15. Sarah Thornton, *Club Culture: Music and Subcultural Capital*, Polity Press, 1995.

16. S. Hall (eds.), *Culture, Media, Language: Working Papers in Cultural Studies (1972—1979)*, Hutchinson, 1980.

17. S. Redhead, *Subcultures to Club Cultures*, Blackwell Press, 1997.

18. Stuart Hall, Bob Lumley, Gregor McLennan, *Politics and Ideology: Gramsci, On Ideology / Centrer of Contemporary Cultural Studies*, Hutchinson, 1978.

19. Stuart Hall, Paddy Whannel, *The Popular Arts*, Beacon Press, 1967.

20. Stuart Hall, Tony Jefferson (eds.), *Resistance Through Rituals: Youth Subcultures in Post - war Britain*, Routledge, 1976.

(二)外文文章

1. Christopher J. Robertso, David A. Ralston&William F. Crittenden, The Relationship Between Cultural Values and Moral Philosophy: AGenerational Subcul-

ture Theory Approach, *AMS Review*, No. 2 - 4, 2012.

2. Corey M. Abramson, Caged Morality：Moral Worlds, Subculture, and Stratification Among Middle - Class Cage - Fighters, *Qualitative Sociology*, No. 1, 2011.

3. Craig J. Forsyth, The use of the subculture of violence as mitigation in a capital murder case, *Journal of Police and Criminal Psychology*, No. 2, 1998.

4. David A. Moskowitz, Unlimited Intimacy：Reflections on the Subculture of Barebacking, *Archives of Sexual Behavior*, No. 5, 2010.

5. I. Chambers, Maps for the Metropolis：A Possible Guide to the Present, *Cultural Studies*, No. 1, 1987.

6. Jason Torkelson, Life After (Straightedge) Subculture, *Qualitative Sociology*, No. 3, 2010.

7. John C. Steiger, The Influence of the Feminist Subculture in Changing Sex - role Attitudes, *Sex Roles*, No. 6, 1981.

8. Lyn Thomas, In Love with Inspector Morse：Feminist Subculture and Quality Television, *Feminist Review*, No. 1, 1995.

9. Paul F. Bauer, The Homosexual Subculture at Worship：A Participant Observation Study, *Pastoral Psychology*, No. 2, 1976.

10. Terry Eagleton, The Hippest, *LondonReview of Books*, No. 3, 1996.

后　记

　　本书是在我的博士论文的基础上修改而成，它既是对我博士求学经历的总结，也是我未来在学术研究道路上继续跋涉的序章。

　　文中的一字一句，都记录着我当年的求学时光。2013年，承蒙平章起教授厚爱，我得以进入南开大学马克思主义学院攻读博士学位。在南开园读书的日子，幸福而美好！学识渊博的师长、一同求学的同窗、"允公允能，日新月异"的南开精神共同滋养着我，助我不断成长。然而要成为真正的南开人，又怎可能躲过烈火的锤炼？！毕业论文的写作无疑是艰辛而坎坷的。从选题时的焦灼到锤炼论文结构时的无措，从文献梳理时的不知如何下手到撰写每一部分内容时的苦苦思索，多少个夜晚，多少个周末，多少个寒来暑往，多少个晨昏日落，不闻窗外事，不问家中苦，方才成此一篇远未达到心中期许的博士论文。

　　而将青年亚文化作为自己博士论文的写作方向，是综合考量自己的研究兴趣、研究方向，以及我国青年亚文化研究现状的结果。由于自己一直对青年发展议题感兴趣，博士阶段便选择了当代社会思潮与青年教育这一研究方向。青年亚文化作为当代社会思潮作用于青年群体的文化表现，无疑是探究当代社会思潮与青年教育议题的最佳入口。然而青年亚文化包罗万象、纷繁复杂，想要探得一二真知，并非易事。起初，在究竟是从微观层面对青年亚文化进行焦点性解读，还是从宏观层面对青年亚文化进行一般性阐释，便有诸多挣扎。经过反复思量，最终才确定了基于历史比较思维，截取四种典型的青年亚文化类型，在纵向比较中阐释改革开放以来我国青年亚文化发展脉络与发展规律的研究思路。

在研究过程中，我始终立足于马克思主义文化观，在对芝加哥学派、伯明翰学派、后伯明翰学派青年亚文化资源批判吸收的基础上进行立论，把青年亚文化界定为一种集娱乐性、批判性和建构性于一身，由多种青年亚文化形态交叉并存所构成的复合型意识形态体系。通过对愤青文化、顽主文化、嘲谑文化、参与文化的比较分析，提出改革开放以来各个时期的青年亚文化都是变动的时代风格与稳定的青年气质的有机结合，青年亚文化在充分吸收主流文化规则和资源的基础上，形成自己的独特风格，并又反过来形塑和影响主流文化，其文化旨趣大致经历了从对社会宏观改革的政治关怀到对自身微观生存环境的关注，再到对社会具体问题的参与式改变的变迁。

我对青年亚文化的上述探索，于整个青年亚文化研究而言，也许微不足道，但于我自身而言，却意义深远。它为我打开了一扇窗，透过这扇窗，我将继续探索社会变迁与青年亚文化发展之间的内在关联，继续探索青年亚文化在风格表征、价值诉求、功能结构等诸多维度的时代症候，关注青年发展，扎根青年研究，执着跋涉，坚定前行！

闫翠娟

2020 年 5 月于天津

"青年学者文库"书目